U0905680

第二届中国西部教育发展论坛部分参会人员合影

信息化如何改变西部教育

朱永新　汤敏　马国川｜主编

XINXIHUA RUHE GAIBIAN XIBU JIAOYU

山西出版传媒集团　山西教育出版社

图书在版编目（CIP）数据

信息化如何改变西部教育 / 朱永新，汤敏，马国川主编. — 太原：山西教育出版社，2021.12
（中国教育三十人论坛丛书）
ISBN 978 - 7 - 5703 - 1939 - 8

Ⅰ. ①信… Ⅱ. ①朱… ②汤… ③马… Ⅲ. ①教育工作—信息化—研究—西北地区 ②教育工作—信息化—研究—西南地区 Ⅳ. ①G527 - 53

中国版本图书馆 CIP 数据核字（2021）第 230425 号

信息化如何改变西部教育
XINXIHUA RUHE GAIBIAN XIBU JIAOYU

出版人 李　飞
出版统筹 潘　峰
责任编辑 孙　宇
复　　审 康　健
终　　审 李梦燕
装帧设计 王耀斌
印装监制 蔡　洁

出版发行 山西出版传媒集团 · 山西教育出版社
（太原市水西门街馒头巷 7 号　电话：0351 - 4729801　邮编：030002）
印　　装 山西基因包装印刷科技股份有限公司
开　　本 720 mm × 1020 mm　1/16
印　　张 24
字　　数 271 千字
版　　次 2022 年 3 月第 1 版　2022 年 3 月山西第 1 次印刷
书　　号 ISBN　978 - 7 - 5703 - 1939 - 8
定　　价 72.00 元

前言

2020年8月23日，第二届中国西部教育发展论坛在北京举行。本届论坛，由中国教育三十人论坛与西北师范大学联合主办，北京乐平公益基金会、友成企业家扶贫基金会和北京新东方公益基金会协办，论坛主题为“信息化如何改变西部教育：停课不停学的经验与教训”。

2020年年初，新冠肺炎疫情突发，全国的学生开始大规模在线学习。非常时期的特殊课堂，连接师生的一张小小的屏幕，承载起了传道授业解惑的重任。

一方面，新冠肺炎疫情加速了运用信息化手段推进教育教学方式改革的进程；另一方面，这场实验也暴露出网络运行保障能力不足、体系化的优质数字教育资源不足、教师信息技术应用能力不足，以及线上教育师生、生生互动和情感交流不足等方面的突出问题。

西部地区面临的在线教育问题更为突出。如何补齐教育均衡发展的短板，让信息技术成为西部地区在教育教学中融合应用的“可靠路径”，加速教育公平的实现？中国教育三十人论坛坚持问题导向，将第二届中国西部教育发展论坛的主题确定为“信息化如何改变西部教育：停课不停学的经验与教训”，邀请专家学者、教育机构负责人、一线教育工作者及相关企业负责人，围绕主题问诊西部教育，谈经验、讲问题，为西部教育发展把脉开方。

第二届中国西部教育发展论坛内容包括上午的主旨演讲和下午的4个分论坛。论坛采取现场直播和线上直播相结合的形式进行。

8月23日上午，民进中央副主席、全国政协副秘书长、中国教育三十人论坛成员朱永新和西北师范大学党委书记张俊宗，分别代表主办方致辞。中国西部教育发展论坛主席、国务院参事、中国教育三十人论坛成员、友成企业家扶贫基金会常务副理事长汤敏，全国人大常委会委员、湖北省人大常委会副主任、教育部教育信息化专家组副组长、中国教育三十人论坛成员周洪宇，西北师范大学副校长王顶明，21世纪教育研究院院长、国家教育咨询委员会委员、中国教育三十人论坛成员杨东平，中国教育科学研究院国际比较教育研究所所长王素，华中师范大学信息化与基础教育均衡发展协同创新中心执行主任王继新，甘肃省平凉市政协副主席牛启寿，河南渑池县果园乡中心小学教师王莉莉，香港大学原副校长、香港大学荣休教授、中国教育三十人论坛成员程介明等嘉宾先后发表了主旨演讲。

8月23日下午，近40位专家学者、一线教育工作者、教育机构及相关企业负责人，分别围绕“西部学前教育”“西部高等教育”“西部职业教育”“西部乡村教师培训”等话题，展开了切实的讨论。

本届论坛受到了众多媒体的关注。网易、搜狐、新浪、腾讯等平台进行了直播。在抗疫尚未结束的特殊情况下，本次论坛创新活动方式，将现场直播和线上直播相结合，取得了良好的传播效果。据统计，仅当天在线收看论坛的人数就超过544万人，32家中央及地方媒体对演讲嘉宾进行了专访，对论坛进行了及时全面而有深度的报道，在教育界和社会上产生了良好的影响。秘书处整理的本届论坛报告，已递交国家教育主管领导同志阅批，作为公共政策制定的重要参考。

本书为第二届中国西部教育论坛嘉宾演讲实录，演讲嘉宾精心准备的内容，既有问题呈现，又有症结分析和切实可行的解决建议。我们希望这些真知灼见能够对更多关心中国教育的同行人有所启迪。

山西教育出版社作为中国教育三十人论坛的长期战略合作单位，一直精心编辑《中国教育三十人论坛系列丛书》。自论坛成立以来，本书已是系列丛书的第15本。系列丛书全面记录了论坛“凝聚社会共识，推动教育改革”的发展历程。在此表示感谢。

行到半山须努力，欲登绝顶莫辞劳。作为蓬勃成长的国内著名高端教育智库，中国教育三十人论坛将牢记初心使命，与各界人士一起，为推动中国教育改革发展共同努力。

目　录

论坛致辞

主旨演讲

分论坛一　西部学前教育：疫情下的危与机

分论坛二　西部高等教育：教育信息化的扬长与补短

分论坛三　西部职业教育："停课不停学"的经验与教训

分论坛四　西部教师培训：联合起来探索教师成长新路径

附　录

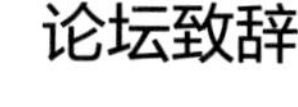

论坛致辞

朱永新

中国教育三十人论坛成员

中国民主促进会中央委员会副主席

全国政协常务委员兼副秘书长

重新定义学习　技术赋能教育

尊敬的汤敏主席、张俊宗书记，各位嘉宾，各位听众，新闻媒体的朋友们：

大家上午好。

首先，我代表本届论坛主办方之一的中国教育三十人论坛，对来到现场的各位演讲嘉宾、场内外的各位听众和新闻媒体的朋友们表示热烈的欢迎。

中国教育三十人论坛成立于2014年，是享有盛誉的新型教育智库，也是一个跨界讨论教育问题的平台，宗旨是“凝聚社会共识，推动教育改革”。中国教育三十人论坛成立以来，已经在国内外成功举办了30多次各种类型的学术研讨会，还组织课题研究，主办“教育跨界对话”，出版书籍，这些活动产生了广泛而积极的社会影响，得到了高层和社会各界的广泛认可。每次年会的报告都得到了国务院有关领导的批示，对教育改革产生了积极影响。在2019年年底发布的《中国教育智库评价报告（2019）》中，中国教育三十人论坛位列中国教育智库“社会影响力”前三名。

中国西部教育发展论坛是由中国教育三十人论坛发起创办的一个专题论坛，目的是推动西部地区教育发展，吸引更多的教育家、企业家等社会各界人士关注和支持西部教育。2019年8月，以“用教育阻断贫困代际传递”为主题的首届“中国西部教育发展论坛”在甘肃省天水市成功举办，来自行政部门、研究机构、教育教学一线的40多位嘉宾发表精彩演讲，论坛期间还发布了《走向公平而有质量的教育——西部农村基础教育发展报告（2019）》和《西部学前教育发展问题及解决方案》两个论坛专题研究报告。这些演讲和报告内容扎实，直面西部教育发展中的现实问题，提出了富有针对性和可行性的建议。来自全国20多个省份的现场听众超过1000人，收看网络直播的观众超过100万人，20多家媒体对论坛盛况进行了及时、全面的报道。论坛的总结报告得到了国务院主要领导同志的批示。这是一次成功的论坛，在教育界和社会上产生了广泛影响，对中国西部教育发展起到了意义深远的推动作用。

2020年年初，新冠肺炎疫情突发，疫情期间“停课不停学”，全国大中小学的师生共同进行了一场规模空前的在线教育实践。这场实践呈现出我国推进教育信息化建设所取得的成果，特别是让西部的孩子们也有机会接触更加优质的教育资源。西部也涌现出一大批成功地利用互联网教学的学校和教师。在此次西部地区在线教育“大考”中，问题也暴露出来。从地域变量来看，此次西部地区在线教育在几乎所有数据指标上都落在后面；西部学生每天在线学习的时间也显著少于中、东部地区的学生；由在线教育而凸显出的“数字鸿沟”不可回避。针对以上情况，我们经与西北师范大学协商，决定将主题确定为“信息化如何改变西部教育：停课不停学的经验与教训”。共有40多位专家学者、一线教育工作者、教育机构及相关企业负责人围绕主题问诊西部教育，谈经验、讲问题，为西部教育发展把脉开方。

本届论坛内容丰富，安排紧凑。8月23日上午为主旨发言，下午将分设4个平行论坛，围绕“西部学前教育”“西部高等教育”“西部职业教育”“西部乡村教师”等话题，展开切实的讨论。论坛采取线下和线上结合的方式进行，将在国内各大平台上进行直播。

各位嘉宾，场内外各位朋友，新冠肺炎疫情让我们不得不重新定义学习，思考技术如何赋能教育。这一次新冠肺炎疫情，全世界进行了一场前所未有的大规模互联网教育实验，线上教育也经历了一次真正意义的“大考”。虽然实现了“停课不停学”，但在硬件建设、资源整合、质量评价、队伍素养等方面，与现有的技术和时代要求还有差距。

在2020年的“两会”上，我提出：后疫情时代，教育同样需要“新基建”。这既包括切实加快5G建设，从村村通走向户户通，同时降低网络学习的成本和费用；也包括把线上教育与线下教育有机结合起来，重构学习中心和学习流程——这些都是迫在眉睫的大问题。

最后，我代表中国教育三十人论坛，对本届论坛的联合主办方西北师范大学对论坛的支持和帮助表示感谢。感谢北京乐平公益基金会、友成企业家扶贫基金会和北京新东方公益基金会的协办，感谢腾讯、搜狐、新浪、网易提供的直播平台支持，感谢30余家新闻媒体对本届论坛的宣传报道。也感谢为使本届论坛能够顺利进行而忙碌的主办单位、协办单位的各位工作人员和志愿者。

祝第二届中国西部教育发展论坛圆满成功。谢谢！

张俊宗

西北师范大学党委书记

未来教育应包含哪些关键词?

尊敬的朱永新副主席、尊敬的汤敏主席、各位领导、各位嘉宾：

大家上午好!

在这硕果累累的金秋时节，由中国教育三十人论坛和西北师范大学共同主办的第二届中国西部教育发展论坛今天以线上线下相结合的方式成功召开了。在此，请允许我代表西北师范大学向长期以来给予学校关心指导和大力支持的各位领导、嘉宾、新闻界的朋友们，表示诚挚的欢迎和衷心的感谢!

西北师范大学是一所办学历史悠久、文化底蕴深厚的学府。学校肇始于1902年建立的京师大学堂师范馆，迄今已走过110多年的发展历程。学校一路走来，几经辗转，数易其名，但始终砥砺前行，挺秀陇原。一百多年来，一代又一代西北师大人秉承和弘扬“知术欲圆、行旨须直”的校训精神，扎根西北大地办教育，始终坚守教育初心，着力打造教师教育人才培养高地；彰显地处丝绸之路黄金段的地缘优势，积极开展华夏文明传承与“一带一路”研究；勇担新时代高等教育使命，切实服务地方经济社会发展，形成了师范性、民族性和区域性的鲜明办学特色。

教育信息化是教育现代化的基本内涵和显著特征。新中国电化教育奠基人、中国教育技术事业杰出贡献奖获得者南国农教授终身执教西北师大，奠定了教育技术学科和教育信息化发展的深厚基础，开拓了中国教育技术事业的发展方向。近年来，学校积极探索“互联网+教育”的理论与实践，不断推进教育教学信息化建设。特别是2020年年初，一场突如其来的新冠肺炎疫情打破了传统的课堂授课方式，在教育部“停课不停教，停课不停学”的号召下，西北师范大学以疫情防控期间开展在线教学为契机，持续加强信息技术与课程教学的深度融合，深入推进线上线下有效结合的一流课程建设，取得了显著成效，同时也暴露出了西部教育在推进信息建设方面的弱项和短板。由此也引发了我们对信息化背景下“未来学校”究竟该是什么样形态的深入思考。面对信息化革命，教师如何教？学生如何学？学业成绩如何评价？这些问题迫切需要中国答案。教育信息化为我们创造中国答案提供了可能，我想，在这个面向未来教育的中国答卷中，应该包括“多个学习中心、多种教育形态、多样教学模式、多面学习场景、多元学习角色”等关键词。

本次论坛以“教育信息化如何改变西部教育：停课不停学的经验与教训”为主题，我们恳请各位专家学者传授经验、分析问题，为信息化背景下的西部教育改革发展问诊把脉、开具良方；我们也真诚希望各位专家学者探究理论、开拓实践，为信息化革命背景下的未来学校描绘美好的发展蓝图。我们相信，本次论坛必将推进教育信息化发展迈入新阶段，也必将为加快西部教育改革发展产生积极而深远的影响。

预祝本次论坛取得圆满成功，祝各位领导、各位嘉宾、各位朋友身体健康，工作顺利！

谢谢大家！

主旨演讲

2020年年初，新冠肺炎疫情突发，全国的学生开始大规模在线学习。非常时期的特殊课堂，连接师生的一张小小的屏幕，承载起了传道授业解惑的重任。

一方面，新冠肺炎疫情加速了运用信息化手段推进教育教学方式改革的进程；另一方面，这场实验也暴露出网络运行保障能力不足、体系化的优质数字教育资源不足、教师信息技术应用能力不足，以及线上教育师生、生生互动和情感交流不足等方面的突出问题。

如何补齐教育均衡发展的短板，让信息技术成为西部地区在教育教学中融合应用的“可靠路径”，加速教育公平的实现？

汤　敏

中国西部教育发展论坛主席

中国教育三十人论坛成员

国务院参事

友成企业家扶贫基金会常务副理事长

从“停课不停学”看未来乡村教育

非常高兴今天作为第一个发言者来谈“停课不停学”对乡村教育的冲击及对未来的展望。

“停课不停学”是对全国学生的一次模拟考试。面对这次突如其来的考试，有的学校和老师考得好，有的考得一般。仓促应对停课不停学，对乡村学校来说挑战特别大，要有一个磨合期。我们非常高兴地看到，大部分的乡村学校经过很短的磨合期以后，“停课不停学”顺利开展起来。当然，我们也看到了乡村学校在疫情期间出现的一些问题。

我先给大家讲一个小故事，故事的主人公是贵州省息烽县石硐镇木杉小学徐萍老师。徐萍老师所在的学校是个典型的乡村小规模学校，这个学校原来有200多个学生，由于城镇化的快速推进，现在连100个学生都不到。徐萍老师几年前参加了我们推动的乡村青年教师社会公益培训计划，又叫“青椒计划”。她非常认真地学习了怎么通过互联网来解决自己的教育资源不足问题的课程。后来在贵州很多地方，徐萍老师的模式在复制。过去的教育信息化是在学校的教室里进行的，现在突然所有学生不能来学校上课了，要在家里学习，这对教育信息化又是一个更高的要求。这次疫情给了徐萍老师新的挑战，对此，徐萍老师又做了新的试验。她用清华大学爱学堂公司开发的卡通式课程让学生在家学习，教师远程辅导，没想到一个月时间，三年级学生把一个学期的数学课学完了。学校复课后，她还试验了混班教学，三年级和四年级的同学一起上课，互相讨论，有不懂的问题由懂的学生来讲，学生不懂时老师才介入，真正地把课堂还给学生。现在这两个年级的学生把五年级上册都学完了。

徐萍老师的经验可以证明，即使在条件比较差的贫困地区学校中，如果通过互联网把好的教学资源送下去，村小教学点的学生也能够学好。徐萍老师的故事让我们看到了乡村学校未来发展的希望和方向，线上线下相结合的模式能让乡村学校的教学更上一层楼。

“停课不停学”的另一个重要作用是让学生在家里利用互联网进行自学。这个作用也非常重要，因为我们现在正处于需要终身学习的时代，培养学生的自学能力非常重要。虽然只有短短几个月，但是让学生、家长、教师、校长们都体会到了一种全新的学习方式。在“停课不停学”中，各地都把优质的教育资源通过互联网、电视送到了乡村学校，很多乡村学校也用了省里，甚至全国最好的教育资源，这也是乡村学校改善教学质量的一条捷径。未来，当然不会经常出现这次疫情中学生都不能去学校上课的情况。但是，我们在停课不停学中积累的经验可以让我们未来的乡村学校教学采用校内校外相结合、线上线下结合的方式，让乡村教育真正走出过去“一个老师教、学生底下学”的模式。因为过去的乡村教育方式改变不了乡村学校缺乏优质老师而导致的教育不公平的现象，而深度的教育信息化可以解决这些问题。

那么，正常的教学秩序恢复后，下一步乡村学校应该怎么办，教育信息化如何进一步推动呢？下面我以由清华大学爱学堂公司制作的动漫微课为例，谈乡村学校如何利用信息化手段来教学。

我们在中学物理课上都学过一个概念——弹性势能，可谁还记得呢？但我们看了刚刚播放的视频，可能一辈子都不会忘记。现在爱学堂公司已经把从小学一年级到初中九年级所有版本（人教版、苏教版等）的所有课程都做成动漫微课。这样的课程如果能送到乡村学校，让乡村教师用这样的微课给学生讲课、进行互动，它的教学质量就有可能大大提高，学生的学习兴趣也会大大提高。这就是下一步我们可以采取的教育信息化的方式。同时，我们思考：既然我们可以把教师的课录下来，为什么不能把课做得更活跃、更好、更准确、更精确、上课时间更短呢？这也是下一步乡村学校在推动教育信息化上可以做的事情吧！

如果再把人工智能结合进来，教师的教学方式、教学方法，学生学习的质量还可以进一步提高。洋葱学院做的人工智能软件就可以让学生在课前预习，课中与教师和同学互动，课后复习，这大大地提高了学生的学习质量。

人工智能不但可以帮助学生学习，也可以用来培训教师。科大讯飞公司开发的人工智能师资培训系统，可以给教师讲课打分，把教师讲课的优缺点都详细地指出来。

每天批改作业也是老师们的一个沉重负担。科大讯飞公司开发出的人工智能批改作业技术，先用一个高速传真机把一个班的作业传到大数据云端上，几分钟内作业就批改好发下来。每个学生多少分，错在什么地方，某道题全班有多少学生做错，为什么错，哪个概念老师没有讲清楚，它分析得清清楚楚。还可以告诉你要补的这个课在什么地方可以找到，甚至还可以把这个课直接推送给你。通过人工智能批改的作文，还可以进行多维度的分析，把这个同学这篇作文中的优美句子及病句都找出来。

从孔夫子开始就告诉我们教育应该是因材施教，但是传统的教学方式很难做到因材施教。一个班50多个学生，教师只能根据大多数学生能够接受的程度来授课。而松鼠AI公司开发的人工智能系统就可以根据学生个人的能力去因材施教。先对学生进行一个测验，根据测验的结果，对每个学生进行分析，根据每个学生的学习基础情况，根据学生的弱项、强项制订不同的学习内容和学习方法。

人工智能辅助教学可以逐步运用到乡村学校中。遗憾的是，现在这些新技术都在城市的学校里实践，这样会形成教育中的马太效应，使教育更不公平。农村学校还是按传统的方式在教学，农村学校和城市学校的距离会越拉越大。我们需要尽快地把这些新技术在贫困地区进行试验。

因此从国家政策角度看，对农村贫困地区、西部教育薄弱地区要加大教育信息化的投入，不仅需要对硬件进行投入，而且需要对软件投入，还要不断地对教师进行培训。有社会责任感的人工智能教育公司要关注如何把产品在农村同步推广。如果有困难，政府可以帮助你们，社会也可以帮助你们。在教育信息化和教育人工智能方面，应该公平优先，重点去推动那些低成本、高效率、广覆盖的新技术，让这些技术能惠及农村，惠及贫困地区。

周洪宇

中国教育三十人论坛成员

全国人大常委会委员

湖北省人大常委会副主任

教育部教育信息化专家组副组长

新冠肺炎疫情给在线教育带来的挑战及应对措施

感谢论坛主办方的盛情邀请，很高兴与大家做交流，根据本次论坛“信息化如何改变西部教育”这个主题，我想谈谈新冠肺炎疫情给在线教育带来的挑战及如何应对这个问题。

从2020年1月新冠肺炎疫情暴发以来，全球学校的正常开学和课堂教学工作均受到了不同程度的影响，这也给我国包括西部的教育信息化，特别是在线教育发展带来了前所未有的挑战和机遇。“停课不停学”的在线学习方式保证了绝大多数学生居家学习，检验了近年来我国教育信息化建设的成效，也暴露出存在的一些问题。以这次新冠肺炎疫情防控为契机，如何解决教育信息化发展过程中的问题与困难，加快促进西部教育信息化的健康发展，值得我们进一步思考与努力。

一、新冠肺炎疫情给我国在线教育带来的挑战

一是在线教育对网络环境和硬件设备要求高，不同地区和不同学校之间“苦乐不均”。网络教学对信息化设备和网络环境的要求比较高，条件

好的地方和学校可以满足要求，但很多地方和学校达不到要求，网速不能满足直播方式下的信息化教学需求，特别是西部深度贫困地区部分农村学校的问题尤为突出。例如，西北某地牧民为了解决孩子在线学习网络不畅的问题，只得到处游走找网络上网课；四川深度贫困地区部分学生爬几千米高山上网课；西南某地学生在高山山顶上搭帐篷上网课；有的贫困地区的一些学生“爬到房顶上课，坐在田间找信号”。这都暴露了我国教育信息化网络环境的短板。

二是面对海量的课程资源和五花八门的教育平台，学校和教师却处于“无米下锅”的尴尬境地。目前，有“一师一优课、一课一名师”项目、国家精品课程项目等一批优质在线教育资源，一些学习平台虽然功能模块较为完整，但很难满足个性化的需求，存在良莠不齐、鱼目混珠等问题。尽管在线教育资源和平台很多，但西部不少地方的学校和教师却“无米下锅”。如何保证在线教育资源“用得上、用得好”以及在线平台“好用、管用”，是亟待解决的重要问题之一。

三是在线教育对教师的综合素质提出了更高的要求，部分教师“心有余而力不足”。在线教育对教师的信息素养和能力方面提出较高的要求，然而，西部不少中小学教师在这方面根本达不到要求，主要包括：他们在制作教学课件、录制教学微视频、编制教学文档上还不熟练；在运用软件对文本、图片、声音、动画等资源进行加工处理的能力上还不足；手机电脑同屏的技术还没有掌握；面对在线教学的技术故障等突发问题的应变能力不足等，这都影响在线教学的正常开展。此外，师生在时间和空间上的分离，给在线教育教师的远程监控能力、教学效果带来挑战。

四是居家在线学习要求家校步调一致，但家校合作出现“各吹各的调”的现象。疫情之后，居家在线学习已成为一种必然趋势，但家长的信息化素养不够、与学校教师协调沟通能力不足等问题也凸显。部分学生家长的信息素养不能适应辅助孩子在线学习的需要。有些留守儿童的监护人年龄大，不会操作电脑和智能手机，那些自制力差的中小学生利用手机上网功能在在线学习期间玩手机游戏、聊QQ。很多家长不知道如何正确引导孩子上网学习，从而产生焦虑和不安情绪，由此对在线学习产生拒绝和排斥等本能的反应。

五是家长、学生个性化、优质化在线教育需求强烈，但学校在线教育资源供给却“众口难调”。随着教育信息化的发展，在线教育面临的困境已然不是在线教育资源“有没有”的问题，而是“好不好”的问题。我国包括西部地区中高收入家庭对更高水平、更高质量和更加多样化的在线教育需求日趋强烈，这就给在线教育资源供给带来巨大的挑战，需求强烈但供给有限，尤其是高质量、个性化的在线教育资源太少，难以满足不同阶层家长、学生的个性化需求。

六是农村在线教育迅猛发展，但网络不畅、设备奇缺的农村小规模学校却“巧妇难为无米之炊”。据统计，2018年，我国有10.14万个农村小规模学校，占全部农村小学数量的38.52%。这些学校在方便偏远贫困地区学生就近入学、促进乡村教育振兴等方面作用不可低估，但由于农村小规模学校设施和网络所需投入大，而在校生源日趋萎缩，导致地方政府投入意愿和决心不强，这是当前农村教育信息化面临的难题。

七是城市在线教育日新月异，但不同家庭网络环境和信息化设备“冰火两重天”。当前，我国城市包括西部城市不同收入家庭的网络环境和信息化设备也不同，高收入家庭子女不但拥有上千兆的网速，还有笔记本电脑、平板电脑、家庭影院等设备，而有些城市低收入家庭子女和农民工随迁子女连最基本的需求都难以保证，这种差距很大，如何保证城市弱势群体学生的居家在线学习权利值得关注。

八是校外在线培训“野蛮生长”，但相关部门监管却“鞭长莫及”。近年来，大量在线教育平台商涌入市场，一些在线培训企业野蛮生长，教育部先后出台了《关于促进在线教育健康发展的指导意见》《关于规范校外在线培训的实施意见》等文件，但在线教育规章制度仍不完善，在实践中，存在在线教师水平参差不齐，资质低、条件差的机构纷纷进入在线教育市场，甚至部分在线教育机构因经营不善“跑路”等问题。

二、针对这些问题和挑战，西部教育信息化如何进一步发展？可以从宏观与微观两个层面加以应对

（一）在宏观层面，应以“五个统筹”为抓手，做好西部教育信息化的顶层设计。

第一，统筹教育信息化事业发展。建议教育部进一步整合教育部教育管理信息中心和中央电教馆资源，落实教育信息化2.0提出的大平台建设思路。由教育部联合国内信息化大企业，统筹提供教育信息化管理应用服务。

第二，统筹教育信息化专家队伍建设。建议充分利用高校教师资源优

势，培养更多具有较高信息化素养水平的教育专家，助力教育信息化工作的全面推进；在中小学、幼儿园和培训机构层面，根据教育信息化应用特点，重点培育遴选一批学科教学应用信息化、学校管理信息化、贴近教育业务领域的信息化专家，推动不同领域教育信息化专家跨界融合，助力教育信息化分阶段、有重点地服务教育事业的发展。

第三，统筹教育资源开发。建议从微资源的制作、评选、应用等方面入手，调整目前“一师一优课”活动评选模式，按照“专递课堂”“名师课堂”和“名校网络课堂”定位不同区域、不同层次教师的教育信息化资源需求，构建动态遴选优质教育资源的机制，丰富一线教师资源选用范围，在进行各类优课评比过程中，要求教师同步上传课例中使用的教学资源，方便各类教师在学习借鉴中不断创新，推动各级各类教师利用资源开展信息化教学能力的提升。

第四，统筹教育信息化大平台建设。按照“管理+应用”的思路，由教育部牵头，联合阿里、腾讯、中国移动等国内信息化大企业，共同开发智慧教育大脑。破解目前教育信息化应用多而散、大而全，使用绩效欠佳的实际问题，通过3到5年的实践，提升基于教育大数据的教育管理决策水平。

第五，统筹教育信息化服务经费。建议统筹各级各类教育信息化发展经费，对于网络带宽、平台使用、功能拓展等方面，建议采取年服务费用模式。通过国家、省、市、县四级分担方式，采购成熟、有效的年度教育信息化应用服务，破解基层学校面临的实际困难。

（二）在具体操作层面，可以从“五个方面”入手，推进西部教育信息化发展。

第一，优化学校在线教育网络环境和硬件设备，为学生提供个性化、多样化的在线教育环境。认真落实《教育信息化2.0行动计划》，大力实施网络扶智工程攻坚行动，大力支持以“三区三州”为重点的深度贫困地区教育信息化发展，尽快补齐西部农村教育信息化发展的短板。重点支持西部城市薄弱学校和农村小规模学校在线网络环境和硬件设备的完善，消除疫情期间暴露出来的教育信息化基础设施和网络环境建设的漏洞，缩小城乡不同学校和不同群体之间的数字鸿沟。在技术支撑方面，学校要成立专门的在线学习服务中心，配备专门的技术人员，提供完善的技术支持，及时解决教师和学生在线教育过程中的技术故障。

第二，整合优质在线教育资源和管理平台，确保在线教育资源和平台的系统性、适切性和规范性。教师要创设适合学生在线学习的情境，如创建学习小组或鼓励论坛发帖等增加学生之间的交流与互动。学校要提供优质的在线教育资源，针对不同的学生群体制订不同的在线教育资源开发计划。做好在线教育资源的整合、梳理、遴选、推荐工作，减轻学校负担。学校和教师要为学生提供内容齐全、形式多样的在线教育资源，提高学生在线学习的积极性。在线教育资源使用上，要适当对资源进行加工和处理。最后，要强化平台统筹，建设和部署课程管理平台、教学管理平台，实现互联互通。

第三，实施师生信息素养提升和家校合作行动，保证在线教学和居家在线学习顺利进行。要实施新一轮的师生信息素养全面提升行动计划，将教师网上指导、师生互动、作业批阅、学情分析、答疑辅导等信息技术应用能力作为培训重点，让教师熟练使用教育资源智能检索工具、跨越时空教学的可视化展示工具和信息化环境下教学评价工具。有针对性地开展课例和教学法的培训，培养教师利用新技术开展个性化教学和在信息化环境下创新教育教学的能力，提升应用数据开展教学和评价的能力，提升教师指导学生开展在线学习的能力。要积极开展家校合作，共同打造学校、教师、家长和学生的有机生态圈。

第四，实施投入倾斜和上网优惠等政策，确保城市低收入家庭子女和农村偏远学校学生能享受优质在线教育。习近平总书记在2015年国际教育信息化大会贺信中表示："我们将通过教育信息化，逐步缩小区域、城乡数字差距，大力促进教育公平，让亿万孩子同在蓝天下共享优质教育、通过知识改变命运。"为此，要优先发展城乡边缘和落后的农村地区的教育信息化，对城市低收入家庭子女和农村偏远地区学校信息化投入倾斜。实行上网折扣或免费计划，并对网络运营商给予税收减免等优惠政策。将城市低收入家庭子女和农村小规模学校学生的上网设备纳入新一轮脱贫攻坚计划，保证城乡弱势群体同样也能享受优质在线教育资源。

第五，健全在线教育法律制度和监管机制，确保在线教育健康、有序发展。要加强在线教育法律法规顶层设计，制订在线教育机构从业人员资质标准及专业评价体系；完善在线教育行业认证和准入制度，适当提高在线教育认证和准入标准；建立在线教育预付费管理制度和风险金准备金制度，切实保证学习者的切身利益。教育、网信、公安和电信等部门要各司其职、协同合作，规范在线教育行为，对虚假宣传等违法违规行为予以严肃查处。建立在线教育机构及其从业人员负面清单制度，列入负面清单的应依法严肃处理。加强在线教育机构及其从业人员行业自律，制订行业管理规范，明确责任和权限，督促加强自我管理。

我就讲到这里，谢谢大家！

王项明

西北师范大学副校长

“互联网+”师范院校支教

——关于教育信息化推动西部教育均衡发展的实践与思考

各位领导、各位嘉宾：

大家好！

非常荣幸有机会代表西北师范大学介绍学校多年来在信息化促进西部教育均衡方面的探索、实践和思考。下面我主要从三个方面来介绍有关情况，包括项目背景、具体案例和由此引发的思考。

首先，我想从两方面向各位介绍项目背景。在微观层面，大家知道，西北师范大学是一所富有西迁精神、奋斗精神、奉献精神的学校。80多年前，由于抗战原因，当年的北平师范大学一路西迁1000多千米落户兰州，把现代师范教育的种子播撒西北大地。正是在这种西迁精神的薪火传承之下，十多年前我们西北师范大学与新疆维吾尔自治区教育厅签署校地合作协议，通过援疆实习支教活动将服务西部、贡献社会的师范教育事业又一次向西推进了1000多千米。经过十几年探索与实践，我们累计派出4000多名优秀师范生到新疆阿克苏实习支教，其中，实习支教以后选择留在当地就业的毕业生接近2000名。这样的探索对于解决当地中小学教师结构性短缺，助推西部基础教育教师队伍建设有非常积极和有效的作用。

在宏观层面，国家非常重视基础教育的优质、均衡发展，而优质、均衡发展目前面临很多困境。以甘肃省为例，全省现在的教学点有3000多个。这些小规模学校、教学点如何能够实现“上好学”的目标，如何能够享受公平、有质量的教育还面临着很多需要探索的地方。实践表明，通过信息技术可以非常有效地缩小城乡、区域间数字化差距。特别是面向未来，规模化教育与个性化培养之间的天然矛盾，可以通过教育信息技术得到有效融合。更加丰富和多样的数字化教育资源，经由人工智能和信息技术手段可以更加具有针对性、个性化地开展人才培养。

基于上面两个方面的背景，我想向大家具体介绍我们西北师范大学在教育信息化助力西部教育均衡发展方面的实际贡献。从2000年以来，学校聚焦于西部农村教师的专业发展，通过送教下乡、指导培训、微课题研究、观课磨课等形式，总结提出了教师教育技术教学能力发展的阶段性模型、递减干预策略模型、教师混合培训迭代模型及县（区）教师专业发展支持服务体系等理论与策略，不断探索教师专业发展规律，助推农村地区教师专业能力提升。举两个最近几年来我们实际开展的典型案例加以说明。

一个是教育部《教育信息化2.0行动计划》中的重要任务之一“推进宽带卫星联校试点行动”。教育部委托西北师范大学在甘肃甘南藏族自治州舟曲县和四川凉山彝族自治州雷波县开展探索实践，因为这两个地区不具备互联网接入条件，我们探索利用高通量宽带卫星帮助学校接入互联网，开展联校教学试点。这个案例对于解决边远山区、海岛等自然条件特殊地区学校联网问题、扩大优质数字教育资源覆盖面、通过网络教研提升中心校和教学点的教师信息化教学能力提供了案例借鉴。

另一个典型案例是我们在河北威县进行的实践探索。西北师范大学基于当地教育教学现状，探索如何建立管理与教学教研队伍，通过专递课堂、同步课堂、名师课堂等多种形式开展高水平教学，在教学过程中组织集体备课、同课异构、观课磨课等教研活动，推动威县教育实现“外部输血”与“内部造血”，提出了“1+2+3+4”的威县“双师课堂”模式。但是，在上面两个案例探索过程中，我们意识到几个非常现实的问题亟待解决。

首先，在优势学校带动薄弱学校发展的过程中，往往是由城区或者乡镇中心学校教学能力强的老师作为主讲教师，而远端教学点则是相对薄弱学校的教师和学生，主讲老师既要兼顾近端班上的学生，又要照顾远端教学点的学生和老师，主讲老师备课和上课的负担很重。

其次，在项目实施过程中大家往往更关注教学点上普通教师的专业发展，相对而言忽视了优势学校中主讲教师的专业发展问题。由于比较缺乏有效的激励机制，主讲教师的内生动力不足、帮扶模式的可持续性不强。从一定程度上讲优势学校带动弱势学校的模式存在可持续性的困境。

再次，优质学校、优质教师的数量始终是有限的，带动薄弱学校和薄弱学校教师发展的范围相对较小，难以规模化解决广大薄弱学校的发展。

要想让薄弱学校完全成长起来，从“外部输血”向“内部造血”转化，需要一个较长“帮扶”周期，这个问题怎么解决呢？我们提供了一个西北师范大学的解决方案，就是“互联网+”师范院校支教的模式。

这个模式首先是将师范院校和薄弱学校双方的需求做了对接。一方面，我们发现“准教师”的储备量大。据相关数据统计，全国每年有60多万名师范生毕业，这是一个很大的准教师群体。在他们真正走上工作岗位前，让他们再进一步参与教学实践，这是供给侧的刚性需求。另一方面，因为缺乏专业的学科教师，薄弱学校里面英语、音乐、美术这些国家规定课程往往是停开的状态。所以这两者之间有没有可能建立起连接呢？我们的探索就是通过“互联网+”，把师范院校已经通过实习和前期训练的比较成熟和优秀的师范生调动起来，首先让他们去教学点进行一到两周的现场教学，使得他们和教学点的师生建立起情感交流的基础。一至两周以后，这批师范生返回到母体师范院校，我们专门给这些师范生配备指导老师，指导他们远程为教学点的小学生进行互动式教学。同时，在高年级师范生远程上课时，低年级的师范生现场观摩学习、提前培养，让网络支教这项工作能够持续进行、接力开展。

目前，这项探索与实践取得了以下几方面的成效。

第一，英语、音乐、美术这些之前开不齐、开不足的国家规定课程得以开课。通过过去半年实践，我们已经开设英语、音乐、美术等课程线下教学235学时，线上教学5570学时，接近1万名远在教学点上的小学生受益了。通过这种互联网支教模式，我们发现这些薄弱学校的小学生学习的积极性、主动性、有了非常明显的改善。因为这些课程、这些专业学科的老师是他们过去接触不多的，这种教学方式使得薄弱学校小学生有更好的合作意识，学习兴趣和态度也有很大的改观。

第二，通过互联网支教增强了薄弱学校学生的美育熏陶。因为是点对点的专业教学，小学生在艺术专业方面的潜力得到了挖掘。比如远在甘肃临夏的东乡县，这里的孩子经过半个学期的美术课教学，展示出了这样的学习成果（见图）。在过去没有专业老师教课的情况下，这是无法想象的，他们的这种潜力得不到激活、发挥，而通过“互联网+支教”老师们的远程授课，达到了意想不到的效果。

第三，促进了教学点普通教师向全科教师的发展。这项工作始终有当地学校中以语文、数学教学见长的教师的全程配合，这类教师由过去只能上语文或者数学课，现在通过旁听美术、英语、音乐课程，极有可能发展成为全科老师，专业教学能力得到提升，将来有可能独立上这些课程。我们通过前后测评，发现老师们在课堂教学设计、教学方法手段、教研与评价等方面的能力有了明显提升，特别是应用信息技术开展教学的能力得到了提升。

第四，强化了师范生的职业理想教育。这项工作对于师范大学培养卓越师范生非常有积极意义。通过互联网支教工作以后，我们的大学生更加直观地感受到了自己的职业价值和作用。通过对薄弱学校的远程支教，他们有更强的职业意愿把自己学到的职业技能和本领应用到国家需要的地方去，这是我们对师范生职业能力培养的一大收获。通过我们的访谈和测评，发现进行“互联网+”支教的师范生在教学技能、职业认同感、信息化教学能力等方面都有了非常显著的提升，可以说，这是我们自身在培养卓越教师过程中一个非常有益的收获。

下面我想向各位汇报一下经过前期探索实践后形成的几点思考。

第一，以信息化为抓手推动教育优质均衡发展是非常积极有效的。特别是在甘肃最贫困的地区，在信息化设备基本具备的情况下，利用“互联网+”支教的模式，可以为乡村寄宿制学校和教学点小规模学校两类学校补上开不齐、开不好课程的师资，解决这两类学校师资短缺的问题。这样的模式有两个非常显著的特点，一是线上线下的有机结合。一方面，我们把准教师先派去教学点进行一到两周的线下教学，建立起这种感情联络的基础后回到师范院校继续以线上教学为主，以此解决可持续发展问题。另一方面，我们把基础教育薄弱点上的普通教师和师范院校的专业教师、师范生组成一个教学教研共同体，使得我们的双师课堂、协同教研能够真正落地。

第二，加强师范生教育教学实践，积极培养大批卓越中小学教师。在培养师范生的过程中，我们一直关注于怎么培养卓越的中小学教师。经过我们西北师范大学的探索，师范生在经历了实习、实训以后，再加上远程支教环节，不仅可以拓宽师范院校服务基础教育的渠道，而且加强了师范生培养的教学实践环节，这对于师范院校创新人才培养模式都是非常有积极意义的。同时，这种探索对于以实践为导向优化教师教育课程体系也非常有意义。以教育见习、实习和研习为主要模块，利用信息技术手段，组织师范生参加远程教育实践观摩与交流研讨等，能够推动构建线上线下相结合的师德体验、教学实践、教研实践等全方位的教育课程体系。

第三，能够盘活准教师资源，规模化解决区域教育发展不均衡的问题。由地方教育管理部门牵头，地方多所师范院校与若干个薄弱学校双向对接，不仅盘活了师范院校的优质师范生资源，实现了教育智力资源的合理配置，又可以规模化解决区域内教育发展不均衡的难题，促进区域教育的高位、优质、均衡发展。

第四，探索了智力服务的长效机制。这项网络支教工作得到了当地教育主管部门的大力支持以及省域内八所师范院校的积极参与。因此，我们在师范生准入机制、多方协同机制、质量保障机制、监管机制、激励机制等方面进行了非常有益的探索，从而保障了“互联网+”师范院校支教常态化、可持续、高质量地开展。

总之，通过“互联网+”师范生支教模式，既能够利用信息技术解决西部贫困地区师资短缺的现实问题，又能够推动师范生培养模式和课程体系的变革，还能够带动贫困地区薄弱学校普通教师的专业成长，为贫困地区薄弱学校中小学生提供持续性、有质量的教学服务，常态化、可持续、高质量地实现西部教育均衡发展。我们把这个案例的实践与思考分享出来，敬请各位专家、老师们批评指正，也欢迎大家去西北师范大学考察指导！

杨东平

中国教育三十人论坛成员

国家教育咨询委员会委员

21世纪教育研究院院长

北京理工大学教授

疫情教育如何连接未来?

疫情期间的教育虽然是特殊时期的教育，但它仍然包含了很多值得认识的因素，它可以帮助我们走向未来。我谈几点想法。

第一，这是一次前所未有、巨大规模的在线教育的实践。我们讲了30年教育信息化，只有这一次真刀真枪，全体教师和学生都到了线上。虽然是一次猝不及防的应战，但是毕竟是一次非常难得的实践，也有很多教师和学生在这个过程当中获得了新的教育体验，以及对在线教育的新认识。从现在的情况来看，90%都是“课堂搬家”，以现场直播为主，并没有充分发挥在线教育的优势。据厦门大学的调查，即便是高校，80%的教师从来没有参与过线上教育。因而，这是一个过程，是可以接受的。

我们应该充分认识互联网教育的未来性，毕竟它是教育走向未来的基本路径。同时，还要意识到互联网不仅是一种技术，而且是一种文化。我们要汲取互联网所体现的自主性、开放性、互动性、去中心化、服务至上、公众参与、信息公开、资源共享等价值养分，将它们融入现行教育，从而产生革命性的反应。

我们并不是用21世纪的技术去强化19世纪的教学，而是用互联网的思维和文化改变教育。例如松鼠AI等培训机构的线上课程，关注的就是知识点、提分，这与我们讲的全面发展教育有很大的差距。松鼠AI的网页不断提示你“打败了36%的学生”“打败了80%的学生”，基础教育的功能究竟是为了打败同学，还是自我成就、自我提升？这里也存在一个重要的价值偏差。

真正有效的在线教育必须有线下开展自主学习、项目制学习、研究性学习的基础，才能有效发挥在线学习的优势。未来学习的基本模式，是线上与线下教育相结合的混合式学习。

第二，这是一次大规模的减负实践。教育部这么多年没有达到的“目标”，这次“实现”了。学生在家里学习，不用早出晚归，上课的时间大量减少。由于有很多不可控的因素，作业也大量减少，学生可以少做作业、增加睡眠。疫情期间出现的这种“低竞争、低评价、低管控”的教育生态，是非常态下的现实，是不自觉、低水平的，因为管不了，只好少管、不管。但是，“三低”的理念是没错的，我们有没有可能在后疫情时代继续贯彻这种观念，对中小学生真正减负，使它变成“新常态”呢？当然，这说起来似乎非常理想化，但也不是不可想象的。难道我们真的需要那么多的教学内容、那么长的学习时间吗？我们知道德国的中小学都是上半天课，并不需要加班加点学习，照样学得很好。这是一个值得思考的问题。

第三，疫期教育也是对家庭教育、家校关系一次前所未有的检验。学生在封闭的环境中，学生和家长都身心疲惫，盼望着复课开学，对学校教育有了一种新的体验。当我们把家庭变成应试教育的第二战场，企图把家长变成教师的时候，发生了家庭教育功能严重的缺失。在深圳和上海，中小学生自杀案例激增，是一个重要的警示。

家庭不应该成为第二战场。让家长身兼教师身份则是恶化亲子关系的做法。包括通过微信实时地展示、比较学生，是在制造家长的焦虑，是一种冷暴力。这一切都提醒我们，在互联网信息技术的时代，如何恰当厘清家校的边界，重构家校关系，需要专业性的对待和建设。

虽然疫情期间所有学生都是在家上学，但与发达国家的Home School不同，学生基本上是被动的。只有在学生自主学习的框架中，才能够更好地实行“在家上学”。

第四，疫期教育尖锐地揭示了城乡之间巨大的数字鸿沟。没有全民参与在线教育的时候，我们看到的只是统计数据，譬如98%的学校已经接通了互联网等。只有用起来，才知道不完全是这么回事，70%的学生只能用手机上网课，50%的农村学生每天上网课不到一小时。因为教育信息化的部署是以学校为单位的，每个学校布置一间多媒体教室，难以满足所有学生同时学习的需求。而在农村家庭当中，如果家长和两个孩子共用一个智能手机，如何正常地开展在线教育呢？由于在线教育资源并不是按家庭和学生个人来部署的，所以在农村，无论是学校还是学生，第一个问题就是硬件资源不足，需要正视这一现实。

第五，是对教育的反思：特殊时期什么学习是最重要的？在疫情这么一个特殊时期，究竟什么样的教育是最重要的，涉及对教育本质的一种认识。需要重新认识知识、教育和学习。我们习惯性地将语、数、外等教材的学习视为教育的全部，其实可能遗失了更为重要的教育。

疫情期间最重要的当然是健康和卫生教育、生命教育和生活教育、改善亲子关系的家庭教育等。如果我们在这几个月的非正常教育过程当中，能够建立良好的生活技能，有效地改善亲子关系，支持孩子的劳动教育，弥补应试教育所忽视的非智力因素的教育，也是一种很重要的收获。

疫情教育对教育提出的挑战，也是对文明的挑战，就是社会发展的不确定性。这是法国大哲学家莫兰提出的问题。他说“未来的名字是不确定性”“知识既未使我们变得更加优秀，也未使我们变得更加幸福”。我们手中并没有握着社会进步的遥控器，社会发展并不是按我们想象的线性逻辑一步一步上升，而是充满了偶然性和随机性。我们需要学会“在散布着确定性的岛屿和不确定性的海洋中航行的能力”。

如何应对不确定性，最核心的概念是恢复教育的人文性，也就是认识社会和人类生活的复杂性，通过哲学、历史学、文学、艺术等人类“总体文化”的学习，获得价值判断的一般智能。为什么阴谋论能够盛行，为什么很多受过高等教育的人对一些重大问题的判断是错误的？因为他们是在被割裂的高度专业化的教育中成长的，所以对专业之外的事物往往难以正常判断。这需要将教育的过程“生态化”，对局部问题进行整体性的思考，超越“原因—结果”的线性因果性、决定论的思维。

莫兰开的“药方”也很简单，就是阅读文学经典和看优秀的电影。因为优秀的文学经典和电影体现了人类的“总体文化”，对于青少年形成是非善恶的价值判断、认识社会和人性的复杂性非常有帮助，从而抵御思想的病毒。

这是我对疫情期间教育的一些反思。我们以疫情教育为契机去连接未来教育，需要坚持这一重要的目标：超越“教育工厂”模式，从应试教育突围，从而推动教育创新，改善教育生态，实现教育公平！

这也是我们的理想，谢谢大家！

王　素

中国教育科学研究院国际比较教育研究所所长

疫情期间在线学习的东中西部比较

尊敬的各位领导、各位同仁，特别感谢论坛能够邀请我来参加这次会议。

我在此和大家分享我们在疫情期间对在线学习进行的一个大规模调查的成果。在调查过程中东中西部的具体区别。这个调查做得比较早，因此在后期还会有一些变化，我们会再做一次调查，会看到更多的结果。我们在线做了两套问卷，家长问卷和教师问卷。家长问卷将近180万份，教师问卷大概18万份，调查范围覆盖了全国所有的省市。因处于疫情期间，我们没有进行严格抽样，但样本量大，基本上具有代表性。

公众对在线教育的态度非常正向，这是我们在做报告的时候，通过百度词频进行的分析结果。疫情期间，公众正面态度占到32.63%，大部分是中性态度，负面态度只占3.39%。我们在调查当中得出几个结论：从地域上来看，东中西部存在明显的差异；从学段来看，学段越低，在线教育的指标越好；从教龄来看，年轻的教师教育指标比较好，可能年轻教师接受新事物比较快；从学校类型来看，还是有诸多差异，如城市学校、乡镇学校，学校等级越高，在线教育的相关等级越高，公办学校、民办学校也存在差异。

从教育端和受教育端来分析，在线教育最重要的是孩子的注意力的问题。非在线的话，大家有很多情感上的交流、目光上的交流。但是在线教育对教师最大的挑战是在周边有很多影响因素情况下，如何“抢夺”孩子的注意力，我们看到强注意力、弱注意力在不同的情况下不一样。互动性和注意力是决定在线教育最关键的因素，教育端和受教育端的共同偏好，就是异步教学模式。其实他们很喜欢录播的状态，直播的效果没有录播效果好，这是大家的反应。另外也可以看到家庭资本的重要性，这在远程教育中凸显，家长是否陪伴、家庭是否拥有在线教育设备等都会在在线教育、学习效果中产生差异，因此我们也注意到产生新的数字鸿沟的问题。

我们看一下东中西部地区家长、学生对在线教育学习态度的比较。从在线教育学习家长的陪同情况看，中西部家长更倾向于对孩子陪伴，陪伴时间会更长；东部家长认为没必要陪伴的比例更高，陪伴的时间较西部和中部家长明显会少。从学生学习频次看，中西部地区学生在线学习的频次明显高于东部地区。因此，可以看出西部和中部地区学生的学习意愿非常强，因此会更加重视学习，学习会更努力。

从在线学习方式上来看，西部教师比较喜欢录播和在线布置作业拍照上传，喜欢直播的比例显著低于东中部。对于电子设备的态度，西部地区更加倾向于接受，态度更加乐观，相反东部地区会考虑到孩子视力、上网成瘾等因素。这可能跟西部地区对于知识的渴望有关，更愿意用这样的方式来加强学生的学习。从家长对于在线教育的实际评价来看，东中西部也存在明显的差异。中部地区家长的满意度显著高于西部地区和东部地区，中部地区对于在线教育的评价更好，东部地区的评价最低。

我们再看一下东中西部教师在线教育学习的情况。从教师对在线教育学习的态度上看，东部地区教师对在线教育学习的态度更积极，对在线教育的效果更加肯定。而西部地区的教师则表现出畏惧的心态，这可能是因为西部地区教师在线教育资源的支持不是很足，所以表现出没有东部教师那么积极。

从教师在线教学的能力来看，东部地区教师在线教育的技能明显高于西部地区，所以要想提高西部地区的教学效果，还要加强西部地区教师的信息化能力水平的培训，以及教学方法的培训。

从教师对在线学习效果的满意度来看，东中西部地区还存在差异。东部地区对于在线学习的满意度更高，西部地区对于教学实际效果的满意度较低，这跟它的能力和设备条件都是一致的，具备一定的一致性。从在线学习的主要方式来看，东中西部没有特别大的差异。大部分老师会利用简单的、现有的、易操作的方式。利用微信群、QQ群布置作业的比例比较高。直播课堂占到52.18%。利用教育云平台、网络平台开展网络教育的比例更低。在线开展翻转课堂或者跨学科主题学习，这样的方式更加少。大家还不是很适应在线学习这种方式，因此把传统课堂搬到线上的情形比较多。随着数字资源的丰富，以及教师对于教育技术的掌握，项目式学习和主题式探究的比例会在后期逐步提高。

从教师布置作业的方式来看，东中西部地区也有一定的差异。西部地区教师布置传统的纸质作业比例高，东部地区教师布置线上作业的比例高，作业形式更加灵活。

东中西部教师对于制约线上教育因素的看法也不同。中部地区教师认为网速慢、卡顿是制约线上教育的因素。西部地区教师则认为缺少终端设备是制约线上教育的主要因素。东部地区教师认为制约的主要因素是教师能力存在缺陷，不熟悉在线教育的形式。所以东中西部地区面临的情况不一样。

看一下东中西部在线学习时间和效果的比较。在线学习的时间，每天学习2到5个小时占比是最大的，中部学生的学习时间最长，东部和西部会短一点。以上的数据都来源于我们的调研。我们采用了“一起作业”的调研数据，因为他们有大规模的学生在线学习。他们抽取了东中西部每个地区500名的4年级学生，进行了25道题的测试。题目难度分布和题目区分度都比较好，最终的结果很有意思，西部学生会更好一点。西部学生在中间阶段分数占比较高，在低分段占比比较低。为什么会有这样的结果？国家对于西部信息化投入比较大，西部教师接触了更多的新技术和新理念。这个观点跟我们的调研不完全一致，我想可能是由于采样地点不同而导致了这样的区别。在西部地区确实是有些地方进行了很好的教育信息化的建设，所以可能跟取样有关系。

东中西部在线学习平台与资源情况比较。学生上网课使用的平台，国家平台占比非常低，绝大部分用的都是企业平台，此外也有省级平台。中部地区采用省级平台的比例比东部和西部都要高。所以前期研究结果表明，中部地区的省级建设更好一点。同时使用两种平台的比例，东中西部差得不太多。教育供给的社会化，在线教育这个阶段会表现得更加明显。而不是国家大一统，把所有事情都包掉。

在线学习的挑战与需要的支持。学生家庭在线学习条件的保障，是西部地区面临的最大挑战。因为疫情期间学生主要在家学习，西部家庭的信息化设备和条件相对来说都比较薄弱，而这成为西部地区开展在线学习最主要的制约因素。如果马上复学，结论可能又有变化。

从提供的资源来看，作业和测试题占的比例非常高。也就是说尽管我们是在线学习，但是跟应试学习和传统知识化的学习是密切相关的，所以在线学习强调的是作业和测试。刚刚杨老师一直强调我们要全面培养学生，促进学生全面发展。但是可能目前在线教育对学习等领域的探索相对薄弱，大部分是跟学科教学相关的。

在线教育资源的来源，东中西部也有很大的差距。东部地区的教师素质比较高，信息化能力比较强，所以大部分资源是他们自己制作的或同事制作的，占将近70%的比例。但是在西部地区则主要依赖外部资源，一方面因为西部教师自身的信息化能力不足，另外，跟他们所拥有的终端设备、制作的工具不足也有关系。

最后看一下我们的结论和建议：

第一，优质在线教育资源显现集约化发展趋势。教育供给的社会化，应该在疫情期间体现得非常明显。虽然很多企业发掘了很多优秀的在线教育资源，但是资源的发展还是出现了集约化的趋势。

第二，年轻师资是推进在线教育的重要支撑。

第三，对于西部地区，提高西部地区信息化能力是保障西部地区在线教育的重要因素。

第四，西部地区的家庭资本薄弱是制约西部在线教育发展的瓶颈之一，要避免新的数字鸿沟的产生。

第五，探索教育供给社会化的有效机制，通过技术赋能，共享优质教育资源，促进教育公平。教育部发布了新的采购清单以促进教育公平，我们对此十分期待。

我今天就跟大家分享到这里，谢谢各位。

王继新

华中师范大学信息化与基础教育均衡发展协同创新中心执行主任

疫情期间中小学在线教育数据画像及中西部对比

各位领导、各位专家、各位在场和在线的朋友们：

大家好！

今天我跟大家分享的主题是《疫情期间中小学在线教育数据画像及中西部对比》。我将从研究背景、数据画像、中西部对比，以及疫后在线教育如何助力中西部教育发力四个部分具体向大家汇报。

一、研究背景：非常时期的非常任务

为什么说是非常时期的非常任务呢？2020年3月2日，教育部给华中师范大学发出了一份《关于委托开展在线教育相关课题研究的函》，指明让我组建一个团队对疫情期间基础教育领域的在线教育应用与发展状况展开专项研究。面对疫情期间学生无法按原计划开学的局面，“在线教育”临危上阵，解决中小学学生“要上学”的迫切需求，也接受了一次“大考”。接到教育部专项委托任务的时候，我和我的团队都处在疫情的核心区域武汉。于是，我基于互联网建立了包括教育学专家、教育信息化专家、教育行政部门主管、博士、硕士等在内的一支较为庞大的团队，展开了对中小学在线教育的数据画像的研究。

给在线教育数据画像画什么？要画教师、学生、家长、学校、课程、管理者、企业等诸多主体。为什么要画这些呢？第一，是为了描绘疫情期间在线教育的整体状况。第二，总结各区域组织、管理与实施在线教育的有效经验或策略。第三，诊断在线教育实施过程中存在的问题。第四，评估在线教育实施的效果，并探寻影响效果的潜在因素。第五，了解在线平台、工具和资源的应用状况、供给服务模式及策略。第六，指导新冠肺炎疫情之后在线教育的创新应用与发展。

怎么样为在线教育数据画像呢？接到教育部科技司的专项任务之后，我迅速组建了研究团队，进行了研究设计，我们通过以下方法获得了多维度的数据。第一是大规模的调查，由点到面进行了三轮大规模的问卷调查，回收教师卷59156份，学生卷573750份，家长卷497998份，学校卷5942份，教育行政部门卷3110份。我们的调查问卷是在3月底发出，4月回收的。第二是结构性访谈，包括对教师、学生、家长进行访谈，共回收访谈记录203份，录音转文字共186452字。第三是课堂教学实录分析，包括AI编码和人工编码，对75节网络直播课和录播课，约3000分钟的课堂实录进行教与学的行为互动分析编码，以及师生课堂行为的智能识别与量化计算。第四是典型案例和政策文本收集，通过网络观察、与教育行政部门沟通、网络爬虫，共获得案例413份约25万字，15个省66个市/区的政策文本约27万字。第五是对21个网络学习平台、工具从教学管理、资源服务、社会交互、作业管理、系统特性五个维度进行了系统分析。

二、战疫期间中小学在线教育的数据画像

通过上述多维度的数据分析，我们从六个方面对战疫期间中小学在线教育进行了数据画像。

（一）教师与课程教学状况。

我们通过对教师的调查发现，第一，教师基本能因地制宜开展弹性教学，网络直播课堂因其临场感强而最受教师青睐。网络直播课堂是教师普遍采用的教学模式，占比为56.96%。其次是教师组织学生自主学习，占比31.40%。还有就是教师组织学生通过电视空中课堂进行的学习，电视空中课堂为缺少信息设备或网络条件较差的教师和学生的在线教学提供了便利，这种学习方式占比为14.98%。第二，73.01%的教师以学生作业提交的情况作为评价学习效果的主要依据，精准化不足。而课堂提问交互、在线测试、在线讨论等其他学情数据教师较少用到。第三，教师在线教学培训为在线教育提供了良好支持，但仍未全覆盖。有77.89%的教师参与了学校或者教育行政部门组织的在线教学培训，但16.08%的学校未组织在线教学培训，这给教师信息技术操作能力和在线教学设计能力提出了挑战。第四，教学模式以“教师主控”的“讲授型”为主，互动以师生间言语单向互动为主。我们通过课程教学行为分析发现，其一，师生较难实时交流，教师难以判断学生的学习效果，无法根据学情调整讲授节奏，所以在整节直播课中表现出教师讲授时间过长，教师主导整节课，学生积极性难以调动等问题；其二，授课教师能把握讲授知识的难度，有序按照“由易到难”的知识框架构建讲授框架，但对学生的高阶思维培养关注不够；

其三，教师多以直述式讲述为主，留给学生思考的时间也较少。第五，教师在线教学认同度整体较高，乡村教师认同度高于非农村地区教师。整体来说，教师持续开展在线教学的意愿较为强烈（均值 M=3.29）且满意度较高（均值 M=3.26）。而城乡比较发现，乡村教师对在线教学的满意度及持续展开线上教学的意愿，均显著高于非农村地区的教师（P<0.001）。

（二）学生与学习状况。

从大规模的学生调查数据分析可以看出，第一，学生的学习终端以智能手机为主（占比 83.6%），使用手机流量上网课的学生占比最大（42.85%）。值得注意的是有 2.12%受调查学生没有办法连接网络。在案例分析过程中发现，部分县域教育主管部门多方筹措，解决了贫困学生的学习条件问题，做到了“一个都不掉队”。第二，在线学习课程基本能够实现育人和育才相结合。大部分学校根据春季课表开设了文化基础课程，这保证了疫情期间春季学期课程学习的正常开展；与此同时，还开展了爱国主义教育（占比 16.93%）、感恩教育（占比 12.26%）、生命安全教育（占比 18.53%）、心理健康教育（占比 22.96%）、劳动教育（占比 12.50%）等主题教育，也指导学生开展居家劳动、体育锻炼等活动。第三，在线直播是开展线上学习的主要形式，且因其互动与临场感优势受学生喜欢，这与教师卷的调查结果一致。疫情期间“直播课程+线上辅导+自主学习”的形式最为普遍，占比为 48.57%。第四，学习新知、完成作业与点评是在线学习最普遍的活动，线上学习活动设计创新不足。学生参与的最普遍的学习活动有在线完成作业（81.85%）、老师点评作业（71.11%）、教师讲授知识（66.80%），这保证了学生文化基础课程的学习；近一半的学生参与了“基于网络资源进行自主学习”，这对自主学习能力提出了挑战；约三分之一的学生积极参加老师组织的线上活动和参与线上讨论答疑，丰富了在线学习体验，有助于提高学生在线学习的积极性。第五，学生对在线学习较为认同，且不同群体之间存在差异。整体来看，学生对居家在线学习的满意度较高（M=3.67）且在线学习意愿较为强烈（M=3.57）；区域对比来看，乡村学生对在线学习的使用意愿最为强烈，省会城市的学生满意度最高。

（三）学校组织管理分析。

对学校的调查发现，第一，近八成学校组织了在线教师培训，但城乡学校差异显著。74.7%的学校组织了教师培训，但20.3%的乡村教师表示学校或教育主管部门并未组织相关培训，在线教学开展全凭教师自己探索，这在一定程度上影响在线教学的效果。第二，学校为学生、家长提供的学习支持服务较为充分。学校提供的支持服务中，占前三位的分别是为学生提供配套学习资源(91.15%)、提供学习平台使用指南(83.0%)、提前一周提供课表公布在线课程安排表(82.8%)。值得肯定的是，有80.04%的学校为有学习困难的家庭提供了个性化的帮助，有66.58%的学校为信息素养较低的家长提供了一对一的服务。第三，组建学习、教学、家校共育共同体，保障了学校各类教育活动的开展。案例分析发现，许多学校会根据学习任务建立线上学习共同体，在生生互动中促进有效学习，以及情感交流；超过半数的学校都建立了教学共同体，主要以年级和学科为单位组建，共同承担线上课程教学任务，极大地减轻了教师的工作量；有不少学校构建、发起了家校共育的丰富活动，比如湖北省云梦县伍落中学发起

“共读一本书”“共做一道菜”“共做一项室内运动”“共同制定家规”“共同制订规划”等内容，并提供必要的活动说明，在这些活动开展过程中营造家校共育文化、构建家校共育共同体。

（四）网络平台与资源应用分析。

通过对平台、资源和工具的调查分析发现，第一，国家、省级平台资源和教师自制资源起支撑性作用。教师自制资源(64.0%)、国家中小学网络云平台(59.4%)、省教育资源公共服务平台(49.4%)是本次疫情期间资源支持的主体。中国教育电视台(36.8%)、广电网络有线电视(33.8%)、区域统一组织师资特别录制的资源(34.7%)、校本资源(38.8%)也在本次“停课不停学”线上学习中发挥了重要作用。 第二，课程资源平台丰富多样，但个性化、适切性资源不足。大量资源工具配合使用，给师生造成一定负担。第三，学生对在线教学平台和工具整体满意度较高，但对实时交互、分组协作等功能评价较低。学生对视频回看功能和作业反馈功能的评价最高；学生对作业上传功能、系统实时维护功能、界面的合理性方面积极评价比例都超过了60%。但是，学生对实时交互功能、分组协作功能和平台集成性的满意度较低。第四，在线教学平台和工具中学情分析成为教师最满意的功能。但约四成教师不认可平台的师生交互功能，约五成教师不满意其对维持课堂秩序所发挥的作用。第五，无法支持有效互动成为在线教学平台和工具的痛点。对二十一个平台和工具的五个维度的功能特性的教师评价结果显示，大部分课堂上的在线交互缺乏深度和效率，甚至会干扰到正常教学秩序。具体表现包括：跟风现象，在讨论区等公屏上回答老师问题易引起其他学生的跟风回答行为，学生复制粘贴他人答案从而逃避独立思考；特效刷屏，在多个课堂中我们注意到学生滥用平台自带的“点赞”“送花”和“表情”功能，这些功能客观上成为导致学生分心和走神的干扰物；无关讨论，访谈中很多学生表示宅家太无聊了，想找同学聊天，因此也不难理解在线课堂中出现的大量与学习无关的闲聊。

（五）家长对在线教学的接受与支持状况。

对家长的调查分析发现，第一，超七成家长对“在线学习”持支持态度，且整体满意度高。74.1%的家长认为“疫情期间组织孩子居家在线学习的决策是明智的”。满意度量表（Bourgonjon，2011）显示家长整体满意度较高，均值M=3.48（满分是5）。第二，超九成学生在线居家学习需家长协助，其自主学习能力亟须提升。在线居家学习过程中，超过60%的家长需要陪伴孩子学习2小时以上。仅有5.9%的家长表示孩子在线学习“几乎不需要任何辅助”。第三，近七成家长对学情反馈的个性化与及时性表示担忧，有68.3%的家长认为在线学习过程中老师缺乏对学习效果的及时把握，并对此表示担忧。第四，家长普遍认识到了在线学习的自主性优势，包括在线学习能 “随时随地上课”“自由选择老师和课程”“学不会的地方，可以反复看”“自主决定学习进度”“自主学习资源丰富、全面”等优势。但仍有64.7%的家长认为疫情期间孩子居家在线学习过程中缺乏有效监督。第五，家长重视在线交互，但生生互动明显少于师生互动。仅有43.3%的受访家长认为“学生有机会与同学进行互动”，超过半数的受访家长认为生生互动明显少于师生互动，有70.3%的家长担忧居家在线学习过程中“孩子缺乏与同学的沟通与交流”。第六，城乡家长满意度和持续使用意愿均存在显著性差异。乡村学生家长满意度（M=3.51）显著低于城市学生家长（M=3.61），而乡村学生家长持续使用意愿（M=3.25）却显著高于城市学生家长（M=3.19），通过对家长的访谈分析发现，造成这一现象有两个方面的原因：其一，在线学习为乡村学生拓宽了获取学习资源的渠道，使之可以低成本获取更多的优质资源；其二，乡村学生居家在线学习的资源大多由城市教师讲授，乡村家长普遍认为城市教师水平高于乡村教师，因而愿意持续使用。第七，留守（或流动）学生家长对“在线学习”的满意度和持续使用意愿显著低于一般学生家长。由此可见，留守学生、流动学生仍是居家“在线学习”中需要高度关注的群体。应对其从学习终端和网络提供、学习资源提供、学习过程指导、心理疏导等方面给予更全面、更个性化的帮助，保障其居家“有学上”和“上好学”。

（六）教育行政部门支持状况。

对教育行政部门的调查发现，第一，90%的教育行政部门提供了在线教学实施方案及学习支持服务，但教研工作指引和教师激励政策不明确。对15省66个市（区）教育行政部门制订的在线教学实施方案进行文本分析后发现：超过90%的教育行政部门明确了中小学在线教学的工作目标、组织原则、教学模式、实施途径、保障措施等；但较少的教育行政部门提供教研工作的指引，且大多数的教育行政部门对教师的激励政策不明确。问卷调查结果也显示：仅27.6%的教育行政部门整合辖区骨干教师力量，组建教研团队。第二，75%的教育行政部门为教师提供了线上教学指导与培训。培训的内容主要有优秀资源的分享（72.6%）、优秀平台的推荐（76.9%）、平台操作方法（49.9%）、在线教学设计（46.9%）。第三，对家庭困难学生、留守儿童疫情期间的在线学习仍需提高重视。问卷调查结果显示：仅大约40%的教育行政部门筛查在线学习困难家庭，并提供个性化的帮助。对15省66个市（区）教育行政部门所发出的政策文本分析显示：仅有约10%的实施方案中，对如何帮扶家庭困难学生予以明确的指引。当然也有不少教育行政部门对贫困生、留守学生提供了全力支助。例如，崇阳县教育局多方联动，协同乡镇、村和通信部门，为贫困学生共调配电脑10台、购买手机63部，供困难学生免费使用，联合村委会，为4名无网络信号儿童提供学习场所，解决了无信号而无法参与学习的问题。

三、战疫期间中小学在线教育中西部对比分析

上述的数据画像是针对全国范围内的分析，为了做中西部对比分析，我在接到会务组的邀请之后，专门在云南沧源县做了一周的调查，并对中部湖北省和西部云南沧源县做了比较分析，具体是从以下六个方面来分析的。

第一，教学资源与教学活动形式的中西部对比。西部地区的在线教育更多的是依赖国家资源平台上的资源，西部地区教师使用“教师自制资源”开展教学的比例低于中部地区，西部地区教师使用“国家中小学网络云平台”资源的比例高于中部地区。中部地区教师开展教学活动的类型相比西部更丰富，中部地区教师在布置作业与点评、发布学习资源、发布通知、集体答疑、课堂直播和个别辅导等教学活动组织方面的比例高于西部地区。

第二，教师对在线教学认同度的中西部对比。中西部教师对在线教学

的认同度无显著差异，但中部地区教师的满意度略高于西部地区教师。西部地区教师感知在线教学的有用性显著高于中部地区教师，但感知易用性却显著低于中部地区教师。西部地区教师已经认识到在线教学的重要性和优势，但却对在线教学平台和工具的使用难度有所担忧。

第三，学生在线学习方式与在线学习态度的中西部对比。在线学习方式上，中部地区学生在线学习的主要方式是“直播课程+线上辅导+自主学习”，西部地区学生在线学习的主要学习方式是“线上辅导+自主学习”，可以看出西部地区直播课程学习较少，多以国家、省市平台上的公共录播资源为主。在学习态度上，在满意度、使用意愿、感知在线学习有用性三个维度上，西部地区学生显著高于中部地区学生；在感知易用性上，西部地区学生却显著低于中部地区，这也从一个侧面反映出西部地区学生信息素养有待进一步提升。

第四，学校组织与支持服务状况中西部对比。中西部学校组织教师培训工作的内容差异性不大，但在教学平台操作方法指导上，西部地区仍需加强；为家长、学生提供支持服务方面，中部地区学校在各项服务指标上占比均高于西部地区学校。有研究证实，学习支持服务对在线教育效果有潜在影响。因此，西部学校应重视为家长、学生提供在线学习支持服务。

第五，家长认同度中西部对比。中部地区学生家长满意度和持续使用意愿均显著低于西部地区学生家长。

第六，教育行政部门支持西部案例。以云南省沧源县为例，西部地区“三个课堂”建设在应对疫情期间“停课不停学”起到了重要作用。沧源县基于手机直播教学环境，以低成本、草根式的应用，实现专递同步教学县域全覆盖，打造了教学点开齐、开足国家课程的“沧源1+N模式”。专递课堂所积累的资源、建立的教学共同体等为“停课不停学”期间的在线教与学打下了基础。

四、疫后在线教育如何为助力西部教育发力

疫后的中小学教育必然会走向线上与线下相融合的趋势，这也为西部教育发展带来了机遇，只要找准发力点，相信西部教育的发展将会更好。我结合我个人研究的体会，从以下五个方面提出疫后西部教育发展可以发力的方向。首先，以“三个课堂+AI”促进义务教育优质均衡发展；其次，建立自适应学习与智慧教学系统，实现精准教与个性化学；第三，搭建全环境育人平台，实现学生评价的智能化与过程化；第四，通过“人工智能+课堂教学行为分析”让教学评价更科学；第五，实施“线上+线下”相融合的教学创新，构建疫后教育新生态。

相信，有了技术的融入、人的创新，以及各方的协同，西部教育的发展将会更快、更好。谢谢大家！

牛启寿

甘肃省平凉市政协副主席

疫情背景下在线教育的得与失

——以甘肃省平凉市为例

我来自甘肃平凉市，平凉地处甘肃东部，有230万人口，其中有3万老师、38万学生。2020年4月份之前我还兼任平凉市教育局局长，4月份之后我转岗到市政协，联系教育工作。在教育局局长的岗位上，我见证了因疫情不能按时开学，家长们的焦虑和师生的无奈，也参与组织实施了一系列“停课不停学”活动。我今天提供的是一个地级市“停课不停学”的案例，这个案例在我国西部也许具有“样本”的意义。下面我从三个方面做汇报。

先给大家汇报一下我们平凉市在疫情期间“停课不停学”的基本情况。鉴于甘肃省教育厅延迟开学的工作安排，我们在2020年1月30日以市教育局的名义发了一个通知，要求全市中小学开展“空中课堂”活动。这在甘肃省是第一家，所以受到了很多新闻媒体的报道。在发文件之前我们进行了一些调研，主要是对学生的学习条件、学习工具、学习方式进行网络调查。我们发出10万多份问卷，在学习条件上，反馈95%的学生具备在线学习条件，接近5%的学生不具备在线学习条件。细致分析，这5%

不是网络不通，主要是学习终端设备太落后。这些学生家长绝大多数使用的手机价值在1000元左右，加上很多家长喜欢玩抖音、快手，这几个娱乐App的使用，使手机内存基本占满，所以不具备学习条件。

在学习工具上，平凉市接近76%的学生只能在手机上进行学习，24%的家庭才有电脑，也印证了我们西部和中东部还是有显著差距的。在“学习方式”上，88%的学生要求老师进行课堂直播，12%的学生要求自主学习，说明西部学生在自主学习、项目学习能力方面比较欠缺。

在调研基础上，我们为学生提供了多样化的资源平台，有三个类型，电视教育资源平台、网络教育平台、直播学习平台。从使用反馈情况看，中国教育电视台“名师课堂”广受农村学生欢迎，社会资源平台的利用高于国家资源平台的利用。社会资源像腾讯教育、沪江网CCtalk、小鱼易联等在疫情期间面向西部全部免费提供，所以利用率就会高一些。

2020年3月份疫情还未得到彻底控制，甘肃省教育厅第二次推迟了开学时间，要求全省开学时间不早于3月15日，实际上我们的正式开学时间在4月15日。这样一个超长假期对中小学生是一大考验！家庭环境不一样，学习条件不一样，时间一长，很容易造成学生两极分化，加大城乡教育差距。自主学习能力弱、自律性不强的学生，成绩将会越来越差；农村留守儿童，一些厌学学生甚至会因此辍学。我们判断，这个特殊假期有可能成为学习质量的分水岭。于是我们和阿里巴巴合作，搭建了一个“平凉市钉钉智慧校园”的平台。对3万老师、38万学生全部以学校为单位统一完成注册并在网上进行培训。同时，创建了班级圈，对直播教学方法、作业布置、学生打卡签到、课件选择和编辑应用模块进行了培训，系统组织在线教学，使整个“停课不停学”活动变成一种有组织的统一行动，效果就好一些。我们对这个活动进行督导评估，每隔两周组织在线教学工作的调度会，通报各个学校在线教学开展活动情况。

因为假期太长，学生在家要么刷题，要么无所事事。针对农村学生阅读量少的现状，我们利用“钉钉”系统组织开展了大规模在线“居家阅读”活动，线上指导家庭阅读、亲子阅读、学生阅读，同时举办了四期“家庭阅读”线上阅读经验分享会。疫情结束以后，我们对居家学习情况进行了征文比赛。对于一些建档立卡贫困户的学生组织了网上赠送流量“扶贫”行动，有一些孩子家里的手机配置很低，用手机进行集中、长期的在线学习使他们交不起流量费。我们跟三大运营商联系，总共对2432名建档立卡贫困学生进行了网络流量赠送活动，这个活动对贫困学生的在线学习起了很大的作用。我们西部还有少数多子女的家庭，只有一部手机，怎么办？我们要求学校对这些学生精准摸底，等哥哥、姐姐上完直播课以后，老师再让弟弟、妹妹看回放讲课视频，让他们错时听课，线上教学也“一个都不能少”。

再给大家汇报我们平凉市疫情期间“停课不停学”的经验教训。我觉得这次“停课不停学”最大的收获是在特殊时期稳定了社会情绪。疫情让大家本身很焦虑，如果孩子没学上，对家长来说是“雪上加霜”，这是一大不稳定因素。但网课开起来以后，高三、初三的学生上新课，其他年级的学生有组织地居家阅读或进行有关健康、卫生知识的学习，这样一来家长情绪稳住了，家庭稳住了，社会面的情绪也就稳定了。其次，检验了信息化能力。教育信息化经过了近30年的建设，这一次经历了“大考”，经受住了考验。正是“养兵千日、用兵一时”。再次，提升了教师的信息化素养。一部分年龄大的老师不习惯使用信息化设备，这次疫情期间，他们也主动上传课件进行直播，学会了信息化应用，有个别老师居然成了网红。

也有教训。我认为这次“停课不停学”最大的教训是教育公平问题。本来教育信息化是为了填平“数字鸿沟”，但这次疫情期间通过三四个月的检验，我们发现数字鸿沟不仅没有填平，而且有拉大的趋势。城乡之间有差异、不同家庭之间有差异。比如对城镇家庭来说，疫情期间爷爷奶奶不能外出打太极拳、跳广场舞，得全身心照顾孙子、孙女的学习，爸爸妈妈不能上班，也得一天盯着孩子，给孩子辅导作业。这样，一个孩子有好几个家长在陪伴学习，家校协同效果就非常好。但是农村孩子没有这个资源，家校协同非常欠缺，最后中考、高考成绩也就“检验”出来了。当然也有管得过严，造成亲子不和谐的问题。我觉得网络时代家校的“边界”应该明晰，网络文化、网络道德、网络伦理、网络规范在教育信息化时代急需建立。其次，是质量监测问题。在线教学最大的问题是没有“场效应”，没有教学场景，教师无法“实时”掌握学生的学习情况，教学质量的检测具有延后性。线上教学到底怎么样、怎么及时弥补教学上的缺陷，也没有办法操作。

最后，给大家汇报一下我们平凉市在疫情期间实施“停课不停学”的启示启发。首先要强化全民的信息素养。信息素养是非常关键的核心素养，对西部来说，留守儿童、少年群体较大，“一部手机毁掉一个孩子”已不是个别现象！目前，最要紧的是强化家长和学生的信息素养。要给孩子、家长灌输一种观念，手机不光是用来“玩”的，更重要的是用来

“学”的，这次“停课不停学”就是一个非常好的案例。否则，“数字鸿沟”还会在后疫情时代拉大。其次是线上线下要有机融合。如果在后疫情时代老师能够把线上教学跟线下教学有机融合，特别是把各科的知识难点和重点拍成微电影、小视频，并增加一些趣味性和针对性，然后上传到网上让一些学生反复看、认真学，这样可以遏制校外培训机构的“野蛮生长”，对于交不起高价补课费、家庭困难的学生，也是促进教育公平的一大举措。同时要建立教研指导和质量监测机制。后疫情时代教育线上教学应该常态化，教研指导要先行，相应要建立全新的教育评价机制。这个问题说大一些，就是要实现教育治理体系和治理能力的现代化。

我就汇报这些，谢谢大家！

王莉莉

河南省渑池县果园乡中心小学教师

后疫情时代乡村课堂教学模式的新样态

尊敬的各位领导、各位线上线下的朋友们，大家好！

首先感谢各位专家的分享，下面我主要以我所在的学校疫情期间的情况进行分享。我分享的题目是《后疫情时代乡村课堂教学模式的新样态》。

一、五十岁再出发

我叫王莉莉，今年52岁，来自河南省三门峡市渑池县果园乡中心小学，是一名乡村教师。我所在的学校是豫西的一所普通的农村学校，我们学校只有一栋教学楼。30多年来，贴在我身上的标签就是“村小老师”，随着年龄的增长，我的身上又多了一个标签——“老教师”。

我本想我的一生就这样平平淡淡地度过了。然而，让我没有想到的是，第一次触网学习完全改变了我，让我的人生有了全新的开始。那是2017年的9月9日，第一届“乡村青年教师社会支持公益计划”在北京师范大学开启，作为一名青椒学员的我开始了为期一年的学习之旅。当时，我写了一篇文章——《五十岁再出发》，这里有个二维码，有兴趣的朋友可以扫码看一看3年前的我是什么样子。那时候的我不知道自己未来会是什么样子，更不会想到3年后我会登上中国西部教育发展论坛的讲台，也不会想到我还成了网络主播。

在疫情期间，教育部门组织一些优秀教师录制优质的课程，供学生学习。我们把这些课程链接通过微信群推送给家长，让家长督促学生学习。我自己也在网上给孩子们上直播课，还选择“互加计划”推荐一部分优质的公益课程，像生命教育课程和美术课程，推送给孩子们学习。依托互联网开展的丰富多彩、有意义的网络教学活动，让孩子们宅在家里也不觉得无聊和枯燥，每天对网络学习充满新的期待。在疫情期间，当有的学校在网络授课上频繁“翻车”的时候，我们学校的孩子已经在线上做小主播，在线下做小讲师，玩得风生水起。他们做起直播、讲起课来，有模有样，游刃有余。我们的学生之所以能够做到这样从容，这背后其实是3年网络课程的历练。

一人教学，三人同行。所以在疫情期间，我一个人得承担3个班168名学生的教学任务，除了给3个班上课文课，我还带着全校800多名学生学习线上的生命教育课程，3个月的线上学习和2个月的线下学习，在期末全县调研考试中，我校五年级的3个班语文成绩在全乡20多个教学班里分别是第一名，第二名和第四名，并没有因为疫情而受到影响。

在疫情期间，能够顺利地带着孩子们进行线上直播，是“青椒计划”赋予我的能力，点燃了我的生命热情。我从来没有想过，我也能够在网络上为那么多的孩子上课。50岁再出发，3年互联网教育的深度参与，我的角色也在不断地发生着新的变化。

2017年9月加入网络学习，让我进入了人生的第二春。在学习的同时，我还同步带着学生加入互加美丽乡村网络公益课程的学习。这是一种双师课堂的模式，一位教师网上上课，几百个班级同步在线参与，我们的身份从教师变成了助学，协助网师指导学生，一名网师一门课程可以同步带动几万学生同时参与，线上线下密切配合，极大地丰富了村小的课程资源，缓解了乡村学校缺少音乐、美术专业教师的不足，不同于传统送教、支教、走教模式，互联网教育带给学生优质课程资源的持续陪伴，这是改变我们村小孩子的巨大力量！用我们三门峡教育局原副局长金锐的话说，在网络课堂上孩子们变得大声、大胆、大方、大气！这就是互联网带给孩子的特殊意义所在吧！2018年我又成为彩虹花网络公益课程助教团队的一员，参与课程运营。在2020年疫情期间，我组织全年级的学生在线开设网络直播课程进行授课近百节，迈出了历史性的一步。

二、想说爱你并不容易

在线教育其实想说爱你并不容易。线上课堂并不是传统课堂的搬家。对于乡村学校来说，在线教育在实际运用中面临非常多的问题，像课程资源比较单一，大多是学科教学资源；缺乏管理、设备差异等。隐藏在这些问题背后的主要原因是学生的信息技术素养以及老师的信息技术素养的匮乏。对这一点我深有体会，因为我在网络教学方面已经实践了3年，所以当疫情袭来的时候我能够坦然地面对，有效地开展线上教学，但很多乡村教师从来没有接触过这方面的内容，所以在疫情袭来进行线上教学的时候，很多老师是手忙脚乱的。一路走来，我深深地知道，网络素养不是一朝一夕就能养成的。对乡村学校来说，要提升教师的信息素养还任重道远。

在疫情期间，从国家到地方，到学校，到个人都有各种课程，因此也带来一定程度上课程的重复建设。在我们国家，公共课程平台上有很多资源，但是老师们不知道如何去用；地方上也提供优质的课程资源，但是老师们用的也不多；同时每个学校也有自己开发的校本网络课程，网络上的名师还有自己的特色课堂可供使用。可以说，各种课程资源很充足，但是缺乏整合，面对如此海量的信息一方面老师和学生不会选择，不知道到底要用哪些资源，另一方面实际上造成了资源的浪费。如何避免课程的重复建设呢？这个问题值得我们深思。在教育部发布的《教育信息化2.0行动计划》中，提出了“三全两高一大”的方针，将构建“互联网+”条件下的人才培养新形式、开展根据互联网的教育服务新形式、探索信息年代教育办理新形式。

三、乡村学校的变道超车

互联网为乡村学校提供了打破地域边界的巨大契机，3年来我带着学生一直在网络上上课。这张课表上有一个二维码，有兴趣的朋友可以用微信小程序扫一扫就可以看到全国各地的上千个学校，他们的课堂反馈都在这里有所呈现，我们的孩子的作品也在这里。

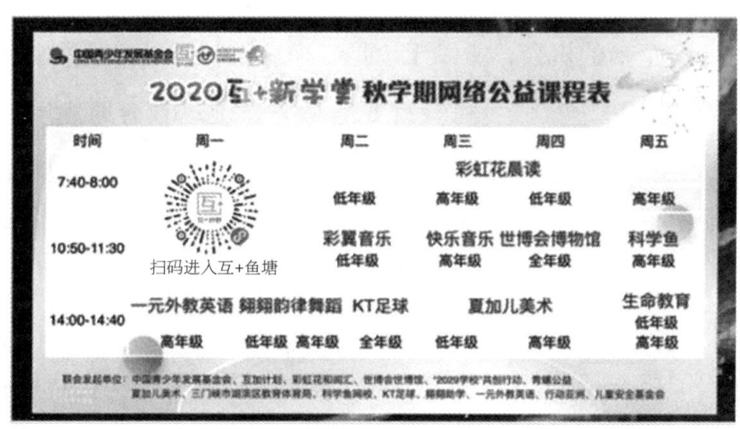

这里有语文课、美术课、科学课等，不少公益老师在互联网上已经坚持了5年多，这群老师现在已经形成一个互联网社区，推动着乡村教育的均衡发展。

一根网线，一块屏幕，一套课程，改变了我们乡村学校的课堂形态，孩子们更加阳光、自信，这个或许就是我想象中的未来学校的样子吧。疫情期间我们通过互联网云伴读课程也听到了朱永新老师和汤敏老师的课，知道了互联网正在改变教育，未来学校已初见端倪，未来已来！

前两天，我还带着我们全校师生听了朱永新老师讲的《未来需要什么样的人才》的讲座，对我们启发很大，如果不是互联网，我们怎么能有这样的学习机会呢？所以互联网教育正在改变着乡村孩子未来的命运，如果不是互联网，我和我的学生是不可能听到朱老师的课的。通过互联网，教育优质、均衡、公平的梦想越来越近了，这也是脱贫攻坚给我们的这个使命。作为一名在乡村学校工作30多年的老教师来说，现在我的新身份是互联网上的新教师、新网师，不管是星光的“星”还是新旧的“新”。

2020年教育部又加大了对三个课堂的推进，对我们这些乡村学校来讲，就是一个全新的机会，所以无论是专递课堂，还是名师课堂和名校网络课堂，都是在推进我们乡村教育变道超车，促进教育的优质、均衡发展。相信让每一个孩子享受公平而有质量的教育的梦想一定可以实现。谢谢大家！

程介明

中国教育三十人论坛成员

香港大学原副校长

香港大学荣休教授

疫情过后：新常态与新契机

各位，因为疫情关系，香港现在还在经受着第三波新冠肺炎疫情，所以我不能飞到北京，只能在这里跟大家谈谈。我今天的题目是《疫情过后：新常态与新契机》。我的信念有两条，教育的最终目的是学生的未来，教育的核心业务是学生的学习，相信大家也不会反对。我将从这两方面讲讲新常态与新契机。

从“停课不停学”说起，据我所知，疫情期间在中国、新加坡都有不同的教学模式，这些地方的教学模式比较稳定、有结构。

模式一，把课堂教学搬到线上，希望跟平常的时间表一样的课程，一样的作业，一样的考试。

模式二，压缩正规课程，促进自主学习。把课程教学内容压缩，留出空间，目的让学生能够自主地学习。

模式三，改变策略，自学为主。让学生以自学为主，这其实是从不同程度上把学生自主学习能力提升一层，这在平常是不容易出现的。不管如何，老师在这个过程中想的是学生怎样学习：他在学吗？能学吗？老师的角色不再是授课，而变成学生学习的设计师。这个变化也是平常少有的。

实际效果是学生学习的主动性增加，成效有高有低，因为学生是在没有老师的监管之下学习的。

“停课不停学”，我们关心的是什么？是学生的学习，这一点非常可贵。

这次“停课不停学”，对我们教育工作者来说，实际上看到了新曙光，学生有可能成为主动学习者。可能分不同的程度、不同的方式、不同的内容、不同的辅助。但这不正是教育工作者梦寐以求的吗？所以这是一道曙光，应该珍惜。怎样珍惜呢？目前遇到的疫情可以说不仅是危机，更是契机，大家不知不觉进入了新的教育形态、新的思想范式。简单比较一下，线下平常的课堂，我们的习惯是一种，线上给我们的启示又是另外一种。这两者的对比，是教与学、知识与能力、任务与经历、终点与起点、充塞与留白、共性与个性、量度与观察的对比。疫情停课的时候，不知不觉是后面的分量多了，前面的分量少了。因此“停课不停学”里面的线上学习不能够看成是一种迫不得已、勉为其难的事情，有它的积极作用。

举两个例子，新加坡在第二波疫情出现之前，2020年4月初开始，学生可以每个星期三在家学习。那时候新加坡没有疫情，这个想法是积极的，为什么不能在原来传统的在校学习模式里面加上一点在家学习的元素呢？蒙古疫情比较轻，2020年开学，学生可以三天在校，两天在家。这两个例子都说明，线上学习并非完全为了避疫，而是一种学习的新常态。

我觉得教育的新常态大概会出现这样几种情况。第一，课堂学习。这是必需的。第二，校园生活。停学过程中，全世界的老师都忽然感觉到，校园生活是那么重要，不过平时习以为常，不太珍惜，这包括体育活动、群体交往、科学实验、动手经验、师生友情、体验学习等。第三，在线学习。这是个新事物，特点是主动学习、内容精简、线上交往、拓宽视野、创出空间、个别发展。这三种学习和起来，为新常态，称为融合学习。

在线学习，应该珍惜，绝对不会因为疫情过去了，就不要了，回到传统，这不可能。课堂学习，不会消失，也有它的必要性，但恐怕需要压缩一下，不能让它霸占了全部的教学时间。校园生活，应该加以丰富，因为这是学生品格成长非常重要的一个环节。

为什么要强调学生要成为主动的学习者呢？有两个方面：第一，社会的需要，社会的新常态。第二，对学习的认识也应该进入学习的新常态。

由于疫情会出现购买力下降，需求萎缩；也会出现投资匮乏，供应链隔断，引起供给方面的减缩。因此这个新常态会带给我们一种恶性循环，不只是中国，全世界没有一个国家可以幸免。这种情况看起来不是三五年能复原的，未来一定更加难料、莫测，所以更需要不断应变和学习。因此学生的能力和素养更加重要，必须超越学历的追求，学会学习。同时，社会日趋碎片化、个人化，他们必须学会独立思考、主动学习。总的来说，不断学习、学会学习，这是社会对教育新的要求。

我们对学习的认识：知识是在人脑里面形成，而非从外灌输。线上的学习，学生需要成为主动的学习者。主动的学习者有三个层次：第一，“焕发”动机。即使是“规定动作”，也要学得有兴趣。第二，给予选择。他一旦选择了，就比较主动了。第三，留白自主。让他选择自己的学习目标、学习内容、学习过程。

在西部地区，刚刚说的这些新常态恐怕也会出现，教学里面的新常态，西部地区缺什么呢？也许缺的是硬件，全世界都是这样，很发达的国家也有这样的情况。比如在英国某些地区，基本上不了网。美国有些家庭有网络，有些家庭没有网络，因此学区不敢办线上学习，说怕不公平。所以硬件的差异是全世界都存在的问题。

假如真的是硬件缺乏的话，反过来把硬件问题解决好，是不是反而超前呢？所以从新常态来说，提醒我们可以用另外一种心态看新常态。这样，西部地区的教育完全可以反超。

是危机还是契机，看人，而不是看条件，条件是人创造出来的。面对新常态，假如消极地看，困难重重、寸步难行。因为旧的格局已经过去了，以前可以顺利做的事现在做不了。但积极地看，新的格局还在形成，形成过程中处处有契机，新的机会、新的空间、新的起点是以前从来没有想过的。疫情给了我们一个最好的练习机会，因为出现了很多以前没有做过、不可思议的事情。

每个人的个人素质跟以前会不一样，新常态下的要求也不一样。我尝试列出一些基本的方面：善于独立处事、善于与人相处、善于捕捉窗口、善于创造机会、善于保护自己、善于不断学习，勇于面对自己、面对失败、突破现状、驾驭风浪，富于关爱情感、乐观精神、进取态度等。这些，在以前看起来好像是少数人才需要的，现在每一个人都需要。学生如此，教师又何尝不是呢？未来已来，这是我给大家的分享。谢谢！

分论坛一　西部学前教育：疫情下的危与机

新冠疫情肆虐，以托育、早教、亲子互动为代表的幼教（服务）产业，即便熬过了一个“残酷”的春天，迎来的将不是火热的夏天，很可能是一个更为“残酷”的冬天。特别是疫情期间，民办幼儿园在半年以上没有收费的情况下，还要背上支付房租、教师工资和社会保险缴纳等费用负担，生存面临前所未有的挑战。

新冠疫情对西部地区幼教产业到底产生了哪些影响，如果疫情影响是长远的，是否可以给幼教产业提供一个新的思路？极度依赖线下的幼教，线上教育是“危”还是“机”？

王晓凤

湖北省丹江口市汉江集团中心幼儿园教学园长

疫情之下，民办幼儿园的生死淘汰赛

大家好，我是来自湖北省丹江口市汉江集团中心幼儿园的王晓凤。此时此刻的心情非常激动，非常高兴能有这样一个机会和全国各位专家、同行们进行学习和交流。在这里，特别感谢北京乐平公益基金会这些年来对丹江口市乡村学前教育的关心和帮助。也特别希望能够借这样一个广阔的平台请各位专家和同行给予我们幼儿园一些方向性的指导和帮助，谢谢大家！

首先，分享一下疫情期间丹江口市一些民办幼儿园遇到的问题以及解决的方案，特别希望得到大家的指导。在这之前先介绍一下我们的幼儿园，它是丹江口市的县级幼儿园，1959年成立，有着60多年的历史，是湖北省的省级示范园，幼儿园占地面积有14000多平方米，曾被评为全国足球特色幼儿园。这所幼儿园对我而言是非常有意义的地方，因为我小的时候就在这个幼儿园上学，我就是这个幼儿园的小朋友。长大以后我又考到这所幼儿园工作，这个幼儿园的很多同事是我当年的老师。我自己带过的很多学生也重新回到幼儿园，跟我一起加入幼教行业的队伍。这个幼儿园建筑有个最大的特点是平房，在平房里学习、生活的孩子，可以拥有城市里面被楼房、钢筋混凝土“包裹”下的孩子们难以体会的乐趣。在我们这里，在幼儿园大树底下、幼儿园的门口玩挖泥巴是很常见的，也是我们幼儿园一个很幸福的点。

关于幼儿园的特色课程，因为我们的户外场地大，所以一直在体育方面做探索研究。幼儿园曾经开展过幼儿篮球操活动，参与的都是5岁左右的大班的小朋友。幼儿篮球操也因此成为丹江口市教育界节目展演的保留节目。2019年幼儿园还被评为全国足球特色学校，我们在这中间也对幼儿的足球活动进行了深入探索和学习。

因为幼儿园成立时间较早，老教师比较多，对传统文化非常青睐，所以幼儿园开展了很多有关传统文化的活动。比如，戏曲进校园活动。虽然小县城资源比较有限，孩子们接触的资源也很有限，但孩子们的快乐一点儿也不少。我们幼儿园经常进行一些户外活动，会利用各种各样能够利用的材料，给孩子们设置游戏环节用。

这次疫情当中我们幼儿园遇到的困难，也是很多民办园遇到的共性问题。比如最大的问题是资金危机，此外，还有教师团队流失问题，教学教研活动停滞很长时间的问题，传统教学模式因为疫情无法实施的问题，复园后的生源问题等。

下面，简单交流一下我们幼儿园的做法，可能有一些片面，希望得到大家的指导和帮助。

第一，关于幼儿园资金危机的问题。

疫情期间，作为学校，我们要求教师通过线上的方式和孩子们进行沟通开展教学活动，教师的工资正常发放，除了没有效益工资（因为这半年没有效益产生），其他全额发放，社保正常缴纳等，但我们认为没有任何理由向家长收取费用，这是形成幼儿园经济压力的一方面原因。另外，为了保障复园后的安全，我们加强了基础设施的改建，比如增加消防管道、喷淋、消毒等，还采购了大量的防疫用品，幼儿园孩子多，光口罩就采购了几千个，这是经济压力的另一方面原因。

最后我们解决的办法，就是通过股东众筹资金来度过危机。

第二，安定教师团队。

从物资方面，作为学校，要尽我们最大努力保障教师没有后顾之忧。我们深知让一个教师只谈精神方面的奉献这不现实，教师只有在经济压力减少之后，才能把全部身心投入幼儿园的教育和教学当中。所以作为园方，我们目前也没有好的方法，只是尽量让老师没有后顾之忧，尽量给教师减轻经济压力。在精神方面，我们充分发挥中心幼儿园的团建优势，把低潮期变成老师的蛰伏期。在这个特殊时期，我们努力找到教育的初心，以开放包容的态度面对教师的流失情况。2020年我们园共有24位教师参加了丹江口市教育局组织的教师事业编制考试，作为园方，我们认为园里的老师考上编制成为公办教师，也是我们幼儿园的骄傲，所以我们本着支持和包容的态度，鼓励和支持教师去考编，还特别给她们调整了教学的工作时间。

这次疫情全中国人民都感受到了中国共产党的伟大，中华人民共和国的伟大，以及中国人民的伟大。所以这次我们紧密结合形势来进行我们的团队建设，充分发挥党员和团员的先锋力量，承担各种社会及幼儿的公益性工作。

在疫情期间，我们不但没有停下教研的脚步，还根据当时的教学情况，研发了一套幼儿防疫课程。针对以后可能遇到的突发性的疾病公共安全事故，幼儿园从环境、孩子的心理建设、家庭工作等各个方面都整理出一套课程方案。课程方案的第一阶段已经完成，教师们越做越有兴趣，也觉得非常好，对日常的工作也是一次改进和调整，从中教研能力得到提升、理论水平得到提高，所以低潮期反而成为我们的蛰伏期，教师在这个时候积蓄力量，等待开学时蓄势待发。

2020年疫情期间开始进行环境创设，和以前相比最大的变化是以前教师非常关注环创的美观性和儿童性。经过这次疫情以后，每个人都体会到了整个社会的价值观有了极大改变，所以幼儿园的环创建设也在潜移默化中表现出来。我们开展了“最美逆行者”“长大以后要做这样的人”“厉害了我的园”等相关主题活动，这对疫情之下教育观念和教育价值的改变，是一个非常好的事情。

其间，我们还组织教师参加观影活动，其实观影活动我们一直在做，我们认为国内外有很多教育影片非常值得老师学习，像《放牛班的春天》《死亡诗社》《美丽人生》等也都深受中心幼儿园老师们的喜欢。有句话说得好，如果想造一艘船，不要老催着别人砍伐木头，而是要激发他们对大海的向往。如果跟老师谈教育理想和教育工作的时候，只是忙着分配任务、发号施令，有时候起不到好的作用，教育行业跟其他行业不同，所以我们也要激发教师对教育工作的热爱，这也是我们采用的方法。

另外就是坚持读书。我们长期开展读书活动，发现一个特别有趣的现象：以前我们中心幼儿园的老师读书是被动的，学校让大家读什么书，大家就去读什么书，老师在被动读书过程中发现的观点具有局限性、普遍性。而现在经过学校长期开展的读书活动，老师们会主动选书，不再满足于学校推荐的书籍，而是基于现阶段自己真正的需要来选书，她们的视角和观点发生了非常大的变化。所以读书不必强推，因为读书就是读书，你可以体验其中的乐趣，不需要强调它的意义。不读书也不丢人，因为每个人追求的爱好和兴趣是不同的。当读书的时候，抛去功利性，会得到很多乐趣。很多事情都是这样，当我们执着追寻它的意义的时候，就失去了它带给我们最初衷、最珍贵的东西。

我们还进行了团建活动——“我的初心”教育职业分享会。这个团建活动里有执教一年、五年、三十年的教师进行的职业分享，带给大家很多的感动。这让我想到自己初来幼儿园工作的时候，就决心将青春献给幼儿园，所以再回首看这些年的艰辛和艰难就不算什么。正如胡教练说的“我的人生经历很丰富，也去过很多地方，但是中心幼儿园是我待过的最棒的地方”。

我们还开展了很多丰富多彩的活动。同时，我们充分发挥党员同志的先锋模范带头作用，在幼儿园和社会上举办了很多公益性活动。

这次疫情带来最大的问题就是传统的教学、教研模式无法进行。这时，平时经常接触多媒体的幼儿园年轻人就凸显了她们的优势，疫情期间很快成立了信息组，信息组给我们开发、测试了各种各样的平台，10个人、20个人、100个人的，乃至全员家长都可以参与的几千人的平台。我们发现传统的教研、教学模式完全可以用到线上，这样就节约了非常多的资源、时间和空间。这次疫情给我们带来挑战，也带来很大的机遇。

成立信息组以后，幼儿园立刻给老师们发布任务，每次的学习任务非常丰富。新模式的开展还解决了之前老师私下学习之后没有办法找人帮助辅导的问题。疫情时间大家不能出门，就在家里进行关于作业和学习方面的交流，特别便捷。

解封以后，老师们回到幼儿园投入工作。线上提出问题，线下解决，老师们的积极性非常高，幼儿园的每一位老师都参与到教研活动中来。以前幼儿园的年轻老师因为没有经验，他们在现场教学、教研和家长交流等方面有劣势。这次疫情给年轻教师带来机遇，使他们的优势得以充分发挥，她们擅长在线上进行互动，这次活动调动了年轻教师的积极性，她们研发出线上活动课程。

复园后生源工作也在提前做，我们的做法是保持疫情期间教师和孩子的情感链接。虽然疫情使我们和孩子、家长无法见面，但是我们每天都会花10分钟到20分钟的时间跟孩子打招呼、玩简单的游戏。我们会定期给孩子们推送有趣的亲子游戏，跟孩子们保持情感的链接，让孩子们知道老师一直在他们的身边。为了消除家长的安全顾虑，我们及时通报幼儿园防疫工作，以及幼儿园定期采取的措施，甚至我们把教研活动也发给家长们看，让他们知道老师们都在忙什么。我们还做了线上工作，开展线上家访，了解孩子们复园后家长们担忧的问题。针对家长担忧的问题，我们开设了线上课程。线上课程的讲座内容丰富且有针对性，有关于孩子行为习惯培养的讲座，有关于孩子思维课程的讲座，还有关于家长入园交流的讲座。乐平公益基金会对我们进行了多次线上培训，我们都用上了。此外，我们把幼儿园的定期消毒图片也发给家长看，这样家长就不是很担心了。

关于幼儿园如何解决危机，下面是我的一些个人看法，可能有些片面，希望大家多指导。我做幼儿园行业很多年，我一直在思考一个问题：幼儿园应该办成什么样？是让它“值钱”还是“赚钱”？从我们中心幼儿园的情况来看，2020年的疫情我们不但没有流失生源，而且还呈现爆员的状况，我想主要原因是我们没有把幼儿园做成一个市场化的幼儿园。一直以来，我们的教研活动不会给老师培训怎么做营销，而是让老师做她本职的、擅长的事情，幼儿园没有盲目地扩张，几十年来还是这样的人数、规模。很多家长不理解，但我们认为：让幼儿园“值钱”的东西永远都是当下能够沉淀的东西，并且能够看到未来的东西，做民办园的园长，只有舍得投资当下能沉淀的东西，才可能会有最值得的未来。

在疫情期间幼儿园如何自救，是否应该像某些幼儿园让老师做美食去摆摊，对于这个问题，我的看法和大家可能会有点不同。我们幼儿园也做美食，但我们是做美食研发。研发什么呢？食堂人员利用空闲时间研发各种各样的美食，作为孩子、老师开学的福利发放，并让大家品尝提意见。不管幼儿园怎么样发展，做的事情一定要跟教育行业相关联，贸然跨行业去尝试，不一定稳妥。作为教育者，还是要沉得下心、静得下性，我不太赞成让老师做美食去摆摊、做烧烤去赚钱。我们认为教育者一旦走入市场化，对她的性情和境遇等会产生一定的影响。这是我们幼儿园不擅长的，所以也没有去做。

特别想跟很多的民办幼儿园工作者讲，因为我在丹江口市教育局做兼职督学，经常会去其他幼儿园做督导，我发现很多幼儿园衰退的主要原因是不规范。不仅是行业本身的不规范，还有幼儿园在教学上的不规范等。

我认为与其让市场规范，不如我们一开始就做到每一项工作的规范，不管是幼儿园的工作规程，还是教学等，这样才是长久之道。特别想说千万不要把教育做成营销，不要想着怎么去赚钱，因为教育行业面对的不是产品，而是人，是孩子，是鲜活的生命，它不可能像市场营销一样，找到一个解决的方法，当你不想着从家长的腰包里捞钱，而是想着给家长和孩子提供一个好的教育和服务的时候，你会发现生源反而源源不断，这是一个良性循环。

最后我发现，即使是疫情，我们幼儿园2020年的招生情况也特别好，家长坚定不移选择我们幼儿园的原因，其实主要和幼儿园的教育品质有关。幼儿教育跟其他行业不一样，所有的民办园投资人都具有国际视野，他们有经营头脑，各个方面都很优秀。特别想跟大家说，你可以选择的行业有很多，如果你决定选择教育行业进行投资，希望你们尊重教育行业的规则。教育行业跟其他行业不一样，教育从幼儿开始，就始终围绕一个永恒的主题，就是让人怎么样成为更好的自己。幼儿园真的太美好了，孩子太可爱太单纯了，没有办法用丛林法则探寻一套出路或者解决的方法。我们只能说静下心来把它做好，教育的本质一定是跟生命关联的，只有跟生命关联的那一刻，教育才能发生。不管我们怎样做教育，都希望大家把情感放在第一位。

作为小县城幼儿园的园长，特别感谢论坛给我这次机会让我和大家分享我们幼儿园的做法，希望得到各位同行和各位老师的指导，谢谢大家！

朱　义

贵州省福泉市教育局学前教育教研员

福泉市第三幼教集团党支部副书记

停课不停研，专业成长不停歇

今天我和大家分享的专题是《停课不停研，专业成长不停歇》，主要分享疫情期间我们贵州省福泉市学前教育教师专业能力提升的经验。

我将从三个方面进行分享，第一，疫情让危机与机遇同在，第二，疫情期间福泉市深化集团化办园管理体制改革的蓝图，第三，疫情期间教师专业能力提升。

突如其来的疫情让教育秩序受到了干扰，线上教育迅速兴起。作为一线教育人，我一度产生了职业危机感，因为线上教育的兴起让我身边的很多老师都在思考线下教育会不会在将来被线上教育所取代。也是因为疫情，用事实和时间证明线下教育不可取代。当然线上教育的优势也在疫情期间得到了凸显，在这个过程中老师的社会地位获得了进一步的提升。特别是到了开学时间，“神兽”（学生）不能及时回笼的时候，很多家长对老师的职业功能进行了重新审视，认为老师非常不容易，教师这个职业非常有价值。疫情期间每位老师也迎来了个人闭关修炼提升专业能力的空间和时间，福泉市教育局在疫情发生以后，及时捕捉到这样一个时间和空间机遇，利用学生不能够及时返校的空档时间，引领教师学习、培训和教研，提升专业能力。

讲专业引领和专业能力提升之前，聊一下福泉市深化集团化办园管理体制改革的总体设计。整个福泉市幼儿园从2015年就开始推行集团化办园的模式，现在是在之前集团化办园模式的基础上进行了深化改革。在这场改革中，福泉市幼儿园把省厅下达的几项目标任务（民办园的管理、教研指导责任区的建设、农村幼儿园集团化资源中心的建设等）整合到集团化办园管理的框架里，进行统筹推进。针对民办幼儿园的管理，前面的园长和老师、专家都讲到了，里面有普惠性民办园、有证民办园和无证民办园，这几类园所的引导和管理是怎么做的呢？

刚刚郑老师提到了西部地区的民办学前教育，乃至整个学前教育，都存在起步晚、起点低、基础比较薄弱和不均衡发展的现状。针对这样的现状，针对无证民办园存在很多不规范的情况，福泉市联合公安、消防、市场监管等六家部门对无证民办园进行了坚决取缔。针对这样的现状，我们对有证的民办园进行扶持，对条件比较好、管理比较规范的幼儿园进行扶持，对它们进行普惠性的认定，进行一些资金奖补等帮扶。对普惠性民办园和有证民办园，除了在资金上进行奖补，给予他们一些优惠政策外，我们还借助集团化框架，派驻集团业务骨干去普惠性民办园做业务指导，作为挂职副园长，对他们进行教育教学指导，让他们更加规范，促进其办园品质和办园水平的提高。

关于教研指导责任区，为什么能把这项工作做得很扎实呢？因为教师是教学质量发展提升的关键，是“牛鼻子”，因此，福泉市以教研为抓手，把教研作为集团化的中心工作来抓，扎实促进教师的专业化发展。

关于资源中心，省厅在资金、政策上给我们很大的扶持，在乡镇中心园建立农村幼儿园集团化管理的资源中心，通过硬件和软件的配备来支持资源中心的运作。作为教研指导责任区建设的平台，资源中心支持教研指导责任区的建设，支持教研活动的开展，主要的核心任务渗透集团化办园整体工作里。根据这几项任务，我们建构了深化集团化办园管理体制改革的管理框架，把它简称为“12345”管理框架。

第一，一个中心，以集团化为中心。所有的工作都围绕这样一个中心来工作，进行整合，事半功倍地推进各项任务的达成。

第二，两个评价，公办园以年度目标考核，民办园以年检进行评价。充分发挥评价的杠杆作用，来撬动学前教育质量的提升。

第三，三个目标，即教研指导责任区的建设、民办园规范管理的建设和资源中心的建设。这是省厅给我们下发的主要管理任务，当然还涉及其他目标任务，比如小区配套幼儿园的治理，这个任务由我们项目办公室进行统筹，教师招聘由政工科推进。

第四，四个节点。从集团化办园框架里，以集团化办园为中心，以市局为第一个节点往下划。划到第二个管理层就到集团园，集团园下面管中心园和民办园。中心园再管村级园和教学班。教研也成立了市级中心教研组、集团园教研组、中心园教研组和园本教研组。通过这样一个四级教研链的设计，实现了教研成果的逐级下沉。评价也是一样的，通过市局去考核集团园、民办园，集团园考核中心园，中心园又去考核村级园和教学班，从设计到评价，都会有督导、有落实。

第五，督导，充分发挥市局考核组、集团园长、集团督学、教研员和挂职副园长的作用，通过让这五个人参与，督导集团化办园的全过程，让所有的工作都有计划、有落实、有评价、有考核。

印发了集团化办园的系列方案文件，第一份文件是福泉市教育局印发的《福泉市深化集团化办园管理体制改革指导意见（试行）》，这份文件是集团化的核心文件。这份文件的设计，通过三个阶段和三个步骤进行推进。第一阶段，保基本，第二阶段，提质量，第三阶段，谋创新。基于学前教育基础薄弱、发展不均衡的情况，所以第一阶段先要保证几个基本，即民办园的规范管理，公办园附设幼儿班的规范管理，中心园、村级园的规范办园、规范办学。第二阶段再去思考提质量，第三阶段再去谋创新。

第二份文件是《福泉市学前教育教研指导责任区建设实施方案》，教师是教育质量提升的主要方面，是“牛鼻子”。所以一定要把教师的专业成长作为重中之重去抓，要以教研为抓手，去提升教师的专业化素养，把这个作为教育提质量环节里最主要的一项重点工作去落实。

资源中心除了得到省厅的资金和政策支持外，还得到了北京乐平公益基金会的资金和技术支持，此外，乐平的专家团队也为全市的教研和资源中心建设给了很大的专业引领。福泉市把资源中心的建设作为教研指导责任区建设的平台和支持来进行推进，充分发挥资源中心的功能，支持乡镇中心园和集团园，形成了以资源中心为节点进行辐射的格局。

关于教师的专业能力提升，福泉市在疫情期间也做了积极探索，我们从四个方面进行了探索。一是停课不停学，即专业理论自学；二是停课不停培；三是停课不停研；四是停课不停发展。我们以学前教育质量提升为抓手，以“幼小衔接”项目平台为载体，对其他工作进行整合，推动工作更好地开展。

第一，停课不停学。

我市学前发展基础薄弱，教师专业能力弱，所以这次我们注重让教师进行专业理论的自学，让老师们利用疫情时期不能回到学校工作的时间夯实专业的理论基础，以《3—6岁儿童学习与发展指南》为参照，以《学科的核心经验》为基础，去理清儿童发展能力层次结构，建构一种PCK思维。让老师们知道作为幼儿园老师应该教什么、教给谁、怎么教的问题。我们以市局为核心总体部署，在疫情期间所有集团园的老师们都开展了自学。通过“疫情下的读书征文”“晒书单”“晒书房”等活动激励老师进行专业理论自学。同时好的文章我们会向中国学前教育研究会、黔南日报社推荐，激发老师学习的内生动力。

第二，停课不停培。

全市的市级骨干教师参加了全州骨干教师团队教研，借助北京乐平核心专家团队的力量，市级专家团队和州级专家团队开展了线上教研。自疫情发生以来，州级教研活动开展了16次。我们的州级专家结合北京乐平核心专家团队给我们的指导，进行线下或者线上的幼小衔接教学活动方案设计指导，市级专家团队设计了60余篇“幼小衔接”的活动案例，现在黔南州也在借助幼小衔接项目努力研发一套适合本地的课程，并进行推广应用。

第三，停课不停研。

疫情期间，我们的市级骨干教师团队进行了线上线下结合的教研（这个学期主要做的是数学教研）。市级专家团队首先以线上线下相结合的方式开展一研后，再通过线上方式开展全市教研。即使在疫情严峻的时候，也没有停止脚步。

这个学期从2月份到7月份，我们市级专家团队开展了20余次教研。市级教研结束后，我们又通过线上线下结合的方式把市级专家团队教研结果分享给全市的一线教师。

第四，停课不停发展。

通过调研，我市学前教师的专业素养获得很大的提升，比如，教师在教学活动生成设计、教研活动的组织设计和教师的理论修养等方面都获得较大的提升。

以上和大家分享的是贵州省福泉市关于疫情之下的学前教育教师专业能力提升和集团化办园管理框架设计的一些经验，不妥之处敬请各位专家批评指正，谢谢大家！

郑　名

西北师范大学教育学院教授

疫情下的西部普惠性民办幼儿园：困境、应对与思考

各位同行，各位关心西部学前教育的人士，大家好！很高兴能够在北京乐平公益基金会提供的平台上，就我们共同关心的问题进行探讨。

突如其来的新冠肺炎疫情给各行各业都造成了重大影响，对学前教育行业来讲，冲击最大的莫过于民办幼儿园。疫情发生以后，很多园长找我反映他们的问题。因为我平时跟他们接触非常多，所以专门对民办幼儿园做了一些调研，也和政府部门，比如发改委、教育厅、财政厅等部门进行了沟通。很高兴能把我在此期间看到的问题，政府的一些应对措施以及我的想法，跟大家分享。分享的题目我定为《疫情下的西部普惠性民办幼儿园：困境、应对与思考》，在此谈三个问题：第一，困境；第二，应对，因为前面王园长讲到了幼儿园的自救，在这里我重点讲一下疫情发生后政府对普惠性民办幼儿园所采取的措施；第三，谈一下我的看法。

一、纾困解难：聚焦疫情下普惠性民办幼儿园的“困”和“难”

在分析普惠性民办幼儿园的“困”和“难”之前，首先要梳理和了解一下我国幼儿园的投资机制。在我们国家，由于幼儿园的办园性质不同，资金来源不一样。公立幼儿园的运行依靠公共财政的投入来保障，而民办幼儿园是在没有财政投入的情况下，主要依靠自筹资金，自我发展。简单地说，民办幼儿园主要依靠收取的保教费来维持幼儿园的基本运转。而普惠性民办幼儿园则是接受了政府的财政补助，按政府限定的收费标准收取保教费，为民众提供“上得起”的幼儿园。也就是说普惠性民办幼儿园依靠保教费和政府补助经费维持幼儿园的运行。

疫情发生后，无论是普通民办幼儿园还是普惠性民办幼儿园，面临的第一个问题就是，孩子不能正常入园，幼儿园就不能正常收取保教费，用于维持幼儿园日常运行的资金就中断了。对于普惠性民办幼儿园来说，因为政府补助资金的发放，是依据本学期在园儿童的人数，核定后才能下拨，所以疫情发生以后，没有孩子入园，政府的补贴资金也尚未到位。在没有资金来源的情况下，幼儿园的运行成本却在持续支出，包括房租、物业费、教职工的工资社保以及疫情期间防控物资的储备费用等。在幼儿园日常开销中，占据最大比重的是房租和人员费用支出。民办幼儿园的房租在整个运营成本中占了30%~40%，人员的费用支出基本在30%左右，两者合计要达到70%。所以在没有收取保教费的情况下，普惠性民办幼儿园就陷入了生存危机，甚至有些幼儿园还提出了停办的申请，这是普惠性民办幼儿园面临的现实问题。

在这种情况下很多普通民办幼儿园和普惠性民办幼儿园一方面在呼吁政府的扶持，另一方面也在积极展开自救。民办幼儿园自救中最通常的做法是减员降薪。调研中发现，很多民办幼儿园按照低保标准，或者按照幼儿园基础工资发给老师工资，很多教师拿到的是1500元到1600元的工资，有的甚至没有工资。收入过低，甚至无薪，民办幼儿园的老师也处在一个隐形的失业状态，生活陷入了困境，因此出现了教师离职的现象。师资流失为后续的开园，以及民办幼儿园的质量都留下了隐患，这种现象不仅存在于普惠性民办幼儿园中，而且在普通民办幼儿园，以及公办非在编幼儿教师中都是普遍存在的。这就是疫情期间普惠性民办幼儿园面临的第二个问题。

第三个问题，现有的专项资金使用项目受到了限制，导致无法正常拨付使用。正常情况下政府给普惠性民办幼儿园拨付的专项资金或奖补资金是限制使用范围的。一般来说，从政府得到的补助资金主要是用于改善办园条件，比如说设施的改造更新，图书、玩具的购置，环境或者基建，以及教师的培训等。但是疫情期间无论是普惠性民办幼儿园，还是普通的民办幼儿园最需要解决的是教师工资和房屋租金问题。但以往的文件规定不是针对疫情的，给资金的拨付、使用、监管都带来了问题，因为来自政府的补助经费的使用要年审。这使得专项基金已到地方政府，但怎么拨付与使用却成为需要考虑的一个问题。

第四个问题，普惠性民办幼儿园无法享受疫情期间的相关优惠政策。疫情发生以后，国务院和各省政府都很快出台了应对疫情支持中小微企业平稳、健康发展的若干措施。但是普惠性民办幼儿园注册登记的是“民办非企业”，无法享受国家政策中如阶段性的减免措施、减免税收、缓交住房公积金等优惠政策。当时有一些园长不了解，到相关主管部门去申请享受国家的这些优惠政策，部门工作人员告诉他们，“别添乱了，这是给小微企业的政策。”这是当时存在的一个问题。

疫情之下，教育部下发了《关于切实做好疫情防控期间民办幼儿园扶持工作的通知》，要求各级政府要为幼儿园纾困解难，要求把为幼儿园纾困解难当作现在的一项紧迫任务，采取有效措施解决民办幼儿园存在的实际困难。因此，下面我要谈谈疫情之下普惠性民办幼儿园如何破局突围，让大家了解一下政府的一些扶持政策和措施。

二、破局突围：来自政府的扶持政策和措施

第一，提前足额拨付财政补助资金。

大多数省份，特别是西部省份第一项措施是“提前足额拨付财政补助资金”。为什么说是提前呢？按照普惠性民办幼儿园补助资金的拨付要求，符合补助标准的普惠性民办幼儿园必须开园之后，由教育部门核定在园孩子的实际人数后才能下拨补助资金。现在儿童没有入园，怎么办？西部省份经济能力有限，拿不出更多专项经费补助或者支持民办幼儿园，所以做得最多的一项措施，就是按照上年度或上个学期实际在园幼儿人数一次性拨付整个学期的费用，提前一次性拨付，下半年或者年底再进行核算。这个措施还是比较及时的。

第二，鼓励减免房屋租金。

普惠性民办幼儿园租用的房屋有两种情况，一种是租用了国有企事业和集体资产类的经营性用房，第二类是承租了个人用房。在大多数省份扶持民办幼儿园的政策中，如果承租了企事业或者集体资产的经营性用房，可以免交三个月租金，当然也有地区执行的是一个月，大多数地区按照免收三个月进行的。对承租个人用户的幼儿园，鼓励出租房减免租金。

第三，阶段性减免社保，或者申请缓交社保的单位缴费部分。

在疫情期间政府出台的扶持政策中，对不同类型的民办幼儿园（普惠、非普惠性幼儿园）都做了规定，内容涉及养老、失业、工伤三项社会保险，包括免征这三项社会保险的单位缴费部分，或者减征三个月、五个月不等。如果是经营严重困难的幼儿园，也可以申请缓交。并给了一个限定缓交的时间，这个时间段免收滞纳金。

第四，加大对普惠性民办幼儿园的金融支持。

受到疫情影响，普惠性民办幼儿园会出现贷款到期应该向银行还款但还款困难的情况，当地政府和相关银行做出协调，看能不能减免利息，或者降息，或者可以缓一个时期来还。对资金运转困难而又有贷款需要的幼儿园，也希望银行能提供低息甚至免息的贷款。

政府的这些扶持措施确实在一定程度上缓解了普惠性民办幼儿园的生存压力。下面谈一下我的思考与建议。

三、思考：普惠性民办幼儿园的改革路在何方

疫情检验了我们国家学前教育的体制和机制的合理性，也说明了普惠

性民办幼儿园的生存基础、生存环境还是非常脆弱的。现在我国已经进入一个疫情常态化的防控时期，未来还可能面临这样或那样的公共突发事件。如何能够为普惠性民办幼儿园的可持续、健康发展提供保障呢？2019年我也做了一个大规模的调研，主要是针对不同类型幼儿园的办园成本、生均成本提出的一些改革建议，结合调研谈一下我的观点。

第一，突破体制障碍，重构学前教育的投资体制，建立公办、民办幼儿园一体化的投资体制。

我为什么要提出这样的想法呢？我们在调研中发现，在民办幼儿园以及普惠性民办幼儿园的发展中的确存在很多困难。各个省都制订了普惠性民办幼儿园的认定标准，在认定标准中也规定了符合标准的幼儿园将获得政府的补助资金，规定了它的使用范围。但是我在想，能不能换一种思路，能不能在科学核算每所幼儿园的办学成本和生均成本的基础上划定政府应分担的比例。再按照在园幼儿人数、幼儿园的办园质量拨付给幼儿园。所有的幼儿园不再分公办、民办，凡是通过政府评估取得合格的标准的幼儿园，都可以从政府那里得到生均经费以保障日常运转。也就是把补助经费变成一个稳定的制度性保障经费，使民办幼儿园的投入能够稳定化、制度化，避免它的随意性和低水平。

第二，以城市小区配套幼儿园建设为突破口，控制普惠性民办幼儿园的房屋租金，从源头上降低办园成本。

政府主动控制民办幼儿园租用的房价，从源头上降低普惠性民办幼儿园的办园成本非常必要。为什么要这样做呢？西部地区的学前教育基础薄弱、发展不均衡，发展有它的特殊性，所以2010年国家在普及学前教育的时候将重点放到了农村。经过十年的建设，新建的公立幼儿园基本集中在农村，而城市则以民办幼儿园为支撑，并且在西部，经济发展水平越好的地区民办幼儿园所占的份额越大。基本上形成了“农村以公办幼儿园为主体，城市以民办幼儿园为主体”的办园格局。

以我所在的兰州市来讲，民办幼儿园的比例高达64%，而主城区民办幼儿园占有率在90%。城区的普惠性民办幼儿园大多集中在人口密集的小区，在这些地区，高昂的房租成为普惠性民办幼儿园成本中的最大支出。如果新建的小区幼儿园能够严格按照国家要求，“同步规划、同步建设、同步交付使用”，在政府出让土地、划拨土地的情况下，无偿建设，及时转交给地方政府，由教育部门来办成公立或者委托办成普惠性民办幼儿园，就能够控制小区幼儿园的房租。但是最大的问题是那些在旧小区内已建成的幼儿园怎么办？我们在城市经常看到这种现象，一个民办幼儿园办得越好，房租越高，业主在不停涨房价，给幼儿园发展带来了很大的困惑。

旧小区已建成的幼儿园，是不是能通过政府的回购补偿等措施，把主办权交回地方政府的手里。地方政府或者教育部门可以通过低价，甚至免房租的形式，委托给民办幼儿园举办普惠性幼儿园。这样可以从源头上大大降低成本，因为幼儿园房租占到了总成本的30%到40%。如果政府只是仅仅给普惠性民办幼儿园提供补助资金，而补助资金与它的运营成本差距太大（目前按照幼儿园的等级，补助经费在400到1000元不等），又一味限制普惠性幼儿园收费，那么收费降低、成本未降，只会导致教育质量的下降。

第三，对当前的政策与实施成效要进行评估和调整，从而更好地发挥政策杠杆作用。

2010年以后，为规范幼儿园的发展，教育部门以及国家相关部门出台了大量的规范幼儿园发展、提高幼儿园教育质量的政策。可以说从2010年到2020年10年间出台的学前教育政策要多于1980年到2010年这30年的政策。很多政策的出台是基于当时学前教育出现的新问题，指向当时幼儿园的发展。随着10年事业的发展，有些文件的内容与新近出台的文件内容，或者与当前幼教的现实问题存在一些差距。比如在刚才讲的民办幼儿园的奖补资金的使用范围上，在认定奖补资金文件中明确规定只能用于幼儿园的发展，用于幼儿园改善办园条件，用于幼儿园教师培训。在疫情期间出台的政策明确说明可以用于以上范围，也可以用于教师工资或其他，但这两个文件之间就存在矛盾，在实施文件相关措施时，就会导致落实部门以及幼儿园无所适从。

再比如，为民办幼儿园减免房租，这是个好政策，但真正享受这个政策的有多少幼儿园呢？承租国有资产的普惠性民办幼儿园基本在10%以下，90%的民办幼儿园，包括普惠性民办幼儿园，租的都是个人的，能够享受这个政策的幼儿园是非常少的。所以我们对政策的落地应该做出评估和调整，能够指向问题、解决问题，引导幼儿园事业发展。

第四，给普惠民办幼儿园提个建议，要提高忧患意识和抗风险能力。

特别赞同王园长提到的你是赚钱还是增值，我跟大量民办幼儿园园长和普惠性民办幼儿园园长沟通交流的过程中，发现90%以上的园长把幼儿园工作作为自己的事业来追求，而不是当作一个赚钱的工具。如果当作一个事业来追求，应该要有一个长远的发展目标，要有一个规划和计划，幼儿园要有品质，也要有忧患意识和抗风险能力。作为幼儿园的举办者，在没有面临突发事件的时候，幼儿园顺利发展时，幼儿园能不能做好风险资金的储备，比如做三个月的风险资金的储备。做不到三个月，能不能做一两个月的风险资金的储备。当风险突如其来，面临生存困难的时候，有了风险储备，在过渡期有社会和政府的支持，就不至于马上倒闭。所以我们需要有意识地提高抗风险能力。幼儿园在日常工作中是不是也应该加大文化建设和对幼儿园教师的人文关怀呢？这种人文关怀才能提高教师的凝聚力、归属感。当风险来临的时候，教师和幼儿园共抗风险，共同发展。如果把教师当作一个雇员，怎么能够指望教师在此期间与我们共同担当？所以也需要在幼儿园建设中有一个着眼点、着重点。

关于普惠性民办幼儿园的困境，来自政府的扶持和园方的应对，以及我个人关于普惠性民办幼儿园未来改革的一些想法，今天就跟大家分享这些，谢谢各位！希望在座的各位能够跟我进一步交流。

魏勇刚

重庆师范大学学前教育质量监测与评估研究中心主任

突发公共卫生事件对幼儿园教师的冲击及其应对

我今天下午分享的话题对象是幼儿园教师。的确，在疫情期间学前教育受到了很大冲击，无论是从幼儿园角度还是从教师角度来看都发生了很大的变化。我想把分享的话题对象放在一个大的主题下去思考，这个大的主题就是突发公共卫生事件，包括之前发生的SARS，或者埃博拉。在这些突发公共卫生事件的冲击下，幼儿园和幼儿园教师面临哪些问题。由于时间关系，我选择部分研究结果跟大家分享，同时针对这些调研的数据和结果提出我们的思考和看法。

从幼儿园教师这块来看，在突发公共卫生事件下，有两个非常独特的冲击。一个是职业生态的改变，另一个就是教育形态的改变。首先来看职业生态的改变。职业生态包括很多方面，我们也做了很多变量设计来进行大规模的调查。疫情期间教师面临收入缩减，由此带来一系列变化，引发了我们对职业生态重塑的思考。幼儿园教师是幼儿园最宝贵的资源，也是教育质量的核心要素。如果幼儿园教师收入得不到根本保障，造成职业生态恶化，这对学前教育的发展应该是灾难性的。从我们的调查结果来看，在疫情期间50%以上的幼儿园教师收入跟疫情之前相比都有不同程度的缩减。这种缩减我们划分了几个等级。从不同的等级来看，缩减到25%以内的比例是30%。大规模或者大量收入缩减会潜在影响教师一系列的教育行为或者职业选择。从研究变量的设计来看，我们也探讨了不同变量下幼儿园教师的收入变化会受什么因素的影响以及存在哪些潜在的差异，比如园所性质差异、编制差异、区域城乡差异等。在这些要素下面，变量之间也产生了交互作用的过程。从这些交互作用结果揭示出来的规律可以看出，公办与民办、在编与非编、东部与西部这种不均衡的问题在疫情面前进一步凸显。仅仅是收入变化这么一个指标，民办幼儿园在面对危机冲击下，其教师抗风险的脆弱程度尤其值得我们关注。

考虑到民办幼儿园绝大多数教师都是没有编制的，公办幼儿园也有没有编制的教师，所以我们考察了没有编制情况下的教师收入缩减问题。非编教师相对于在编教师，保障程度有很大的差异。在收入缩减到很低的这种程度（24%~0），幼儿园教师依然能好好工作，我们说幼儿园教师是有情怀的。面对风险危机的时候，能够坚守在这样的领域或者岗位，都是对学前教育的真爱。从公办和民办角度来看，以及在编和非编角度来看，收入缩减的变化是两个极端或者呈现完全相反的趋势。这种情况下尤其要关注民办教师或者非编制教师。另外一个角度也说明，公办和编制在抗风险过程中的优势进一步凸显。这就为未来幼儿园的队伍建设，学前教育改革过程中如何扩大公办幼儿园的比例，以及如何审视编制等问题提供了数据的支持。从区域的角度来看，西部地区有60%的老师收入缩减，跟东部、中部相比有显著的差异。从收入变化的比例、削减的程度等来看，西部教师在这次疫情冲击下受影响的程度更严重些。

这样的收入缩减会带来什么样的问题，以及未来如何应对呢？我们进一步分析了收入缩减程度与幼儿园工作、园所发展、教师继续从业意向之间的关系。从分析结果可以看出，幼儿园教师收入缩减跟工作状态、前景预期和继续承诺都存在显著的关联，有些是正相关，有些是负相关。幼儿园在疫情期间也开展了很多工作，即便削减了收入，很多教师还是坚守做一些本职工作，比如线上教学。在线上教学过程中的收入缩减，会跟教学疲倦和教学厌烦产生正相关。在教师参加教研活动以及与同行、同事专业交流方面，收入缩减产生的是负相关。收入缩减甚至会带来最严重的后果，教师会丧失对整个学前教育以及幼儿园发展前景的信心。信心的丧失与他们继续从事学前教育职业之间存在显著的负相关。

我们可以看到，这次疫情冲击不仅对幼儿园工作及教师对幼儿园未来发展的信心产生直接影响，而且还带来一个潜在的影响，就是对今年毕业的学前教育专业学生产生严重的影响。一方面幼儿园受到了冲击，相应地对学生的就业带来了很大的冲击。从掌握的数据来看，直接反映出疫情冲击给幼儿园教师带来非常大的潜在影响，不少学生尚未就业。另一方面，如果学前教育专业学生无法就业，未来幼儿园要发展，需要幼儿园教师的时候又去哪儿找？这是一个问题。

受此次疫情影响，我们的毕业生面临职业选择的时候，在抗风险方面，绝大多数毕业生认为做公办幼儿园教师或者民办的有编制的幼儿园教师最稳定，所以他们的职业选择都倾向于这方面。但公办幼儿园、民办有编制的教师非常少，导致大量的学生等着考编，非编不去，无法就业，此外也面临另一个选择，就是去其他行业，比如转行去小学。这体现了疫情冲击对幼儿园教师职业选择的负面影响，值得我们思考。

第二个要考虑的冲击是在突发公共卫生事件下可能带来的教育形态的改变。这种教育形态有很多变量，从幼儿园角度来讲，最直接的就是停课不停学。这种情况下在线教育成了绝大多数幼儿园开展的教育形态。在突发公共卫生事件冲击下，幼儿园开展在线教育究竟成效怎么样？幼儿园教师对在线教育的态度和胜任力怎么样？下面我们从这个角度分析一下疫情给教育形态和幼儿园教师带来的改变。从调查结果来看有90%以上的幼儿园教师不同程度卷入了线上教学。从工作状态来讲，这种教育形态的存在比较普遍。同时，在不同变量下，我们也可以发现存在的一些差异问题，比如园所的性质会影响在线教育的质和量，东、中、西部三个区域实施在线教育也有很大的不同，同时还有一些变量存在交互性的作用。这反映出一个问题，在信息化时代背景下，无论是从城乡、区域、园所性质等来看，还是从学前教育或者学前儿童学习方式来看，都存在差异。线上教学存有争议值得商榷，但无论怎样看，我们都要正确面对线上教学。这种差异带来的思考，也反映出幼儿园教师队伍建设在某些方面需要加强。

我们看一下刚刚讲到的变量差异问题，从总量、频次来看，都存在着这样的差异。总体上来讲，不管是东中西部不同区域还是教师有无编制，整体来讲，90%以上的教师都进行着在线教育。在如此的规模下，是不是只做在线教学活动就可以收到教育成效呢？这需要我们进一步去思考。我们做了进一步的研究分析，分析教师对线上教育的态度。我们设计了两个问题，一个是教学是否有疲倦感，一个是教学是否会感到厌烦。从调查结果来看，50%的幼儿园教师对线上教学并没感到疲倦或者厌烦。这也很好理解。因为疫情期间除了工作上的要求以外，在这样一种居家生活状态下，或者没有工作的状态下，很多幼儿园老师觉得能够做线上教学是一件很幸福的事，疫情期间有事可干，可以跟孩子互动，是一件很有意义的工作。当然也有20%到30%的教师会感到疲倦或厌烦，随后我们会对这种结果再进行单独的分析。

同样考虑到线上教学究竟会对幼儿园教育和教师发展有什么意义和价值这个问题，我们做了一些相关分析。第一是分析在线教学数量跟教师的教学疲倦感、教学厌烦程度之间的关系，分析是不是量越多，疲倦感或厌烦程度越大。第二，分析在教学过程中，老师喜欢线上教学是不是因为可以增强和孩子之间的互动。此外，教师进行线上教学还是在工作，会有职业体验感，这会不会增强幼儿教师的职业承诺。我们做了这样一些研究和分析，结果表明线上教学的数量和教师的厌烦程度和疲倦感呈负相关的关系，这个结果很有意思。也进一步印证了我刚刚的分析，幼儿教师觉得参与这样的在线教育工作能给自己今后的生活带来不同的体验，或者在疫情期间能改变教师居家的枯燥生活。

就第二个问题，我们发现线上教学有助于教师和孩子间的互动。数据显示有一个正相关的关系，有助于教师和孩子保持一种良性的互动关系。当然也有两个稍微不利的结果。一个是教师进行线上教学产生的疲倦感或者厌烦程度不利于他们跟孩子之间的互动，所以我们做线上教学的时候既要考虑线上教学工作量是否适当的问题，又要考虑线上教学是不是反复重复枯燥的问题，要提升线上教学的质量。同时从线上教学量讲，跟继续承诺没有显著相关，但是带来厌烦感或疲倦感之后会影响到继续承诺。所以，疫情期间的幼儿园在线教学需要我们思考以什么样的度或者做什么内容和形式上的创新，才能更好地达到我们想要的效果。

在另外一个研究里面，我们收集了疫情期间学前教育机构发布的443个在线教学资源。从资源分析来看，应进一步考虑幼儿园所提供的在线教育资源的质量情况，我们建立了很多指标，今天重点报告几个值得关注的结果。第一，疫情期间传统五大领域的教育教学活动虽然比较多，但跟疫情密切相关，尤其值得在这个时期特别开展的教育资源相对来讲比较少或者严重不足。按照0–1的计分编码来讲，相对较多的卫生保健教育资源不到一半的数量，处于0.4的水平，其他的如爱国情感、生命教育、情绪调适、自然情怀等在线教育资源更是非常少。第二，针对家长的学习资源比较少，从幼儿园本身的机制和特征以及幼儿认知发展的特点和规律来看，在线教育、在线学习存在争议，值得我们进一步去思考。如果把直接面对幼儿进行教学和要幼儿直接学习的资源转换成家长学习的资源会更好，家长能够指导我们的孩子进行相应的线下学习。因此，我们倾向于提供更多的资源去指导家长在家里开展孩子的学习活动。

从教育形态来看，在线教育要实现它的效果，一个重要的指标就是交互性，在线教育需要互动。在线学前教育的教学互动如何产生和增强才能达到理想的效果，这是值得分析和思考的问题。但是很遗憾，我们在分析了在线教学的交互性这个指标的数据结果后，发现亲子共学（比如一起做手工、一起做游戏、亲子共读共赏等）的比例不足50%。从得分上看，均值都在0.5以下，亲子共学的比例最高也才30%左右。同时我们的数据发现，教师和幼儿互动的学习资源就更少了，不足2%。所以在互动性上，如何提升在线教育资源和在线教育活动的有效性，也是值得我们思考的问题。

如何有效应对疫情期间带来的冲击呢？前面的三位专家给了很有意义的建议，下面我从我的角度提出三个方面的建议。

第一，增强保障机制，避免教师流失。

教师暂时性的流失是一个问题，但最怕的是长远性的流失。如何应对这种风险，增强抗风险能力，增强教师对幼儿园工作的信心非常重要。从我们掌握的数据来看，我们培养的学生在满足幼儿园教师的需求方面，相对来讲比较充足。这儿有一组数据。从2020年的数据来看，目前有407所本科院校、527所专科学校开设学前教育专业。保守估计，如果本科院校每年培养4万学生，专科院校每年培养16万学生，每年培养的学生数量就是20万。同时还有389所职业院校开设幼儿发展与健康管理这个专业，这些学生毕业后还是倾向于去幼儿园工作。还有很多中职学校也开设了学前教育专业。因此，培养的量非常大。同时从需求量来看，2018年幼儿园教师缺口是52万人。按照这样的培养量，其实52万人用不了几年就可以满足。问题是有教师不断地流失、转行，这个问题如果得不到很好的解决，培养再多也是一个循环性的现实问题。为了避免教师流失，第一，办好园所很重要，尤其是民办幼儿园，这些民办幼儿园的教师流失的量更大。第二，可以尝试建立一个教师抗风险基金，政府拿出一部分资金设立抗风险基金。在面临突发公共卫生事件时可以启动抗风险基金来留住教师。还有人文关怀，要从人文的角度对教师进行关怀，让教师体会职业带来的价值，更好地留在这个行业。

第二，迎接信息时代，创新在线教育。

关于创新，要从三个方面考虑。一是内容上的创新，不能简单地将平常的幼儿园教育教学活动直接搬到在线的教育教学中，而是要基于幼儿的生活和家庭，考虑在这些场景和特定的事件下应该有哪些教育内容。二是形式上的创新。在线教育需要更多的交互性，要有增强师生互动、亲子互动的学习方式。三是平台上的创新。平台是一个重要的方面，从我们分析的资源来看，学前教育在线资源雷同性很高，转载率比较高，严格来讲创新性的资源不是特别充足。应该针对在线教育的大环境，建立一个高质量的学前教育在线教育平台或者资源库，能够为所有幼儿园教师，尤其是西部幼儿园教师提供使用。

第三，促进教育公平，实现均衡发展。

加大对学前教育、西部民办幼儿园的扶持力度，提供纾困的举措。刚刚郑教授提了很多有效的策略，值得我们去思考。但从教师角度还是要进一步考虑同工同酬的问题。怎么样真正实现同工同酬？基本的保障能不能实现？我认为目前幼儿园数量、硬件的建设已经达到充足水平，那能不能把重心转向人力资本的建设和投入上，不管你是民办还是公办、在编还是非编，应该都有政府承担的职业基本保证金和同工同酬的政策待遇。如果不解决同工不同酬问题的话，在疫情冲击的背景下，我担心幼儿园教师，尤其是民办幼儿园教师对未来的预期或者职业期望值会降低。

时间关系，就分享这些，更多的研究结果会在平台做进一步分享，也感谢老师们对我们研究的支持，使我们能够把研究转换成有效的专业科普，不管是同行交流也好，还是通过这样的方式对政府提一些建议，都是对学前教育的积极贡献。

最后，愿每一位教师都能被温柔以待，获得职业幸福感。谢谢大家！

杨志彬

中国民办教育协会原副会长

中国民办教育协会学前教育专业委员会第二届理事长

对后疫情时代民办学前教育发展的思考

我不是一个幼儿园工作的实践者，也不是专门研究理论政策的人，只是一个学前教育的社会工作者。因此对于有些问题我站的角度、提的看法、认识高度和其他人存在一些不同，欢迎大家批评指正。

全国马上就要普遍复园了，虽然我们高高兴兴地把孩子迎接到幼儿园里来，但是我们要充分认识到疫情的反复性、长期性，要把孩子的安全、健康、防疫放在第一位。作为民办园来说，责任非常重大，世界的疫情还在迅猛发展，我们的抗疫成绩来之不易，要继续努力。同时按照各位专家提到的85%、80%、50%三个指标还有四个月的时间就要收官了。我认为在去年的基础上85%没有问题，疫情当中受些影响，但问题不大。然而80%和50%这两个指标非常困难，现在对民办园的压力非常大。按照国务院的要求，《民办教育促进法实施细则》就要公布，实施细则究竟会在大家的意见基础上修改得怎么样，有哪些新的要求都是未知。所以这个压力、新的情况也是存在的。

当然国家的形势离不开世界风云的变换，世界形势日趋紧张，摩擦不断，一旦有什么突发事件对国内的民生问题也会有影响，当然也会波及学前教育、民办幼儿园。“后疫情时代”民办幼儿园究竟应该如何发展？下面我根据自己的认识，简要地提三点意见。

第一，坚定“不忘初心”。

前面很多同志都谈到了“初心”，我认为初心包括两个方面，一方面是爱孩子、爱学前教育事业，这是我们办园的初心。另一方面，初心不仅包括我们对事业的付出、对孩子爱的付出，还包括我们提供服务所应得到的物质回报。我认为两方面都要结合起来，缺一不可。那种完全为了办园挣钱的举办者微乎其微，完全为给社会做贡献，丝毫不考虑物质回报的举办者也为数不多。更多的举办者是有热爱幼儿园工作的教育情怀，同时也希望通过情怀的展现和付出，过上比较好的、有尊严的生活的人。两方面是有机结合在一起的整体，我认为关键是找到其中的平衡点。如果我们主要追求的是精神方面的，那赔点就赔点，教师的各方面得到保障就可以了。如果物质需求多，精神贡献少，就要考虑今后能不能得到满足，是不是还要坚持。这个初心只有您自己知道究竟是什么。

我去过几百所民办幼儿园，不仅听到举办者如何说，也看到了他们如何做，特别是疫情期间，有的举办者四处借贷，卖房产保障老师的基本收入，带头支援武汉。他们甘愿多付出，精神是主要的，他们的初心是做出来的。我觉得这就是初心，初心就是力量，初心就是方向，只有不忘初心，才有很好的抉择，在民办园面临困境的情况下举办者是去还是留，解决问题的关键就在于此。

第二，坚定“高质量发展”。

很多同志也提到民办幼儿园要坚持高质量发展。教育的根本目的是教书育人，而幼儿园时期的教育很重要，是基础、启蒙教育。发展包括显性发展和隐性发展，不仅要教孩子显性的发展，比如会唱会跳，更要注意培养孩子的隐性发展，隐性的发展就是培养孩子良好的行为习惯，这决定了孩子长期的发展走向。然而隐性发展并不是非常鲜明地展现在家长面前，不是一朝一夕养成的，需要长期培养。

坚持高质量发展就要全面贯彻党的教育方针，让孩子全面发展。在教育方针问题上，我认为要正确理解全面发展，全面发展不等同发展，不是一刀切的发展。全面发展是在各方面都要注意全面培养孩子、启发孩子、引导孩子。但从孩子本身来讲，他的发展是特长发展、优质发展、阶段发展、和谐发展。此外，五个手指头伸出来还不是一般齐，坚持高质量发展还要特别注重发展规律、因材施教，既要注意共性的发展规律，还要注意孩子个性的发展规律。这个孩子3岁就“开花”，那个孩子可能是4岁才“开花”。这个孩子4岁跳得远，那个孩子可能是4岁半，这是不一样的。也就是要把学前规律的共性和孩子的个性有机地结合。我有一个朋友曾经说过，哪个教师的心离孩子的心最近，就是离教育的规律最近。

第三，坚定“依法维权”。

为什么要依法维权？依法维权不单是维护个人的利益、自己幼儿园的利益，还要维护党和国家的政策、党中央的权威和尊严。不要认为依法维权就是跟政府作对，而是为了学前教育或者民办学前教育更好地发展。

第一个是普惠性民办幼儿园维权。国家对普惠性民办幼儿园有明确政策规定，要给予经济补贴。普惠性民办幼儿园和公办幼儿园承担着同样的责任和义务，但是在疫情期间，普惠性民办幼儿园收费降低不够成本，国家为了保证普惠性民办幼儿园的基本运营给予补贴，这是专门发给普惠性民办幼儿园的。享受政府补贴是国家给普惠性民办幼儿园的权利，是普惠性民办幼儿园保证运营的前提，如果补贴不到位，就应该依法维权。

现在有一些人认为普惠性民办幼儿园在过度盈利，所以普惠性民办幼儿园把收费标准定得很低。事实上，什么叫“过度盈利”？举办者挣10元是“过度盈利”，还是挣100元是“过度盈利”？民办幼儿园的利润是1%，5%还是10%是“过度盈利”？都没有标准。贷款有利率，所以民办园“过度盈利”也要有个数量标准。如果“过度盈利”缺乏明确的量化标准，只是一个概念性提法，会导致各地不是把公办园培养一个孩子实际的经济投入作为标准，而是简单地把公办园收费标准作为民办幼儿园收费的参照标准。给普惠性民办幼儿园收费标准定得比较低怎么办？顶层设计是政府补贴。因此享受政府补贴是国家给的权利，是普惠性民办幼儿园保证运营的前提，如果补贴不到位，就应该依法维权。但事实上有些地方的政府补贴并没有到位，比如山东电视台的《山东问政》栏目曾报道，山东教育局、教委曾发文件并大力宣传要补贴普惠性民办幼儿园，补贴标准是每位学生710元。后来栏目去临沂调研发现幼儿园什么补贴也没有得到。当然节目播出以后，政府补贴才陆续到位。所以我认为凡是普惠性幼儿园没有得到补贴的，就应该积极维权，向上级反映。

第二个是小区配套园维权。小区配套园维权的关键是要依法维权。依据的法律是合同法。如果所租用小区配套园的合同还未到期就要求“转公”，可进行维权。解决小区配套园问题有“转公”“转普”两条路，国家要求“一园一策”。既然有租赁合同，就应该按合同办事、依法办事。我们是法治国家，不是某个人说了算，或者某个地区的政府部门说了算。

小区配套幼儿园公办园的比例要达到50%，困难很多，特别是在经济发展快的城市地区，幼儿园新占地矛盾十分突出，比如像深圳10年计划建园数量，现在只完成了30%。怎么达到50%，就是“民转公”。“民转公”首先要小区配套园“转公”，不考虑“转普”。所以不管租赁合同到期不到期，强行收回，我个人认为是不合法的。

其实10年前国家对小区配套园问题就有规定。但是地方政府当时没有钱，无力回收，或者回收以后没有继续投入办幼儿园的能力，所以没有执行。小区配套园依法维权，并不是说在小区里面的幼儿园就是小区配套园，而是要依据原始设计审批蓝图，根据买卖程序逐一审核。

公办幼儿园办园要把体制和经济两项结合起来。不能说只改办园主体就是公办了，必须看办园主体是不是有经济投入，“转公”以后教师是否与公办教师享受了同等待遇。其中，办园主体、经济投入、教师待遇都是三个重要方面，在“转公”的问题上应该实事求是，一切从实际出发。

总之，要坚定“不忘初心”，坚定“高质量发展”，坚定“依法维权”，坚定民办幼儿园是今后社会发展的刚需。真正的普惠公平对的是每一个孩子，而不是看孩子在公办园、民办园还是公办、民办合办园。说得有不对的地方，欢迎大家批评。

分论坛二　西部高等教育：教育信息化的扬长与补短

客观看，新冠肺炎疫情防控加速了中国高等教育方式的变革、拓展了中国高等教育的内容、促进了科研评价机制的完善、助推了大学治理方式和效能的提升、引起了人才培养标准和价值判断的变化。

“重建不重用”的慕课在西部高校“停课不停学”期间发挥了怎样的作用？面对在线教育，高校教师暴露出哪些亟须弥补的教学短板？采用直播、微信群或具有互动、直播功能的教学平台等开展网络在线教学，有哪些意识形态风险需要关注？

谢维和

中国教育三十人论坛成员

中国教育发展战略学会副会长

清华大学原副校长

“停课不停学”：促进大学与产业的合作

这次新冠肺炎疫情期间，大学“停课不停学”的实践具有非常广泛的成果和意义，它保持了大学的秩序、人才培养的稳定，促进了教育信息化的建设，同时也是疫情防控的重要措施，体现了中国大学的制度自信，而且对社会、国家和整个世界，都产生了非常广泛的积极影响。

我非常同意这些说法，只是想补充一点，即“停课不停学”的重要意义是客观上促进了大学与产业的合作，进一步优化了教育治理的体制、机制。比如，今天开会使用的腾讯会议软件，以及在这次“停课不停学”的改革和实践过程中不同学校应用的大量教育软件，包括Zoom、小鱼易联、瞩目，包括清华的雨课堂等。而且很多企业，包括互联网企业、信息化企业，还有不少教育技术领域的合作者，都通过自己的技术与产品等，积极参与了这次“停课不停学”的实践。因此，可以这样说，在这个过程中，“停课不停学”这场实践活动进一步深化和促进了高校和产业的合作，这是学校教育信息化建设中一次十分重要的实践，反映和检验了学校在信息化建设中与产业合作的体制机制及其有效性，能不能适应时代发展的需要和特点。这是一次非常好的实践，也是非常好的一次检验。

举个例子，北京市海淀区在这次防疫“停课不停学”的实践中，就专门成立了海淀互联网教育研究院，这是在区委和区政府领导下，由区教委、区科信局牵头，包括高等院校、科研院所、中小学和多家互联网教育企业参与，联合发起成立的非营利性的社团组织，它就是要利用自身的平台优势，通过创新机制，沟通企业和学校，整合汇聚教育和技术人才，进行互联网教育课题的研究，促进海淀区互联网教育事业的发展。此外，它还聚焦5G、智能制造、移动互联网、物联网、云计算、大数据、人工智能、网络与信息安全等技术发展，通过信息技术与教育进行深度融合。在互联网教育政策的研究、技术创新、产业发展、安全保障等方面发挥支撑作用。

这次“停课不停学”虽然是从防疫开始，是一种不得已的被动回应，但“停课不停学”的实践，恰恰体现了教育改革的方向，就是大学要跟产业、企业多合作，这是教育体制机制改革的需要，也是目前的教育体制机制改革发展中的一个短板。联合国秘书长古特雷斯在“教育与新冠疫情政策简报”的视频中曾经说，新冠肺炎疫情造成人类历史上最严重的教育挑战与变革，现在是重新构想教育，加速积极变革，确保教育体系更加灵活、公平和包容的时候了。所以，这样一次实践对高校和产业之间的合作、对西部大学教育具有特别的意义。我们知道西部教育还存在不少的困难，包括大学经费和资源短缺问题，人才问题，西部大学高等教育、高等学校与企业、产业的合作不完善的问题等。实事求是地说，这种教育与产业、大学与企业的合作是更重要的。我们可以从大学年度预算结构来分析，包括财政预算、事业收入、上级补助、附属单位上缴、其他收入和上一年结转，通过与教育部部属院校或东部大学的比较，我们可以发现西部大学的年度预算收入结构大致有以下几个特点。

第一，国家公共财政投入的比例比较大，几乎超过了一半、甚至是一大半。换句话说，西部地区院校的经费与资源对国家公共财政投入的依赖性比较大。

第二，事业费收入以教育事业费为主，科研事业费比较少；而在教育事业费中，又以学费收入为主，对社会开展培训等收入的比例比较低。在许多学校的年度预算收入中教育事业费的学费占到了80%到90%。

第三，社会资金和企业的投入比较小。这个比较小在一定程度上可能反映了学校和产业、企业的合作是不够的，是有差距的。从这个意义上来说，我的一个建议是，希望通过这次“停课不停学”的实践与经验总结，进一步加强西部大学和产业、企业的合作，吸引各类企业，包括信息化企业、本地企业、外地企业来参与教育，参与人才培养和大学建设，加强教育信息化建设，来改善学校的办学机制，进一步拓展学校的办学空间，增强学校服务地方、服务社会的能力。当然在这个过程中也可以进一步拓展学校办学经费的来源。

这就是我的发言，有不当之处请批评指正，谢谢大家！

洪成文

北京师范大学教育学部教授、博士生导师

西部高等教育信息化高速公路的升级换代

——要重视卓越“司机”的培养和激励

我今天下午发言的题目是《西部高等教育信息化高速公路的升级换代》。西部地区高等教育信息化的事业发展所遇到的问题是什么？现在有专家同行做了很多研究，我大致梳理了一下各位对信息化高速公路或者信息化事业发展中存在问题的看法。

存在的问题比解决的要多得多。最近邬大光教授发表了一篇重要论文，也是对这次“停课不停学”，对网上教学、视频研讨做了一个非常好的研究。邬教授对这次“停课不停学”做了非常好的总结。“我们的工作从一无所有、仓促应战、痛苦的磨合阶段开始。”邬教授的意思是，我们存在的问题比取得的成绩还要多，也就是说数字化教学和信息化革命仅仅是个开始。具体到什么问题，其他教授也做了很多研究，这里就不一一列举了。类似的问题还有西部地区高校各自为政、互相之间没有交集。此外，研究也反映出区域合作、校际合作存在严重问题。

现在的高校教师都在进行线上教学，但效果如何，教师们都适应吗？是不是让学生满意？可以说，现在只能用一个“基本满意”来概括。网上的技术问题，比如时常出现音频效果不好、视频效果不畅、网络卡顿等。信息技术的发展很大程度上还是高校的“自言自语”，甚至只是高校信息技术专家的兴趣和热点，但社会上怎么看？长江研究院周洪宇等人做了一个很有意思的研究，把每年的教育热词做了归纳，前年调查的“十大教育热词”中，竟然找不到教育信息化或者高校信息化这个词。这说明了一点，教育信息化有些时候还是圈子内的事，没有得到大众和媒体的关注。

如果把上述研究做提炼，最大的问题是什么呢？可以简单地把高等教育信息化做一个比喻。这个比喻是：西部高校信息化很像是一条高速公路。现在道路建好了，能跑车，有服务区了，也有配套的加油站、修理厂和救援系统。那么还有什么问题？我个人试图假设一下：西部高校信息高速公路上卓越“司机”严重不足，就是说，“司机”是有的，但好“司机”少，卓越“司机”少。

我们思考的问题是：第一，西部信息化的专家缺乏会有什么风险？第二，为什么缺乏卓越“司机”，主要原因是什么？第三，如何扩大卓越“司机”的规模，让卓越“司机”在西部高等教育的信息高速路上开好车、快乐地开车？

根据这一基本思路，我们先看看第一个问题。西部高等教育的信息高速公路，严重缺乏卓越司机，将会造成什么后果呢？可能有两种危险。第一，高速路上车太少，运输体量不足，投资效益低。投资巨大，但收效不高。第二，司机水平低，修车时间比开车时间多，因为不会开车，保养能力弱，毁损的概率加大，其结果，车子在修理厂待的时间比路上跑的时间还要多。第三，事故频繁发生，风险甚大。其结果，信息高速公路上出现了形式美大于实际美的现象。

比如，高速路桥摩登大气，高速公路的建设成就，世界为之瞩目。然而，发生在高速路上的事故，教训惨痛。这反映了什么呢？原因在哪？因为好“司机”越少，事故就越频繁。所以现在最紧迫的问题是增加好“司机”，让卓越“司机”倍数增长。

为什么缺乏卓越“司机”呢？很简单，因为现在老司机、中年司机比较多，大量的中老年司机没有提升，他们只要有车开，不嫌速度慢。这些老司机都有驾照，但都是过去取得的驾照，习惯的是在过去的路上开车，在乡间公路上开车，适应不了新的高速公路。驾照尽管需要更新换代，但政府没有强行要求，个人自然也不会太主动。还有一些中老年司机在抱怨：时代发展太快了，谁也没办法啊？

如何看待上述问题？首先有必要从时代发展的角度看问题。教育部科技发展中心李志明主任讲过一个故事，可以把数字化时代的群众分成三个类别：第一个类别指的是绝大多数的老一辈人，他们是所谓的数字难民，正在被数字化时代所淘汰。第二个类别指的是中年人，叫做数字移民，因为中年人勉强能适应数字化时代，但也只能称作是数字移民，虽然能生存，但是很艰难。而青少年学生则代表着数字原住民，他们生长在数字化时代，在数字化时代没有任何不适应感。可见，上了岁数的中老年人在数字化时代，确实碰到这样、那样的生活困难。这样的概括还是蛮形象的。

如何应对数字化时代或者信息化时代的挑战？

第一，基于培训，迅速提升西部高校教师的信息化能力。

提升的方法无外乎两点：加强自主学习；加强全员培训。这个培训不是几个信息专家弄懂技术就可以了，而是所有高校教师都应该过关，应该是“全员总动员”。

编写、出版一套《网络技术应用于大学教学》的图书，哪怕是最差的数字移民、信息化挑战最大的高校教师，只要会读，就能会用。以最快的速度提升他们的驾驶技术，这是首要的东西。

第二，专家引领，提升信息技术专业教授的地位。

建议西部地区设立信息技术专业或者信息技术的“千名讲席教授”。这句话也许有点突兀。为什么是“千名讲席教授”呢？他们能发挥什么样的作用？讲席教授仅次于长江学者和国家杰出青年，高于各省的省级特聘专家（如山东泰山学者和广东的珠江学者等）。把信息技术提到很高的位置，目的就是要让最好的“司机”上路（走上讲台），产生辐射的作用。与清华大学谢教授刚才讲的是一样的，我们要发挥政府和社会两条渠道的作用，筹集数十亿，解决“千名讲席教授”的资金来源问题，让这些教授在西部高校信息技术化发展过程中起到领头羊作用。

第三，改革创新，修改西部高等教育信息化高速公路的“路规”。

不做改革，就难以改变信息化高速公路的老路规。现在高速公路初步建成，修得很漂亮，但是路规还是老式的。像课程管理、学分管理、教材出版等，应该适应信息化新要求，迎接数字化时代的新挑战，再开放一点，再超前一点，将“路规”完善好。

第四，保驾护航，为西部高校信息化发展提供法律保障。

因为涉及卓越“司机”的发展，就会牵扯人事制度规定等羁绊。虽然不一定发展到一校一规，一人一议，但是我们还是可以从高校信息化的行业发展的角度，做一点突破。让能干的人敢做，愿意做。

这是我的几点建议，归结到底还是一句话：没有卓越“司机”，信息高速公路不过是个摆设。

谢谢大家！

姚　强

新疆大学党委副书记、副校长

后疫情时代的西部高等教育

各位都是高等教育方面的专家，我因为工作需要，从清华大学到新疆大学工作，刚好满一年半，没想到在工作过程当中会碰到疫情。这几年信息化技术的发展，为我们解决疫情对教育教学工作的挑战提供了非常大的贡献。2003年在北京遇到过“非典”，无法想象没有信息技术这种进步的话，现在处于什么状态，确实非常感谢信息化在这个过程当中的作用。根据会议的主题，我今天给大家的汇报分三个部分：第一，西部高等教育的现状。第二，信息化技术在这次疫情防控中的作用。第三，下阶段我们该如何做。

怎么缩小西部和东部教育的差距是从事西部教育工作的同志一个非常重要的任务。我也看了一些数据，我把它称之为“西部的西部”，就是新疆、西藏、青海、甘肃、宁夏。不管是它的在校人数，还是博士生、研究生人数，都只占全国平均水平的一半左右，这对于西部的发展是非常大的挑战。

从东西部高等教育分布可以看出“西部的西部”五个省高校的数量非常少。像其他省，一个省就超过150所高校，但这五个省的高校加起来才

145所，而这五个省的人口加起来却接近1亿。不光是数量的差距，质量的差距也非常明显。从国家双一流建设高校，985高校、211高校的区域分布可以看出，从实力来讲，西部除了兰州大学进入外，其他高校很难进入。但出于国家战略需求的角度，每个区域基本设置了一所，这些学校进入国家重点建设都属于战略性的，并不是真正的实力导致的，所以实力差距也很大。以新疆来看，新疆自己的高等教育自给率只有一半左右，也就是新疆学生高中毕业以后不到50%的人上大学，上大学的人不到50%的能够在疆内上大学，也就是相当于四分之一的水平，这几年新疆狠抓基础教育，但基础教育的红利并没有转化为高等教育的红利，更没有转变为人才资源的红利。关于西部的发展，国家出台了非常多的政策，高度重视中、西部的教育振兴、西部大开发2.0、“一带一路”倡议等，都需要高等教育的发展，而且一系列的高等教育已经在政策上做了非常好的调整。

各位专家也讲了，区域经济的水平和投入力度决定了西部地区高等教育在短的时间内难以根本改变。怎么办呢？信息化非常重要。再举个例子就是西部地区的人才流失问题。西部地区本来就是一个高端人才比较少的地区，一直属于流动逆差中。通过对不同区域之间长江学者、国家杰出青年等的流动数据可以看出，西部出现逆差，省际迁移基本都是往东南方向走。

在线教育不仅带来了挑战，也带来了机遇。这段时间在线教育的平台有非常好的发展。不到一年时间，技术和资源快速发展，生态也进行了大的调整，为我们同步推进课堂改革带来非常好的条件。我们新疆大学能够在春季学期推出90%多的课程和在线教育平台的良好发展有关，教师们的责任感令人感动。教育部、内地高校和各个商业平台都表现出色。新疆大学用了四个平台的资源和技术，非常之好，整个过程大大提升了教师教育信息化技术的水平。学生对在线教育接受程度比教师高20个百分点，这是不一样的，要改变的是我们，适应学生的需求。

问题是大量使用不同的平台，工具不同，标准不同，给教师和学生带来了很大的挑战。在这个过程当中教师需要使用不同的教学设计和教学手段，同时使用不同的平台、不同的课程资源，学生也一样。另外，使用不同的平台还带来了教学过程和教学管理的分离，这作为应急可以，但作为长期战略就是一个问题。我非常感谢我的母校清华大学，这段时间能够共享很多的资源，一是母校清华大学自己也在不断地探索，并将相关的成果分享给同行。除了技术和平台之外，清华大学这次有两个非常重要的方式，一个是通过克隆课的方式，有十多门课实现了与新疆大学同步上课，我就参与了一门克隆课的讲授，还有直接以远程方式给我们的学生讲课。二是清华大学这次做了一个“未央班”，将一批优秀的课程给校内学生开放，学生们可以自由选课，也对新疆大学的教师进行了开放，很多老师表示听这些课后很有收获，能力得到非常大的提升。我认为这在未来会变成常态。

在线教学面临很多问题，下一步怎么办？面临的问题有网络及硬件条件问题，这通过很短的时间可以解决，而且极大部分在半年多的时间里基本已经得到解决。更大的问题是我们的教学要改变。网络课程不是简单地将课堂搬到线上，而是要根据互联网的特点重新设计我们的教学环节。如教学内容的碎片化，教师如何利用网上资源带领学生进行系统化学习，未来整个教学都是要进行革命的。任何的硬件问题都可以解决，真正的挑战在于软件方面或者对未来课程的设计，怎样把教学内容系统化和加强师生、生生之间的互动交流，这种设计是非常重要的。这种过程越来越好了，包括信息化高速公路网，好的司机确实重要，教师需要更加精细化教学。这不仅是教学技术、信息技术的掌握，而且是教学环节和课程的重新设计。整个教学的思路要发生变化，而这件事情教师的准备要比技术的准备更加重要。而在这件事情上我认为东西部的差异没那么大，这个事情如果西部迎头赶上，也许是更好的机会。

疫情之后，教学一定会有所不同，关键是我们如何去选择。需要推动教学改革和信息化融合，也就是通过信息化变化来促进教学改革，由于需求更加迫切，问题更加突出，反过来正是西部高等教育追赶的机会。希望在教育信息化的西部，高校能发挥特殊的牵引作用。

提一个具体的建议，在西部建设一个区域性的在线教育平台，能够把各种各样的平台、信息技术融到里面，统一标准。通过平台的建设最终建立区域互联网创新的体制机制，区域内高校在联合培养、教师互聘、课程互选、学分互认、协同创新、国际教育合作等方面开展广泛、深入的合作，基本形成人才培养、教育服务、教育治理的新模式。还有可以建设课程资源的平台，能够引进很多好的资源平台。通过这样一个过程能够实现区域内优质资源的共享，平台的运行、线上的课程环节缓解教师数量和质量的不足。为学校教师提供自己学校的平台是一个非常重要的事情。

我就分享这些，期待大家的进一步讨论，谢谢！

邬大光

兰州大学高等教育研究院院长

厦门大学校务委员会副主任

中西部高等教育的差距能否通过技术解决?

大家好!我这次演讲的题目是《中西部高等教育的差距能否通过技术解决?》。疫情以来,我在厦门大学带着我的课题组做了一个很大的问卷,做完问卷以后发表了20篇文章。在华中师范大学学报发的是最后一篇文章,文章把线上教学总体的阶段性特征列了10个。在这10个特征里面,我们并没有把东西部在线教育上的技术差距作为一个专题在这篇文章里面呈现。其实我们的第一稿列了16个阶段性特征,其中有关于东西部高等教育在线上教学的差距。16个阶段性特征中差距明显的10个,在我的文章里面体现了。关于中西部高等教育差距的数据,和我文章的10个数据相比不明显,我把数据给了课题组另外几位教师,他们做了一篇文章。

今天的内容采用了16个阶段性特征中的东西部差距数据。从这些数据来看,26万份学生问卷,1.3万份教师问卷,300多所高校问卷,覆盖面在这次疫情当中应该是最大的。从上学期疫情期间的在线教学来看,东西部的高等教育差距没有那么大。下一步随着在线教育的继续发展,差距是扩大还是缩小呢?这个结论现在不能下。这次做完在线教育调研,获取这么大量的数据以后,我有一个感受:现在从全国范围内来讲做到了“停课不停学”，无法评价“停课不停学”与过去线下教学之间的质量对比，这样的文章一篇也看不到。

为什么呢？在没有疫情、没有这么大规模线上教学的时候，教育管理部门、教育研究者没有积累这样大范围的数据。在疫情之前哪个课题组做过这样的研究呢？没有。在疫情之前，很多学校、很多教师都在做学生学习体验。在很多大学做的学生学习体验当中，关于大学生对教育技术学习体验的研究非常少。我们对教育技术的认识，教育技术对教育质量改变的作用和价值，这都是刚刚起步。到今天为止，既无法和历史上关于大学生学习体验的研究做比较，也无法用自己的数据和国际学校做对比。现在还没开学，又无法用手中的数据和下一学期开学以后线上线下混合教学做比较。因此当我们没有最基本数据做支撑的时候，疫情期间的线上教学好于历史的线下教学没有依据，今天中国大规模线上教学好于西方的线上教学也没有依据，未来混合式教学会缩小东西部教育的差距也没有依据。

当没有科学依据的时候，目前做这些判断主观性太强了。我想讲，至少从我这次带领课题组做了大数据分析之后，我把它看成是中国教育技术的一个起点，一个原始数据。这种起点、这种原始数据还只能是一个不完整的数据。为什么呢？中国在校大学生有3000多万人，可是我的数据只有26万名大学生，去掉无效数据，有效数据才24万人。即使有24万个数据，这也是管中窥豹的数据。

第二，我们收集的数据是2020年2月15号到2月31号的数据，这个数据又是疫情刚发生时的数据。从我个人来看，不管谁手头拥有多少数据，这些数据只是我们认识线上教学的一个起点，比过去没有这个起点好，因此这个起点是下一步研究如何利用现代教育技术缩短中西部高等教育差距的一个参照系。要明白一个道理，改革开放以来，中国社会最大的变迁就是经济发展非常快，我们都在享受改革开放的红利。同时要清楚一个事实，中国过去40多年的经济发展，带来的一个问题就是中国二元结构的社会现象。中国二元结构的社会现象表现在东部和西部经济发展的不均衡、区域经济发展的不均衡、人才发展的不均衡、高等学校发展的不均衡。整体社会的二元结构的现象在高等教育领域存在众多不均衡，在教育技术领域、在线上教学领域，这种不均衡有多大，或者说这种不平等的剪刀差有多大，现在还是凭我们的主观判断来做结论，而不是基于事实做结论。

可以想象，在过去的40多年，中国经济发展过程当中产生了大量的二元结构的现象，难道教育技术可以缩小二元结构现象吗？我们可以把缩小中西部高等教育的差距完全寄托在教育技术上吗？我提出问题。同时我要承认，有教育技术比没有教育技术好，不停课能够进行正常教学就比停课好。这次除了收集26万份学生问卷之外，还收集了将近300所高校的数据。

此外我注意到，利用技术平台进行线上教学还是社会化公司居多。在这次线上教学期间，高校技术平台发挥的作用和市场化公司平台发挥的作用相比，高校还是处于下风的，在我的文章中已经用了详尽的数据进行了分析。这些问题，都与东西部高等教育的发展，尤其是教育技术的发展缩小东西部高等教育的差距有着悖论。

今天最后的结论是，虽然现在东西部高等教育在技术上的差别比想象的要小，但在未来中国社会发展过程中是否能够用教育技术缩小已经形成的东西部高等教育差距，我认为需要画一个问号。对于这样的问题，需要做教育研究的人、做高等教育研究的人，基于大数据来分析这种现象，才能提出来一些对决策、政策有效的建议。

我就讲这么多，谢谢大家！

刘铁芳

湖南师范大学教育科学学院院长

后疫情时代的教育自觉

各位朋友好！非常高兴有机会参与今天的论坛，我演讲的主题和教育信息化也许关联不大，但跟西部高等教育发展有着很重要的关系。

常言道“多难兴邦”，多难本身并不足以兴邦，真正兴邦的乃是以灾难为契机来进行一种整体而深度的反思，由此促进社会更好地尊重自身发展规律，既能总结优点，又能正视问题，不卑不亢，扬长避短，凝聚共识，重新激活社会各种力量。

新冠肺炎疫情的爆发正是人类当下面临的重大灾难，不可避免地影响着教育的发展，我们需要对教育做一个深度反思。今天需要的最重要的反思其实还是教育的核心问题，也就是培养什么样的人的问题。今天教育自觉的方向，就是要置身于人类生存的时代背景，沿着当前教育培养人的核心目标要求去思考，我想从疫情的角度思考一下后疫情时代教育的核心目标要求。抓住最重要的目标要求无非是三方面，第一，科学精神，第二，民主意识，第三，民族认同。

科学精神。大家都非常清楚科学精神，病毒非常复杂，它提醒我们保持对自然的敬畏，寻找与自然和谐相处之道，需要更深入地了解自然。由此而来我们应该加强科学教育，提升个体理解和探究自然世界的能力。所以科学精神教育主要表现在两个方面，一个是科学知识与科学探究的意识与能力，一个是个体日常生活中科学素养与科学态度。所以我把科学精神教育的核心概括为两点，第一是科学的思维与方法，第二是探究的热情与求真的态度。

民主意识。疫情具有非预期性，有效而且及时的社会沟通机制非常重要。疫情跟每个人都有关联，不仅仅关乎自己，还关乎他人，所以要树立牢固的民主意识。民主意识的培育也是两个方面，第一，公共治理的民主化，第二，个体的公共责任与置身公共生活中的公民担当。就目前而言，民主意识培养的核心，一是“人”是目的的理念，二是民主参与的过程。

民族认同。疫情引起我们对民族认同的关注，最主要的是两点：第一是文化自信，重新认识中医的作用，当然需要中西医配合，但毫无疑问中医的作用是很重要的。第二是民族团结，共克时艰。由此而来，民族认同提升的教育，一是切实强化民族文化认同与应有的文化自信，这是今天无比重要的主题，二是基于文化认同之上的一种家国情怀的培育。民族认同提升的核心一是民族国家认同，二是文化价值依归。一种文化的自信，一种价值的提升。

谈一下三者的关系，科学精神的培养，当然是一种广义的科学教育，培养对自然世界的认知、做人做事的态度，核心是开放的知识视野。大学毫无疑问需要有一种开放的知识视野。民主意识的培养主要指向人和人之间的关系，强调独立个性、合作精神、社会责任感，我们需要有对现代文明的尊重与接纳。民族认同提升主要关注的是人与国家、人与世界的关系，需要培养大学生家国情怀，要有国际视野和世界关怀，要培育个体的精神之源，夯实心灵的根基。这是今天非常重要的民族认同的教育。

三者用人做比喻的话，科学精神主要指发达人的头脑，让个体拥有充足的力量，解决的是能力问题。民主意识的培育是敞亮人的眼睛，让我们能够找到发展的方向，融入时代，它解决的是目标问题。民族认同的提升是强健人的心脏，让个体拥有自己的灵魂来解决动力的问题。因此，我认为后疫情时代的教育应该朝向三个方面发展：

第一，科学教育与人文教育融合，培养“整全人”。

好的科学教育体现了与人文教育的融合，科学教育的重点是解决做事的能力，人文教育的核心是要解决过有意义的生活。北大徐凯文教授调查发现北京大学30%的学生有心理问题，叫空心病。空心病的核心就是没有解决生活的意义问题。所以今天要特别重视这个问题，今天倡导科学教育，一方面要倡导科学教育，培养创新意识、创造能力，提升科学素养。另一方面要建立完整的人文教育体系，与之相融合，切实濡染青少年一代的精神气魄，做德智体美劳全面发展的“整全人”。

第二，现代精神与民族传统相融合，要培养有根的现代人。

传统需要融入现代，传统自身是沉寂的，所以传统需要融入现代才会被激活而有力量。现代需要依托传统而有灵魂。怎样才能两者兼备呢？一方面我们要培养学生有开放的视野、探索的精神来积极融入时代。另外一方面要切实加强青少年学生的中华优秀传统文化教育，以民族精神的濡染夯实自我生命的底蕴，做有根的现代人。

第三，国际主义与民族主义融合，培养有灵魂的中国人。

国际主义很重要，但民族主义在很长一段时间都应该是教育的基本主题，所以强调两者的结合。这一点上爱国主义不仅仅是文化的需要，也是现实的需要，更是生命的需要。我们需要超越的是狭隘的民族主义，但民族主义在一定范围内是不可能从根本上超越的。因此，一方面要积极打开学生的国际视野，让学生以世界眼光看待中国，以开阔的胸怀走进世界，增进个体的世界公民意识。另外一方面要切实培养一种家国情怀，以宽广的爱国情愫提升个体的生命襟怀，做有灵魂的中国人。

以上是我的基本观点，谢谢大家！

闫寒冰

华东师范大学开放教育学院（上海教师发展学院）院长

教育部课程中心“深度学习”综合组成员

在线教学创新：思考与实践

非常高兴有这样一个机会就“在线教学创新”来进行主题分享。刚刚听了大家的报告深受启发，也学习了很多。各位专家的报告主要从高等教育的大格局、中西部教育的比较等来思考后疫情时期的信息化教育。我的报告定位是相对中观的层面——方法论层面，主要关心的是在线教育的教学法。这个分享不仅有思考，还有本人在开展在线教学的实践。

这次疫情期间的“在线教学”具有“全线、全员、居家”三个特点，可以说是面对特殊时期的极端教育实验，是人类历史上一次最大的教育实践。我们的教师们在这个过程中面临着极大的挑战。虽然疫情期间的在线教学是应急之举，但它打破了教师们对教育教学的诸多思维定式，因而孕育着未来的发展。

在线教学法，是高校教师（不论是东部、中部还是西部）共同面对的问题，是在开展高等教育线上线下融合的教育变革之际，直接摆在高校教师面前的第一个挑战，而我们的大部分高校教师还没有做好充分准备。这里，我改编了《流浪地球》里的一段话，来说明教学法的重要性——“教学千万法，设计第一条，方式不合理，学生两行泪。”

从当前的调研情况来看，高校的在线学习状况比中小学生普遍要好一些，这有很大一部分原因是高校学生的自主学习能力相对比较强。但就教师整体而言，教学法上还缺乏更高层面的创新，这是我们目前从实践、调研中所看到的情况。

说到在线教学，我们曾经在“停课不停学”之初，面向全国的中小学教师做过一套在线教学攻略，这套攻略被广泛传播、推送。这套攻略总结出在线教学的几套方法、几个类型，对高等教育是同样适用的，先在这里呈现一下。

在线教学最简单的方法，我称之为“在线教学三板斧”（后简称“三板斧”），特别适合不熟悉在线教学的老师上手——其主要特征就是将平时课堂教学的方式平移到网上，课前导学、课上精讲、课后作业，只不过不要讲那么长时间，把它控制在一定时间内，讲短一点，讲得精致一点，更多留在互动上。虽然这种方式方便教师上手，但它未免太粗糙了，我们还可以有更精致的方法，体现更多的深度学习，比如说——“在线教学八步法”（后简称“八步法”）。这“八步法”包括目标导学、知识讲解、练习反馈、疑难提出、互动研讨、展示分享、评价点拨、作业布置等八个环节。为什么说这“八步法”要比前面的“三板斧”更精致一些呢，因为它有三个梯度，第一个梯度是掌握基础知识，接下来是突破疑难，然后是提升与拓展，层层递进，体现面向深度学习的追求。

但我们需要注意的是，无论是“三板斧”，还是“八步法”或者其他同步教学方法，它仍然只是同一类模式——“同步授课”，只解决了空间分离的问题。而在线教学有一个非常大的优势，那就是时空不限，如果没有充分利用时空不限的优势，就是没有利用在线教学的优势，那是非常遗憾的。所以让我们看第二类模式——“先学后教”，“先学后教”这种模式是“同步授课”的升级版。看到“在线授课八步法”就可以发现，“目标导学、知识讲解、练习反馈”这三个环节是可以预设的，而后面的部分“疑难提出、互动研讨、展示分享、评价点拨、作业布置”则需要同步进行，因为需要根据学情进行调整。这样一来前面三个环节就可以在课程教学录制好的情况下让学生自主学习，再加上一个“自学检验”环节。于是前面这三部分可以异步进行，后面几个部分是同步进行。这样一来，异步加同步，自主学习强调学生用资源来学，自学检测强调以学定教。这样一种方式显然增加了学习的弹性，国际上将在线教学定义在“弹性学习”的大框架下，我们现在就是初步看到了“在线教学”在内容和时空方面的弹性。

当然，我们的教育一定不会满足于只是做一些练习、学习一些技能，而是要培养学生们的综合能力，培养他们的创新思维与批判性思维，培养他们成为未来的领导者，这就需要给学生以机会、以任务，在真实的场景中去实践、去研究、去探索。类比来讲，我们当前大部分教学所传授给学生的技能，或者说象牙塔内的学习，更像是考驾照时的侧方停车、移车入库这样的单项练习，是科目二；而学生们在实践中应用知识去解决问题，则相当于科目三，要综合应用各种能力。事实上，基础教育已经在做面向“项目学习”的教学模式变革，高等教育面向相对成熟的学生，更应该做这种改革。这种以自主、合作、探究为特色的教学不应只发生在研究生阶段、发生在部分课程中，而是应该成为所有课程的追求。让我们来看第三类在线教学模式——项目学习模式，给学生在线提出任务，并告知标准，让学生自主开展探究，展示分享，然后教师评价点拨。在这个过程中为了帮助学生应对项目学习的挑战，所以要同时配备内容精讲、直播互动、个别答疑等环节，帮助学生们在这个过程中不断发展他的能力。

刚刚讲了三类模式的教学，分别是“同步授课”“先学后教”和“项目学习”。据我们的调查，疫情期间的在线教学主要以“同步授课”为主，这也是为什么我在前面讲，教师们在在线教学法方面还有比较大的提升空间。

接下来，我想和与会的专家们分享一个我们在疫情期间的授课经历，我们采用的就是第三类模式“项目学习模式”，我们开设的是一门公共课《信息化教学设计与实践》，这门课学分2分，9课次，每课学时3小时，每学期授课都在15课次，也就是多名教师面对不同专业的师范生上这门课。我们已在三年前，以面授方式开展了项目式学习。这一次，我们需要同时开设6课次，教师团队共同研讨，确定统一的在线教学模式。再来讲一讲我们的项目学习设计：在最一开始，我们就为学生提出一个任务“实习期间，你要为中小学生设计一个以探究学习为特点的信息化教学单元，并且完成所有支持该单元的电子作品”。在讲清楚任务后，我们将最终作品的评价标准讲解给师范生。接下来学生三人一组合作完成任务，而在学生们合作完成任务的过程中，我们通过内容精讲、自学检测、直播互动、个别答疑等方式推动学生们不断精进，完成最后的单元作品集，最后实现展示分享，然后再评价点拨。

再来谈谈我们的在线教学与面对面教学时的不同。原来集中面授时，是每次上三个课时，结束的时候总有个别学生很虚心地找老师来请教作品修改事宜，由于时间不多，我们也只能做有限的点评，有些学生看到老师课后没有很多时间也就走掉了。在线教学的时候是什么情况呢？在线教学前两个课时我们设计成异步进行，这样一来，学生可以在一周内的任意时间里学完这两个课时，只要我们上课的时候进行检测就可以了，直播只有一个课时。这样做有什么好处？好处特别大，不但是在同步在线的时候，师生之间可以更多地互动，而且在学生自学的时候，教师也可以同时对学生们的作品进行个别点评，谁有问题谁上线。对比一下，以前的面授课堂上只能有限地点评，只有几个学生听一听，现在每个学生都可以接受单独的辅导与点评。同样的时间，但我们给学生的支持时间却是双倍了。

最后的结果，我们的这次以项目学习与翻转课堂相结合的在线模式，每位教师手下的学生作品优秀率都大大提高。为什么时间不变，在线教学的效果却大大提高呢？我们总结出以下几种原因：

第一，学生有更多的时间弹性。可以晚上学、早上学，可以任意时间学，可以反复学。

第二，学生有了更多的地点弹性。这点当然是最好理解的，因为各地的学生都可以进行合作学习，三个学生一组不受地点的限制。

第三，学生有了更多的内容弹性。我们的这个团队中，有的擅长教学法、有的擅长技术应用。而我们这门课，既需要理念引导、方法应用，也需要技术实践。以往授课时，一位教师从头讲到尾，总会在某些内容上教学有所欠缺。而这次，在安排学生自主学习时，我们提供的是讲得最好的教师的教学视频。没有教室空间的限制，我们通过这种方式实现了合作授课，有效弥补了教学上的一些短板。

第四，教师提供更多个别指导。这是我刚才特别强调的，在总体投入时间不变的情况下，教师有了更多的个性指导时间，大大提升了指导的针对性与指导力度。

非常高兴有这样一次在线教学，将我们一直研究的在线教育应用到实践中去。目前，我们团队已决定这门课未来的教学模式基本上会以疫情期的在线教学为蓝本进行优化和迭代。

分享了我们的教学实践，让我们回到三类教学模式中来，我们把它们排列在一起来看。“同步教学”“先学后教”“项目学习”这三类模式，从学生自主空间来看，依次递增。而同时，对老师的信息化教学能力的要求也是依次递增。能够掌握“项目学习”模式的教师一定可以应对“先学后教”模式，而能够掌握“先学后教”模式的教师一定也可以应对“同步教学”模式。华东师范大学认识到这些教学模式对师范生教学能力的重要意义，目前我们已支持教务处推出了“在线教学微认证”，就是要以能力为本位，支持师范生们通过在实践中不断进步，具备更高层级在线教学设计的能力。

当前，我们来到了后疫情时期，提的更多的是线上线下融合地教，这样的教学变革特别值得我们思考。我们必须认识到，纯在线教学一定不是理想的教学，纯面授也不是。理想的教学，一定是融合线上线下，深度发展学生能力的教学。为此，我们需要理性分析线上教学与线下教学各自的优势。线上教学的优势是时间弹性、内容弹性、地点弹性、互联互通；而线下教学也有它的优势，社会性、现场性、互动性、示范性。两者结合起来，才是未来高等教育应对教育变革应该努力的方向。“教师总是用自己被教的方式去教自己的学生”，确实如此。由于我们都是来自师范院校，特别需要我们这些高校教师在教育教学模式创新上给学生非常好的示范、引导与体验。在疫情期间所有的教师都受到极大的挑战，可以说“抗疫有我，与有荣焉”。未来我们“赋能学生，塑造未来”，这就是我们的期待。我就说这些，谢谢！

胡小勇

华南师范大学教授、博士生导师

疫情下的高校在线教学实践模式

尊敬的各位专家，大家下午好！非常感谢主办方提供这样一次机会，让我来学习和分享，听了很多前辈和大咖的分享，我也特别受益。下面结合我自己在疫情期间的教学实践，还有教育技术专业教学指导分委员会在疫情期间开展的线上教学实践，来讲讲自己的感想。

我认为这次疫情下的在线教学，无论是对中小学亿万师生，还是对高校师生，其实都是一个黑天鹅事件下“极限生存”背景下的重大挑战。它的重要性、规模性、复杂性、急迫性，大家都已经真真切切地感受到了。对一线教师来讲，在线教学在第一时间的挑战并不来自理论，而是来自实践。

按照我们所做的调研和我自己上网课的体验，教师们普遍经历了这样几个过程。第一，教师遇到技术适应期，就是教师能不能达到在线环境下的人机合一，自如地用好技术。如果不能用好技术，后面的在线教学一切都免谈。第二，教师们的教学方式选择很重要，教师如何适应差异化的技术条件和学生群体来组织在线教学。疫情期间，我组织了学院七位教师开设了一门《学会在线教学》系列公益直播课，有十多万名教师听课。数据显示，华南师范大学本校教师在第一时间听公益课的人数并没有校外来听课的教师人数多。因为当时我们学校的教师更多在集中学习学校网络中心部门组织的技术培训，而我们的公益课更加关注的是在线技术与教法学法的融合。这反映了一个非常真实的现象，教师们要先搞定技术，才能学习在线的教法、学法。另外，这次有一些观点说疫情反映了教育信息化建设的失败，高校数字化校园建设的失败，其实并不是这样的。因为这次在线教学的场景很特殊，学生、教师都不在学校。像我们学院有新疆学生，当地技术条件很糟糕，有一些学生要上网课得坐车去镇上才能学。因此，如何选择在线教学方式很重要。第三，是应对教学设计的挑战。教师们进一步发现在线教学设计和面授教学设计确实不一样。比如，有很多教师遇到的现实问题是“在线教学无感”，什么叫无感呢？教师平时在课堂上课比较容易找到感觉，看学生的眼睛就可以有感觉了。在线教学时，学生大规模上线的话没法打开摄像头，教师上课看不到人。所以，怎么把教学方式和教学设计相联系，来留住学生的心，非常重要。第四，2020年6月份开始，高校陆陆续续面临课程结业考核，开始遇到在线教育的质量评价问题。我认为，这次教育质量评价更大的问题倒不是体现在一门课上，而是体现在宏观教育服务供给的要求上。这次在线教学实现了超大规模的“看得见、听得见”的一般性教育服务供给，却离高校这么多学生的个性化、多元化、精准化的高端服务供给还有差距。而且，这个差距和东部高校、西部高校没有太大关系。这次大规模在线教学的技术环境考验不是针对学校的，而是考核了全社会的信息化供给能力的水平。总之，教师们在疫情期间经历了在线教学的技术适应期、教学有感期、融合提升期、评价反思期。

疫情期间，我们做了大量的教学实践工作，也大致归纳了各种各样的在线教育模式。按照我的观察，我认为这些模式百花齐放，都是一些元模式的组合。我提炼了一下，主要有四种元模式。这四种元模式不是从技术角度，而是从教学场景角度来提炼的。

第一，平移版模式。就是教师用好了在线直播平台技术，将常态的线下课堂平移搬到网上，大多数教师都在做这个事情，能做得比较好也就不错了。

第二，双师版模式。最典型的是用好网上的在线课程资源，用好别人的课程，比如中国大学的慕课，还有其他平台的慕课。我把这叫作“用好别人的在线课程，做好自己的本地助教”。疫情期间，我在《中国教育报》写过一篇文章叫《在线赋能，慕课经受时代考验》。我们国家过去建设了很多在线开放课程，这次充分体现了平时所建的慕课在特殊时期发挥的战略资源预备队作用。在高校，开放了几万门慕课，还有2000多个虚拟仿真项目。在中小学，开放了国家教育资源公共服务云平台的优课资源。

第三，在线翻转课堂模式。把常态线上和线下相混合的翻转课堂搬到线上，变成异步自主学习和同步互学助学的相融合。疫情期间，我自己为本科生和研究生上了网课，我们采取的就是借助我在中国大学MOOC上开设的慕课，进行在线翻转教学。

第四，在线项目教学模式。项目教学关注在线环境中学生项目任务驱动、解决复杂问题的学科综合能力，学科多模块课程内容的综合问题解决能力。它综合了多个学科领域，鼓励在线开展实践任务，这是一种非常棒的在线教学模式。

经过这次疫情洗礼，今后再也不应该退回到疫情发生前的教学状态。这是一个很大的命题。这次疫情下高校在线教学负重而来，确实出现了很多问题，但它的总体表现是可圈可点的。

我来自教育技术学科，这次在线教学，有很多学科都开始关注教育技术。我认为这对于教育技术专业来说，首先是挑战，然后是机遇。一方面，如果教育技术专业研究不能应对真实的在线实践挑战，是说不过去的。另外一方面，大家都关注教育技术，对它来讲也是发展的机遇。教育技术学专业教学指导分委员会在主任委员会指导和全体委员支持下，发动了全国高校的教育技术力量，开展了系列的在线公益活动。比如从2020年4月25号到5月31号，开展了5周43场的直播公益讲座，对象面向中小学、高校、家长，提供了很好的社会志愿服务。结合自己的感受，这次在线教学对高校来讲，我有这样几个思考。

第一，通过这次极端环境下的在线教学，让我们重新思考了技术对高校在线教育供给方式创新的双重赋能。目前，有两种信息技术的赋能作用比较明显。一个是“互联网+”，一个是“人工智能+”，因为基本上它们都加到了各行各业。

“互联网+”影响在线教学，在这次出现了很多新事物。比如，首先是双师课堂。以前的双师课堂更多是中小学扶贫，搞远程专递课堂用，或者在校外辅导机构做网课用。这次在线教学，很多大学教师都采用了双师课堂，用好别人的在线慕课，做好本地的助教。我们发现这个方式蛮好的，这种供给方式创新受到了大家的广泛关注。其次，是组团授课。教师们你上一个模块，我上一个模块，这叫各尽所长、协同作战。还有，是校际协同开课。比如西北师范大学的教育技术学专业教师就和广州市高校的教师校际协同，同一门慕课由几位教师一起远程协同开课。这是一个非常好的做法，有助于在机制体制上倒逼打破以前高校课程一定要由本校教师上课的问题。

另外一个赋能，是人工智能赋能。这次在线教学克服种种困难，实现了“看得见、听得见”的一般教育服务供给。但是却离数百万级、甚至千万级个性化、精准多元的教学需求还是有差距。在未来，通过人工智能来实现超大规模化的个性化教学是在线教育要重点发展的方向。

第二，关注在线教学对高校师生能力的双向要求。这次疫情让我们发现高校教师的在线教学能力，包括混合式教学实践的能力水平，都有待提高。还有高校大学生群体的数字化学习素养问题。疫情后的测评考核发现最终影响学生在线学习质量的最大变量可能并不是技术，也不一定是教师，而是学生强大的在线学习自律性。中小学学生的核心素养中有数字化学习创新的素养要求，高校大学生群体是不是也要关注这一块呢？我们教学指导分委员会专家和教授们联合做了一个关于高校教师在线教学能力的特征研究。我们调查了几百名院长、系主任和几千名老师，形成了五个维度若干个二级指标的研究文章，近期会在西北师范大学的杂志上发表。

第三，是关注高校在线课程的质量提升。高校在线教育的质量，关注点最终要落脚到课程上，在线课程是一个少不了的教学载体。在这里面，有五个点要关注。

第一个关注点是在线课程平台建设。2020 年 2 月底、3 月初高校分批启动在线教学时，绝大多数的慕课平台都翻过车。这里介绍一些经验，我所在的华南师范大学是2020年3月2日在线开学的，第一天没有出现过翻车的现象。因为我们有一个自建的砺儒云课堂，教师们的校级在线课程都是先在校内的云课堂做孵化运行，孵化成功以后，再把好的课推到各个慕课平台。所以，我们学校当时启动全校在线教学时有70%的课都是依托于学校自建的云平台开课，另外30%是用慕课或其他平台。这些有效地化解了在线平台的授课压力。

第二个关注点，如果对高校学生只是实现“看得见、听得见”的、仅简单传递知识的在线教学，对培养学生的能力是有欠缺的。所以教育部提出的打造金课、注重“两性一度”就很重要。在线课程要看它的高阶性、创新性、挑战度设计，培养好学生的综合能力。

第三个关注点，以前高校教师通过“堂堂为战”来设计上课。这次在线教学打破了教学时空，教学弹性化。我们要关注项目化的单元教学，用它来扩大教学设计和实施的时空。

第四个关注点，就是如何优化在线实验实践教学。这次教育部开放了2000多个虚拟仿真实验项目，事实证明这个供给数量离全国高校学生的在线实验教学需求还是有差距的。所以我们后面也要关注怎么通过AR、VR等技术来实现和提高在线实验实践教学的体验感、流畅感，进行仿真教学。

最后一个关注点，是数据驱动的教学评价。在线教学质量好不好最终还是要回到数据来看。如何更好地做到伴随式的数据采集和过程性评价，去客观评价在线教学的质量，这也是未来我们要关注的事情。

中央十三部委联合发文表示，保民生、促就业，把融合化的在线教育作为未来首推的产业新业态。有理由相信，未来无论是高校还是中小学，东部还是西部，在线教育都会得到大家极大的关注，我们会迎难而上，越做越好。以上就是我的肤浅认识，请大家批评指正，谢谢!

余　亮

西南大学教育学部教育技术学院常务副院长
国际华人教育技术协会理事

基于“证据”的在线教学设计

大家好！我汇报的题目是《基于“证据”的在线教学设计》，主要是基于我自身的线上教学实践。

首先，引用教育部高等教育司司长吴岩报告上的两组数据，一个是疫情期间教育部组织了37家基础好、实力强的在线课程平台，带动110余家社会和高校平台参与，向社会开放了4.1万门慕课和虚拟仿真实验等在线课程，从课程和平台体量来看都是一个前所未有的实践。在疫情期间，截至2020年4月3日，全国高校学生在线学习人次为11.8亿次，这个体量非常大。

作为一名高校教师，疫情期间我也采用线上方式组织教学。学校管理部门认为教育技术学专业教师在线教学应该走在前面，鼓励我们多做探索。当时我们就在想，课堂由原来的面对面教授方式硬性切换到在线教学的方式，怎样保证质量呢？怎样能让学生、家长和管理部门都感觉到质量没有下降？那么，这里就要回答一个问题，怎么证明质量得到保障，证据在哪？由此我们在思考，能不能采用基于“证据”的方式来开展线上教学。

带着这样的疑问，首先了解了关于“证据”的定义，《现代汉语词典》将“证据”解释为“能够证明某事物真实性的有关事实或材料”。而基于证据的教学，我们也调研了国外的相关文献，国外对应的英文词为“evidence based teaching”，是指用一定的证据来反映教学过程，并呈现教学结果，应用证据提升教学结果，证明学生能力和教学绩效的持续提升。这里，我理解的“证据”是教学过程留下的痕迹，包括学生的课后作业、讨论交流、在线平台登录，应该说在线教学的方式更能把传统课堂上不容易捕捉到的过程和环节在互联网上呈现出来，这些都可以作为教学证据。

我们也调研了国外有关基于证据的教学设计文献，包括Pintrich提出的动机规则：多重目标激励和引导学生，高阶学习及内在动机激励学生，适应性归因及控制信念激励学生，适应性效能及能力信念激励学生，高价值感激励学生。还有Mayer的多媒体学习设计规则，提出为教学提供证据，以及怎样利用证据，具体包括减少无关信息处理和认知空间浪费，管理内在信息处理，并降低复杂度，促进生成信息并处理认知潜能。另外，Philip提出了合作学习规则，包括建立正向互赖，明确个体责任，促进交互，详尽地解释。通过文献梳理，我们分析了基于证据的在线教学核心要素。第一是资源，给学生提供什么资源、学生用什么资源。第二是活动，围绕资源设计什么活动，学生在线学习的过程都是由活动构成的。第三是评价，学生学完以后怎样去评价学习绩效。基于证据的在线教学设计主要围绕这三个要素展开。活动能够产生证据，证据的积累也可以作为学生的学习资源，同时教学评价也要充分利用好资源。在具体教学设计活动中，资源提供应该尽量多样化，包括视频、音频和文稿等。活动尽量结构化，前面几位专家也提到过教学活动的设计，怎样把它细致化，让学生知道每一步、哪个时间点该完成什么，按照相应的要求完成相应的活动。还有评价的综合化，既有学生自主的评价，又有学生和学生之间的同伴评价，以及教师基于这些证据最终的总结性评价。

根据上面的分析，我们将基于证据的教学设计应用于教育技术学专业本科生的一门核心课程——《现代远程教育》，该课程每周有一次课。以往采取的是课堂面对面的教授方式，这次因为疫情原因把这门课程转到线上。我们利用了两个平台，一个是超星泛雅平台，开展直播教学和学生在线自主学习，另一个是微信群，作为同学之间、同学和老师之间同步、异步的讨论平台。课程的整体结构包括章节和任务的具体设计，每个学生要学习什么内容、需要完成什么活动，每个活动的关系是线性、并行，还是网状结构，都有相应的学习引导方式，指引学生完成这些活动。

在教学过程中有直播教学活动，还有同步研讨活动。同步研讨活动跟课堂上的面对面讨论还是有一些不一样的地方，在课堂上，往往比较活跃的学生说得多一些，但到了互联网上，研讨是用文字的方式，老师不在学生面前，那些课堂上表现比较沉默的学生，更能够自然表达自己的想法，参与度更高。同时，采用文字表达的方式，思考得更加深入，表达更为严谨和全面。每一次的课程结束后都有相应的学习任务，任务完成后，教师会及时评价和反馈学生的作业情况，激励学生完成更多的学习任务，这也是学生学习过程中产生的证据，教师也可以将证据作为了解学生学习情况的直接依据。另外是异步交流，通过微信群可以随时随地交流，每一周有一堂课集中讲授和答疑。其他时间学生自主选择，在论坛也好、微信也好，都可以跟教师和同学交流互动。

关于教学评价，预先设计好相应的权重，组织学生自评、同伴互评和教师评价。我们从学生作业成绩的统计曲线分布可以发现，随着在线教学实践的深入，学生逐渐适应在线教学方式。从平台访问情况来看，尽管每一周提供了一个时间段，大部分学生会在直播时间前两三天完成相应的作业和活动，而且那个时候访问平台的次数也更多。另外，我们很关心线上教学方式和课堂面对面的教学方式在学生成绩上是不是有显著性差异。我们把2016级的学生成绩和2017级的成绩进行了T检验，并没有发现显著性差异，但从平均值来看上一届学生平均分数高一些，但标准差低一点。2017级平均分略低，标准差大一些，说明通过传统课堂教学方式对于学生的成绩影响相对稳定，而在线教学方式的影响幅度大一些。原因可能是学习者的自主管理能力差异大，自主管理能力强的学生学习效果较好，自主管理能力弱的学生表现就差一点。

结合教学实践情况，我们提出了几点思考。首先，证据既是教学评价的基础，也是教学活动的重要组成部分。其次，证据具有隐私性，特别是在线讨论过程中，会留下一些表达观点的文字、图片以及语音，具有一定的隐私性。教师在选用这些证据时，注意隐匿学生的个人信息。再次，证据是在线教学的载体和产物，具有生成性。最后，交互是在线教学的核心，只有通过交互，学生才能够在线上体验到社会参与感，同时，教师与学生积极交互，能够有效促进学生积极、认真地学习，即便偶尔点赞一下，也没有发言，学生也能够感受到这种关注。总之，教师是促进交互的关键。

我的分享就到这里，谢谢大家！

张筱兰

西北师范大学教授

高校校际协同教学的实践探索

各位领导、老师下午好。刚才听了大家的发言受益匪浅，专家们从宏观层面对西部教育的现状进行了分析，从不同角度提出了建设性的发展建议。教育技术领域的同仁，结合疫情时期的线上教学实践，介绍了在线教学模式的研究与实践，提出了后疫情时代高校教育信息化教学的发展路径，我很受启发。我今天从微观层面为大家介绍自己在疫情期间和广州大学的教师一起进行的研究生课程《教学设计与绩效技术》的校际协同教学实践，跟大家进行交流分享的题目是《高校校际协同教学的实践探索》。

疫情期间需在线授课，按教学计划我要开设西北师范大学教育技术学术研究生的《教学设计与绩效技术》课程，广州大学的杜瑞霞老师也要为研究生开设同样的课程，由于开课的时间、教学对象完全相同，通过沟通我们讨论了能否两校联合共同开设这门课程？很快我们达成共识，认为在线学习资源、平台和工具完全可满足校际协同教学的需求，通过协调我们统一了上课时间，就有了校际协同教学的设计与实践。作为校际协同教学，在教育技术领域也不是新鲜的事物，只是原来对于校际协同仅有中小学课外活动的个案实践。但在高等教育教学中，特别是针对一门完整课程的设计与实践，还鲜有尝试。

通过一学期的校际协同教学实践，思考总结其本质内涵就是在课程学习当中，校际师生通过构建在线学习共同体，通过多种形式的线上协同交流，完成学习活动的一种教学方式。校际协同教学中关键要考虑学习者之间的优势互补和资源共享理念的实现。在整个学习过程中要体现出以学习者为中心的思想，让学习者之间通过校际的共同协作，产生正向积极的依赖，在教师设计和引导下共同完成知识和技能的学习任务，达成既定的学习目标。

刚才胡小勇教授、闫寒冰教授介绍了对在线教学的思考，并结合自己的课程教学实践总结了教学模式。我们在校际协同的学习活动设计方面，采取了学习活动的多元化综合设计，从学习活动的整体设计而言，单元项目化设计、任务驱动设计、线上翻转教学设计都有所应用。作为线上教学设计与实践，需要我和广州大学的杜瑞霞老师协同备课，我们边教学边探索，尝试了很多的方式方法。每周的课上完以后，会很快考虑下一周的课程怎么上，从确定学习任务、学习方式、学习活动流程，到学生协同交流形式、学生在课前与课中的协同方式，用什么样的方式进行评价，我们都要进行详细的沟通。

校际协同教学中学生的协同活动是重点设计的内容，从建立协同小组、协同学习方式，到建立协同学习结果评价都需要进行设计。比如校际协同学习小组的建立，一开始学生们感到非常新鲜，学习群体中有广州大学的研究生，也有西北师范大学的研究生，考虑到不同学校文化背景的研究生在学习的时候有一些不同的学习和思维的特色，我们在分组的时候有意识地把两个学校的学生进行混合编组，目的是让他们之间进行互补、差异化的学习。

协同学习活动的设计采用了讨论、作品的设计和交流、共读经典的交流、小组之间的PK赛、学生之间的直播交流等多元化的方法。就拿学生间的直播协同学习来讲，直播工具为什么不能在课下学生进行小组协同的时候使用呢？课下的协同直播活动设计通过两阶段混合编组的方式进行，第一阶段各小组有4到5个学生，根据学习任务，小组可以通过交流空间完成协同任务。第二阶段再进行重新混合编组，保证每个组里都有一个学生带不同的任务进入，通过直播交流，分享各组的学习成果，协同学习的时间弹性安排，学生们在规定的时间段内完成即可。

总结校际协同教学中师生活动设计，课前最重要的是为学生设计可操作、指向明确、针对性强的学习任务，以任务单的方式发送给学生。课中要衔接课前活动，教师的活动有答疑、设计进阶、设计交互、评价总结等，学生作为主角活动也是多元化的。课后布置拓展性内容，并利用微信小程序做学习效果调查，为改进活动设计提供反馈信息。将每一次的活动设计为“布置任务—实施—了解效果反馈”，形成一个闭环。

校际协同学习共同体的构建，要体现智力资源的共享特征，除了两校师生的智力资源共享，还邀请其他高校专家举办讲座。如邀请北大吴锋教授讲授“绩效技术和教学设计”、华东师范大学吴永和教授分享“大数据驱动的教育教学创新研究”的团队研究成果，实现了智力资源的共享。

校际协同教学的开展离不开学习资源与工具的支持。学习过程中应用的网络课程，得益于学院长期以来鼓励教师们系统开发网络课程，我承担教学设计课程的教学，已经有现成的在线课程，作为校际协同学习的主要资源。再加上直播教学环境、交流工具以及在线协同写作工具和在线协同绘图工具的支持，保证了师生协同、生生协同学习活动的顺利进行。

校际协同学习活动要设计学习目标、活动任务，同时考虑活动组织、活动类型、活动规则和活动结构，通过输出的学习活动结果进行活动效果的评价。

接下来和大家分享一下实践中的具体做法。首先学习任务的设计是非常关键的环节，学习任务单包括了让学生学习的内容、学习的方式，清晰的学习目标，以及学生完成任务呈现的结果等内容。每周我们都会设计学习任务单，以其中两周的任务单为例，可以看到两周的任务是有差异的，其中一周的任务是教学设计相关理论的学习和思考交流，另一周的任务是设计作品，根据课程特点，学习活动任务是多元化的。

其次是学习活动过程的设计。学生每一次的协同学习都需要完成协同学习的作品，同时要完成协同学习的经历报告。这样做的目的是，作为学习者除了要完成知识的学习，同时也要学会在线自主协同交流方法的设计。通过校际协同教学实践，积累了比较丰富的学生学习过程的素材。

最后给大家总结一下开展校际协同教学设计与实践要做好以下几个方面的工作。

第一，设计任务支架。

学习任务贯穿学习活动的各个环节，作为综合性学习任务设计，以及子任务的设计，任务设计应明确具体，要形成进阶、递进性的任务支架，支持在线多样化的协同学习。

第二，协同活动形式要灵活多样。

在线协同学习活动方式的设计，可根据课前、课中和课后不同时段，采用讨论、问题解决、作品设计及交流、案例分析及互评、共读经典的交流、小组之间的PK赛、学生之间的直播交流等方式，鼓励学生利用不同的协同工具开展协同学习。

第三，协同角色分工明确。

协同小组角色分工需明确，角色可轮流担当。如可以让学生轮着当组长，可以让学生以不同的角色来承担一定的学习任务，进行各种各样的学习体验。

第四，课中教师组织学生为主。

在线教学中教师的职能是设计者、组织者、引领者和帮助者。

第五，协同学习结果即学即评。

学生完成学习任务之后，对任务完成质量要及时给予反馈。在线学习即学即评，评价可采用在线测试、作品互评等方式。

第六，课后调查反馈。

我们特别关注学生对活动设计效果的反馈，每周课后都会采用微信小程序做一些调研。这对把握学生需求，针对性地进行教学设计是特别关键的。进行校际协同重点聚焦在活动设计上，既要考虑学习环境的设计，也要考虑知识传递的设计，还要关注学生的学习动力机制。

通过调查、学期末的反思总结，了解到学生对校际协同学习方式是非常认同的，而且觉得这样的学习效果非常好。校际协同实践将继续在不同课程中进行实践。如我们学院发起了本科生《教育技术的前沿讲座》课程校际协同教学的倡议，结果反响非常热烈，有十多所高校表示加入教学实践。在疫情期间，结合所教课程做了在线教学的有益尝试，探索了校际协同在线教学模式，未来还会持续深入地研究与实践。

以上是我从教学个案的微观层面跟大家进行的分享，谢谢大家!

李玉斌

辽宁师范大学教授、博士生导师

O-S-D-R：在线学习的四大引擎

——提升学生学习主动性的视角

大家下午好，非常荣幸，有机会受到邀请交流在线教学的问题。今天我交流的题目是《O-S-D-R：在线学习的四大引擎——提升学生学习主动性的视角》。

在新冠肺炎疫情影响下，为确保师生生命安全和身体健康，我国启动了史无前例的大规模线上教学。随着国内疫情得到有效控制，大家开始思考疫情后的在线教学发展问题。教育部领导讲到“我们再也不可能、也不应该退回到疫情发生之前的教与学状态，因为融合了‘互联网+’‘智能+’技术的在线教学已经成为中国高等教育和世界高等教育的重要发展方向”。那么，在线教学如何不会退回到疫情发生之前的教与学的状态呢？我认为，关键是要解决教育教学中的问题，特别是难点问题。其中，“提升学生学习主动性”就是当前教学中存在的问题，也是一个难点问题。顾明远先生在中国教育学会“教师专业发展研究中心”成立大会的讲话中指出，“当前，中国教育存在的最主要的问题就是，要把教转向学……改变当前学生被学习、被教育的局面，使他们能够自主地学习，自主地探索，有兴趣地学习、愉快地学习。”郭绍青教授在教育部高等学校教育技术专业教学指导分委员会《同心抗疫助教学，教育技术网上行》公益讲座指出“在线教学不是课堂搬家”，要关注“学习发生了吗?”因此，探讨如何提升学生学习主动性问题十分重要。下面我提供四点建议。

一、要设计好学习生成（Output,“O”）

一般的网络课程是什么样呢？很多在线课程是“学习目标+课件+微课+作业”分立组合模式。这样的在线课程是典型的课堂搬家，学生没有学习兴趣。如何提升学生学习的主动性、积极性，我认为首先要设计好学习生成。要从“学资源”向“用资源学”转变。我们给了学生这么多资源，如果让学生直接面对这些资源，学生感觉负担很重。我们能不能通过学习生成的设计，增加在线教学中学习过程和学习结果的生成度，让学生聆听直播、阅读文本、观看微课成为一种学习需要，通过对学习生成的设计带动学生自然地利用资源去实现生成，从而自然地进行学习，这是我们应该首要考虑的事情。既不能把在线资源当作“读物”，也不能看成“圣经”，在线资源就是学习的“资源”。通过设计学习生成，要把学习资源嵌入学习活动中（而不是把学习活动嵌入学习资源中），给学生一个明确的学习边界感。给了学生目标、课件、资源，其实学生很难把握准这次课应该学什么，怎么学，学到什么程度上，因为它没有学习边界。如果设计好学习生成，结果就完全不同了。

二、用好社会性交互（Social，“S”）

在线教学的优势是全员可以同时表达，可以“点对点”互动。在传统课堂中，师生交互通常是“单声道”的，教师提问后，通常只能一个一个地回答，不能同时互动，比较费时间，大部分学生的参与感也不好。在线条件下，可以是双声道、多声道，甚至是全声道的互动，是高效的互动。教师可以看到每个学生给出的结果，学生间也可以相互借鉴。

美国有个叫季清华的教授，2015 年获得美国心理学会颁发的“桑代克职业成就奖”和美国教育研究协会颁发的“教育研究杰出贡献奖”，入选 2016 年美国艺术与科学学院院士，曾担任美国教育研究协会研究咨询委员会主席、麻省理工学院在线教育政策创意顾问团成员。她提出了一个学习方式分类模型，模型中把学习方式分为“被动学习、主动学习、建构学习和交互学习”四种类型。她研究后认为，交互学习的学习效果最好，也是最有效的学习。在美国自然科学基金会资助的“教育技术路线图”研究报告中也指出“社会学习是普遍存在的，应该成为有效解决学习问题的所有研究的组成部分”。

在教学实践中，实际上已经广泛地开展了合作学习，但很多情况下合作学习都是表面的、无效的，看似热闹，实际上是空心的交互、空洞的交互。根本原因在哪呢？主要是交互之前没有学习生成。什么时候开展社会学习比较好呢？我认为应在每个学生有了自己的观点、看法（即第一个引擎启动后），并通过外化输出后进行，此时的交流是实质性的、深度的、有意义的。生成后进行交流，交流后自然会有生成（新收获）。

三、重视学习数据 (Data，“D”)

第三个建议，是要重视学习数据的使用。现在很多网络学习平台能非常方便地记录学习过程、学习结果、学习行为等，并形成数据、以蛛网图等可视化方式呈现。通过这些数据和可视化呈现，学生可以“看到自己”“看清自己”“看明自己”。教师利用这些数据，可以开展有针对性的分层教学、个性化教学，实施精准教学或精准干预，实现从用数据评价到基于数据的教学、证据的教学，使评价能够有效地发挥“促进发展”的作用。在线教学中的数据，教师要用，学生更要用；师生双方都要重视数据、分析数据、改善数据，让学习数据成为学习的加速剂和优化器。

数据是在线教学的第三个“引擎”，基于数据的教学，可以使教师的教学从经验的层面上升到基于证据的层面来，这样使教学更加精准、更加科学。

四、做好学习提取(Retrieval，“R”)

输入和提取是认知过程的两端，均能驱动学生积极地学习。这是 Karpicke，J.D. 等在《SCIENCE》上发表的“The critical importance of retrieval for learning”文章的实验结果。实验设定的教学目标是记忆 40 个“Swahili–English”词对，有四种教学处理，分别是：ST（每个周期均对整个词对表进行学习和测试），S_NT（测试回忆出来的，在后续学习表中删除，测试表中不删除），ST_N（测试回忆出来的，在后续学习表中不删除，测试表中删除），S_NT_N（测试回忆出来的，在后续的学习表和测试表中都删除），共进行4个周期。结果显示：S_NT和ST学习效果一样好，但在S_NT教学处理中，学生学习和提取的词对总量是236.8个，而ST处理则是320个。这说明，做好学习提取不但能促进学习保持，而且还有利于降低认知负荷、节省时间。在网络学习平台支持下，学习提取活动实施起来更加便捷，一定要用好。提两点建议：一是根据具体情况，恰当安排学习提取的位置，如学习前、学习中、学习后；二是不要仅仅局限在记忆态层面的提取，要注意提取的多态性，如理解态提取（解释、举例、分类、总结、推断、比较、说明、组织、解构等）、应用态提取（评价、执行、实施或创建等）。特别是随着物联网、AR、VR技术的应用，3D打印技术的应用，提取方式将更加丰富，将更加有利于提升在线学习者学习的积极性和主动性。

以上就是我分享的观点，谢谢大家的倾听。由于时间的关系，介绍得比较粗，不当之处敬请指正。

李晓华

青海师范大学教育学院院长

疫情背景下西部高校在线教学的新生态

各位领导、各位专家、各位线上线下的嘉宾：

大家下午好！

非常荣幸能够参加由中国教育三十人论坛与西北师范大学联合主办的“中国西部教育发展论坛”。关于“西部高等教育：教育信息化的扬长与补短”论题，我有自己的一些感悟和体会。下面我将从在线教学生态系统及其实践关照、西部高校在线教学的生态失衡表现和西部高校在线教学新生态的建构三个方面来谈谈自己的看法。

科技浪潮将人类教育活动卷入一个人为所致的进退两难的社会发展漩涡之中，这种漩涡使得我们不得不思考现代信息技术与人工智能会给教育带来什么变化？2020年出现的新冠肺炎疫情进一步助推了人类应用技术开展教育活动的步伐，不论教育工作者和学生是否情愿，应急性在线教学登场亮相已成为不可回避的事实。在此背景下，西部地区高校教师为了完成国家“停课不停学、停课不停教”的任务，自身也在努力改变着。然而，高校开展在线教学是否能够达成教育目标？在线教学如何能有效发生？未来在线教学应走向何处？这些问题都是后疫情时期需要我们不断反思、深入思考的。特殊背景下，西部地区高校在线教学既获得了发展机遇，也迎来了挑战。高校在线教学生命力能否持久，一定程度上取决于理论工作者和实践工作者对在线教学的理论分析和实践探索，同时需要学术界对在线教学这个复杂的问题做出更为正确的认识。

一、在线教学生态系统及其实践关照

（一）在线教学生态系统的构成。

在我看来，在线教学生态系统是指在新一代信息技术支撑下搭建的在线教学环境中学生和教师利用优质数字教学资源，以达成教学目标而构成的教学生态系统。在线教学中所谈到的教育生态系统要素及内容与传统教学相比并没有变化，但其内涵和价值变化较大。从在线教学主体来看，在线教学的主体突破了时空局限，在分离状态下进行及时的高效交互，师生均充分发挥各自能动性，继而形成高度关联的线上师生+平台的共同体。从在线教学环境来看，教学环境主要包括教学终端、网络环境和教学平台等，各自发挥其价值。教学终端是指以电脑和手机为主的移动终端设备，为在线教学提供基础保障；教学平台是课程资源和服务支持的主要承载，处于在线教学环境的核心地位；网络环境是教学环境的高速通道，影响教学环境的稳定和教学体验。从在线教学内容来看，教学内容多以数字化的形式呈现，主要包含数字教材、课件、资料链接等。数字教材是在线教学的基础资源，呈现数字化课程的本质特征；课件是在线教学的主要资源，是教师与学生在线交互的直接内容；资料链接是在线教学的补充资源，体现在线教学内容的丰富性。为此，在线教学生态系统具有了一定的新内涵，在西部高校开展教学中出现了新的趋向，对西部高校教学有了新的实践指导意义。

（二）在线教学生态系统在西部高校教学中的实践关照。

在线教学作为疫情后西部高校教学中的新形态，达成着教学的目标，发挥着教学的功能。同时，在线教学的生态系统功能又有新的延伸和凸显。

1. 教学的育人功能实现。

育人，即促进人高级思维的发展、社会能力的提升与情感的培养。在线教学之初，人们总是担心其可行性、操作性。实际上，在线教学在实现育人功能上有其自身优势，甚至在某种意义上，可以很好地完成传统课堂所承担的教学任务。以往，人们习惯认为，只有师生面对面的课堂教学才是真正意义上的教育，在线教学时、空、人三者分离，缺少真实场域与情感交流，教学效果难以保证。但从疫情期间在线教学的一线课堂来看，教学效果出乎意料。一方面，就青海省几所高校而言，在线教学师生满意度均高达85%以上，多所高校学生在线教学出勤率在90%以上，均高于平时课堂教学出勤率。另一方面，在线教学能很好地完成诸如数学、物理、化学、机械、建筑、材料等复杂的教学任务，发达的计算机技术、信息传输技术及虚拟仿真技术等可以使学生如同身临课堂之境，感受学习生活。

2. 教学的学习特性凸显。

教学是学与教的问题，学习属性是教学的本质问题。传统教学受到教师、学生、教材、教室、评价等因素影响，使高校教学过程及其组织比较固定和简单，突出教师主导。当前，学生中心、成果导向和持续改进已经成为新的教学理念，在线教学进一步凸显了学生的学习，使得学生的自主学习能力得到提高。究其原因，一方面，疫情期间的在线教学是特殊形式的在线，通过教学平台，学生的互动讨论和各项学习成果能够得到及时反馈并受到同伴关注。调查显示，在西部地区高校在线教学中，80%以上的学生觉得自身学习能力有所提高。另一方面，在线教学能够激发学习者进行探究性学习。通过合理规划和分配课前、课中、课后时间占比，做到“掌握学习”，让学生真正成为学习的“主人翁”。

3. 教学的跨时空与多资源成为可能。

在线教学突破传统时空限制，使高校教学从大学围墙解放出来。特别是西部地区高校在科研仪器设备值、生均纸质图书、生均在线教学行政用房、生均实验室面积等基本办学条件监测指标明显低于全国平均水平情况下，跨时空情境使教学双方的教与学活动变得自由与解放，可以借助网络随时随地学习，选择所需学习内容、自我控制学习难度和进程，甚至在某种意义上能够重新组织教学内容。极度丰富的教学资源打破了传统线下教学知识来源的有限性和线性传播方式，教学变成非线性的、可根据学习者需要随意组合的活动，解决了以往西部高校教学资源相对匮乏的窘境。

4. 师生的共同体关系稳固。

学习活动是师生之间建立起共同体，面对学生、教师、生活世界开展的最有价值的活动。线下教学在偶遇教学技术时，会冲击师生之间的共同体关系。在线教学师生之间的互动频率与程度远远超过线下教学。在线教学的显著优势就是通过技术提高学生参与度，通过技术化解部分学生在参与教学活动时的胆怯，为师生参与互动提供技术支持和心理支持，师生互动频率和踊跃程度超过传统课堂教学。

5. 师生的信息素养提升。

传统教学中教师对基于现代技术的教学设计、资源开发表现出的事不关己或是能力不足等问题在此次在线教学中得到了改善。作为生态主体，教师和学生都是教学内容的生产者和消费者，通过自身生态位的不同功能和作用，师生关系达到动态平衡状态。对于教师而言，不仅是知识传授者，更是教学设计者、管理者、电子资源的建构开发者；对于学生而言，作为数字的原住民更擅长于信息的搜索与信息技术的应用，是教学活动的参与者、课程资源的贡献者和团队的合作者。教师和学生互相尊重彼此的生态位，实现教学主体协同发展。

二、西部高校在线教学的生态失衡表现

在线教学确实完成了许多教学任务，实现了教学的育人功能及整体价值，体现出其存在的合理性和有用性。然而，从在线教学生态系统角度上来看，一些失衡表现又从某种程度上影响到西部高校开展在线教学的效果。主要表现在：

（一）在线教学生态系统教学要素构成比重失调。

在疫情背景下，由于现代信息技术的强势介入，高校在线教学生态系统中的各因子都发生着变化。在主体因子上，我们坚守主体是人这一信念

是没有错的，然而，在线教学平台的智能化可以为学习者进行学习分析，进而设计个性化的学习菜单，使得在线教学具有了师—生—教学平台的能动交互。但是，在实际的在线教学中人们还没有对平台的主体性引起足够的重视。同时，在技术“卡顿”的情形下，学生的主体地位是弱化的，学生在教学参与中，由于技术不能很好地支持，学生由实质性主体成为名义性主体。在教学环境因子上，增加了教学终端、网络环境和教学平台因子。在教学内容上，很多高校教师仍按照原有线下教学方式开展教学，只是换个平台接着讲书本上的内容而已，忽视在线教学资源的丰富性以及挖掘的深度，多数是把一些通用的或是自己的课程内容转化成PPT来完成教学，对数字化教学资源利用不够。凡此种种，导致了在线教学生态因子之间的严重失调，阻碍了在线教学功能的发挥。

（二）在线教学生态系统交互关系失谐。

高校在线教学生态系统中各个组成部分间纵横交错，其关系呈网状结构。在现实教学进程中，在线教学生态系统组成之间交互关系的失谐主要表现在三个方面。

1. 共生结构失调。

共生性是自然生态的一个重要特性，教师和学生的关系应该是一种互利共生的关系，即师生双方对彼此的存在和发展都有积极的作用。从在线教学中可以看到，教师和学生在某种程度上形成了共同体。但西部高校在线教学过程中，个别教学主体不重视通过网络形式进行的教与学，在线学习过程中处于真空的状态，面对提问以“隐身”和“闪躲”的方式来应对，导致教学信息输入与输出的内容的不匹配，不利于学生知识体系的构建和学习能力的培养，教师“教书育人”的价值也难以体现，影响了师生之间的共生和教学目标的实现。

2. 全真信息传递受限。

线上教学是师生通过人—机器—人的方式在一个虚拟空间进行的交流与学习，教学中的师生难以使用身体的各个部位直接传情达意，全真信息的传递受到了限制。西部高校中多数教师采用语音直播的形式上课，非言语符号的传递受到了限制，师生难以通过无声类符号来表达自己的观点，部分教师表示难以及时把握课堂上每一位学生的学习情况，也无法确定线上教学能否达成教学目标。

3. 真实教学情境削弱。

虽然在线教学平台提供大量教学资源，但资源不等于教学，教学的真实发生需要师生在具体情境中相互交往和配合。现实中师生多是独自坐在手机、电脑等教学终端面前进行交互，这种在技术终端建立的交互，缺乏生动的教学情境，且易受到师生居家环境的影响，导致在线教学师生创建的情境缺乏真实性，降低了师生教与学的体验，使在线教学的主体缺少认同感和归属感。

三、西部高校在线教学新生态的建构

在线教学生态系统本身是介于教育生态系统和人工智能生态系统之间的系统，其在无界的教育生态系统与有界的智能化学习系统之间寻找平衡，实现教育的最终目的，即促进个体全面发展。由于在线教学生态系统的复杂性，使得教和学出现随意性、零散性、浅表化等问题。因而，西部高校要做好在线教学，需考虑在线教学各因素之间的生态关系，进行教学生态新构建。

（一）构建整体的教学生态观。

整体的教学生态观强调实现在线教学各因子之间的相互作用，组成有效的生态链，实现因子之间的平衡。遵循教育生态学的限制因子定律，即一旦某种因素处于缺乏或低于临界线或超过最大阈值时，就会变为限制因子，限制因子会限制整个生态系统的有序发展。因此，西部高校教师在借助信息技术和网络平台用于教学时，也要“适量适度”，如适宜的在线资源、合理的任务分配等，以免使之超越学生的可行能力成为限制因子。

（二）建立平衡的师生生态观。

在线教学生态系统中，高校教师和学生均是生态系统的生态主体及教学信息的生产者、消费者和分解者，二者之间相互作用、相互影响，超越了传统单纯的“教与学”关系。通过自身生态位的不同功能和作用而达到师生之间的动态平衡状态和教学生态系统的稳定发展。从生态学的角度上，讲究的是平衡和共生。在教与学中，教师、学生谁是教学设计者？谁是教学活动的管理者？谁是教育资源的建设者、开发者？给谁赋权？赋多少权？都是需要进一步思考和建构的问题。

（三）创设共生的教学环境观。

疫情背景下如何保证在线教学的动态平衡是在线教学生命力的关键。首先，建设生态化物质在线教学环境，优化软硬件环境。在教育信息化大环境下，创设在线教学环境，开发集教师教学管理、学生自主学习、课程教学、学习评价、合作交流为一体的泛在学习环境，为教学创建真实、有效的学习环境。其次，建设生态化在线教学环境。突破传统教学空间局限，拓展教学空间至室外。在此方面青海师范大学做了一些很好的尝试。比如在小学全科专业培养过程中，适时和青海省优质小学进行时空的链接，即时进入小学课堂，使课堂能够有机延伸到小学中，使学生能够获得真实的课堂教学体验，减弱传统课堂的“花盆效应”。最后，建设生态化在线教学精神环境，在教学中架起情感桥梁，将教师和学生连接在一起。由于在线教学是人—机—人的相互关系，师生之间的情感交流成为教学价值能否落实、教育能否培养真正的人的瓶颈。因此，未来在线教学中，要考虑把情感连接起来，把情感作为一种环境，建立起一种平等的、民主的、尊重的、和谐的生态化师生关系。

（四）创建开放的教学情境观。

以真实情境为基础来进行教学的时候，情感的浸润非常重要。在线教学过程中，根据教学内容创设合适的情境，潜移默化中让学生的情感发生积极变化，激发学生的学习兴趣，把课堂教学变成一个“润物细无声”的场域，建立教学的情境观。首先，不仅需要教师获取到学习者的学习状态，还需要清楚学习者当前的学习任务和情绪状态。借助计算机识别、理解、表达和适应人的情感，建立利用计算机开展教学的和谐人机教学情境。搭建一种合理的教学情境让学习者在虚拟世界体验真实世界中的情感，使教学真正基于学生的生活实践进而实现人的价值，打破以往教学远离人的世界，使教学真正走向生活化，推动在线教学情境化发展。

疫情期间的在线教学，使西部地区高校教学有了一次变革与发展的机遇，同时，要让在线教学能够持续发展，真正成为有教育价值的一种教育途径或活动的话，还有许多挑战需要应对。

以上就是我的汇报，感谢大家！

周福盛

宁夏大学高等教育研究所所长

西部地区高校教育信息化的机遇与挑战

——基于疫情下“互联网+教育”示范省（区）宁夏部分院校在线教学的思考

非常高兴有机会参加今天的论坛，感谢组委会的邀请，感谢刘校长，感谢前面各位专家的精彩报告。

我报告的题目是《西部地区高校教育信息化的机遇与挑战》。前面新疆大学的姚校长和青海师范大学的李院长谈的都是西部地方高校的教育信息化问题，姚校长以新疆大学在疫情期间的在线教学为例，谈了信息化在解决东西部高等教育不平衡方面的作用，李院长是从理论层面谈了疫情期间西部高校在线教学所呈现的教学新生态。我主要以“互联网+教育”示范省（区）宁夏几所高校的在线教育情况为例，就西部地方高校教育信息化的机遇和挑战做一个汇报。

2018年7月，教育部将宁夏列为国家“互联网+教育”示范区，同年8月，教育部又将宁夏和北京外国语大学作为开展人工智能助推教师队伍建设行动试点工作的示范省（区）和示范校。宁夏是全国“互联网+教育”的示范省区，宁夏的高校也就是“互联网+教育”的示范高校。经过两年的实施，特别是疫情期间线上教学的推动，作为西部地区的地方高校，包括宁夏大学、北方民族大学、宁夏医科大学等，在打造“互联网+教育”资源共享平台、开展互联网+创新素养教育、建设“互联网+教育”队伍、实施“互联网+教育”现代治理等方面都做了大量的工作，在教育信息化方面取得了明显的进步。

但是，教育信息化毕竟是一场革命性的变革，作为发展基础相对薄弱的西部地方高校，在这样一场革命性的变革面前，在取得了明显进步的同时，也存在着许多问题。面对高等教育信息化的浪潮，西部地方高校既迎来了前所未有的发展机遇，也面临着诸多挑战。那么，在教育信息化进程中，西部地方高校有哪些优势？遇到了什么问题和挑战？又面临着什么样的发展机遇？需要采取什么样的措施来加速发展？本研究就试点高校做了一些调研，调研的对象包括高校领导、学院领导、教师、学生，同时也有教育行政主管部门的相关人员，力图对上述问题做一个初步的回答。

由于历史积淀、区域位置、发展基础等现实因素的存在，西部地方高校在办学条件、教育资源、师资队伍、治理水平等方面都存在较多问题，明显滞后于东部发达地区的高校。信息化的到来，特别是疫情期间的在线教学，使西部地方高校得以和发达地区的高校首次同步进行线上教学，这可以说是信息化教育给西部地方高校带来的最大优点和长处。“互联网+教育”体现出了诸多教育要素的优势，包括空闲资源无限的丰富、学习时空的扩展、学习方式的变革、师资资源的丰富、高水平教学的感受、教师赋能的促进、丰富良好的科研条件的提供，还有国内外合作条件的改善、合作能力的提升，以及社会服务条件的改变、社会服务能力的提升等，这些都有力地推动、促进了西部地方高校的改革发展，极大地改变了西部地方高校的教学状态，为西部地方高校带来了前所未有的发展机遇。

问题是，上述优点、长处并不是自然而然实现的，对高校而言，信息化所提供的条件和环境如果不能和教育者的理念、决策和实施有效融为一体，这些优点、长处非但不能有效发挥，甚至会成为其发展的不利因素。事实上，就一些试点高等院校在疫情期间的在线教学情况来看，西部地方高校在教育信息化进程中还存在着诸多问题，面临着诸多挑战。

一是信息化教育观念的滞后，表现出教育变革的深刻性、颠覆性与决策实施在理解上的肤浅性、辅助性的矛盾。教育部在《教育信息化2.0行动计划》中明确指出，教育信息化作为教育系统性变革的内生变量，要支持引领教育现代化发展，推动教育理念的更新、模式的变革、体系的重构。这里面理念的更新、模式的变革、体系的重构才是教育信息化的核心、本质所在。疫情期间的线上教学使高校师生的角色、教学的生态、教学的方式和教学场景等发生了明显的变化，比方说过去很少用的一些教学平台，像学堂在线、慕课、智慧树，过去基本上不常用的腾讯会议、雨课堂、钉钉等在疫情期间几乎每一位教师都在使用，表面上信息化对高校教学起到了一种颠覆性的作用，但就我所观察、接触和了解的情况看，大多数教师的教学，除了教学平台是由线下变为线上之外，整个教学环节和以前的线下教学区别不大，甚至可以说是以前线下面授教学的搬家。

二是环境建设不到位，信息化教育所需要的场地、设备难以满足信息化教育教学变革的需要。尽管在近年的教育改革当中，西部地方高校的教学条件不断改善，但相对而言，其信息化水平仍然低于全国平均水平。西部地方高校在信息化建设的投入、课程覆盖率、生均计算机拥有量、师生上网率、教学信息化管理等指标方面与东部地区相比还有明显的差距。变革传统的教室，设计全新的教室形态，打造舒适的物理环境，支持课堂教学改革，这些信息化教育所需要的基础方面，西部地方高校面临的困难都比较多，至于更深层次的应用物联网、互联网、大数据、人工智能等先进技术构建智能信息技术环境方面，基本上都还没有开始。

三是师资能力的提高不及时，信息化教育所需要的全新教育教学方式与目前大多数教师的教育教学的信息素养、能力有差别，存在较大矛盾。信息化需要教师的育人理念升级、教学方式转变，需要具有开放多维的空间能力；需要教师能够利用线上线下学习场景和场域实现学习空间与生活空间的融合；需要线上与线下活动的互动，线上交流与线下学习成果的互生。但目前试点学校大多数教师的在线教学仅仅局限于呈现性的教学，大多数课堂上使用的是多媒体设备展现PPT，是以图片和文字信息为主的教学资源的展示，由于班级人数众多、时间有限等，师生互动、生生互动的实现相对较少。在教学组织方式上，大多数教师是通过平台进行预习、布置任务、资料推送、线上签到、线上听课、提问互动、练习测试、课后布置作业、批改作业等，这些做法除了是通过互联网之外，实质性的方面和传统线下教学几乎没有大的区别。甚至在考试方面还不如传统教学考试严格规范，而且线上考试操作比较复杂和困难一些，所以有的教师倾向于简单的考试。

四是运行机制不健全，出现了以大数据为基础的信息化实施措施的精细化要求与实际管理粗放化的矛盾。据了解，目前试点学校在技术研究、培训和教学资源建设业务、线上教学环境建设、业务运营运行维护，教学楼的环境建设、运用维护等方面都存在较多问题，其建设主体、管理体制不健全，责任义务不是非常明确。在评价监管上还明显滞后，出现了在线教学表面上新鲜热闹，实际上是新瓶装旧酒的矛盾。

上述问题的存在和既有信息技术的发展不够成熟、不够完备有关系，比如目前推出的教育技术，包括人工智能助教系统等仍然停留在弱人工智能阶段，在实际应用当中自然存在较大的局限性，教学过程中难以形成基于人工智能的互动、反馈、有效问题解决的完整体系。同时，试点高校自身也有相当多的主观方面的原因，为此，提出以下对策和建议。

第一，需要观念的转变、理念的更新。任何变革的进行都需要理念为先、观念先行。面对教育信息化这样一场深刻的、前所未有的革命性变革，从行政管理者到高校管理者、再到高校教师等必须切实变革理念观念，增强信息化意识，提高信息化素质，要通过培训学习使大家真正了解信息化，接受信息化，这样才能够在行动上实施信息化建设。

第二，体制和机制的变革和改革。信息化时代不缺数据、技术，缺的是怎样使数据和技术发挥作用的体制、机制。西部地方高校和东部地方高校的重大差别就在于体制、机制方面的不健全、不规范、不精细，所以需要改革不适应信息化的传统管理体制，建立有效的运行机制，通过数据的共享，实现数据增值。要从管理体制、机制入手，从而提高管理决策的科学性，提高管理水平和效率，提高资源配置的合理化，提高服务质量，真正实现教学水平的提高。

第三，借助于信息化、信息手段，实现人才培养模式的改革创新。学校应该围绕教育教学信息化的建设，着力推动信息技术与教育教学的融合，围绕教学环境建设、特色资源建设，研究推广，使平台、教学和学生三者形成合力，将人才培养、教师发展与服务教学融为一体，真正促进人的培养模式的改革创新。

第四，着实加强教师队伍素质的提升。西部地方高校一定要将融合创新的多元化的学习方式融入高校教师的专业发展当中。要着实通过混合式的研修、协同的教研创新，让教师亲历新技术变革下的多样化学习环境，以及多元化的学习方式。要通过引领教师学习方式变革，促进教师对线上与线下深度融合的混合式学习的理解，助力教师学法的迁移，在教学相长中服务于自身，使自身的专业素养不断提升。

第五，探索融合技术创新的学校管理，加速治理现代化的实现。西部地方高校要升级学校的管理服务，使学校的管理适合信息化的趋势和要求。要构建新的管理生态，改变粗放、依赖人力、依赖设备投入的管理方式，向创新的全流程管理、用数据驱动的精准管理等管理方式迈进，使学校管理走向高效协同、智能创新，加速高校治理，加速西部地方高校治理现代化的实现。

第六，也是重要的一点，就是要继续加大资金的投入，添置必要的硬件设备，为西部地方高校教育信息化的实现提供必要、必需的外部环境条件。

分论坛三　西部职业教育：“停课不停学”的经验与教训

作为以“知行合一”为培养目标的职业教育，线上教学只解决了知识的传授，而技能的训练需要学生在真实情境中反复实操。疫情期间职业院校组织实施在线教育获得了哪些经验、面临什么挑战？教师开展在线教学有哪些成效和不足？学生在线学习有哪些收获和困难？西部职业院校有哪些应对探索？上述经验和教训对职业教育尤其是西部职业教育发展有哪些启示？

姜大源

教育部职业技术教育中心研究所研究员

从六稳到六保：就业为首

各位老师、各位专家：

很高兴能够参加第二届西部教育发展论坛的分论坛三：职业教育分论坛。2019年在平凉参加了第一届西部职教论坛，2020年是第二届，由于突然发生的疫情，论坛采用了线上线下结合的方式。

分论坛三的主题是“停课不停学”，就是信息化教学在疫情期间怎么做的事情。很感谢汤敏先生希望我做主持人。我说，我不是这方面的专家，专家是清华大学的程建钢教授、韩锡斌院长，他们在疫情期间受教育部科技司的委托，专门为职业教育的“停课不停学”做了很多的探索和实践，获得了非常多的经验和成果。汤敏先生很赞成程教授或韩院长做分论坛主持人。程教授很谦逊，最后让韩院长做了主持人。由于疫情导致全世界出现了就业难的问题，所以我今天讲的内容和“停课不停学”没有直接关系。汤敏先生说，最好有个人能讲讲关于就业的事，国家非常重视这个事情。我说好的，我不做主持人了，我十分关注就业的情况，就说说就业跟职业教育的关系，所以我的发言题目是：《从六稳到六保：就业为首》。不管是“六稳”还是“六保”，为首的都是就业问题，说明中央对就业问题非常重视，就业是硬道理。

为什么这么说呢？习近平总书记讲，我们现在面临的是百年未有之大变局。这里有两个标志性事件，一个是2018年4月前后美国挑起了中美贸易战，到了7月贸易摩擦加剧，外部环境发生了明显变化，经济运行稳中有变、稳中有忧。另一个标志性事件是今年上半年突如其来的疫情冲击了我国的经济，造成了前所未有的影响，一是经济增长不稳，二是经济主体陷入危机，三是金融风险加大，四是内外经济失衡。而与此同时，美国等试图遏制中国的崛起。面对百年未有之大变局，中央是怎么应对的呢？在2018年7月份提出"六稳"，"六稳"当中请大家注意就业是首位。面对突如其来的疫情冲击，又提出了"六保"，"六保"之首又是就业。所以体会中央的用心，就是一体两面：稳是大局，是保的进一步目标，保是底线，是稳的有限性兜底。习近平总书记说"危机中孕新机，变局中开新局"。从一体两面去应对，我们面对的形势是非常严峻的。

这里是我查到的一些资料。2020年一季度近50万家中小企业倒闭，城镇新增就业下滑29%，也就是将近30%。而今年从人力资源供给侧来看，中国高校毕业生874万，猛增40万。国家每年新增劳动力大概在1300万到1500万之间，现在高校毕业生已经占了1300万到1500万的60%多，近70%，所以就业难的问题严峻地摆在我们面前。应对疫情带来的冲击，就业是国家必须着力解决的大问题。

怎么办？未来世界是不确定的，我以为有两个不确定。一个是疫情有没有反复，就是有没有输入，有没有反弹，疫情的输入和反弹问题能不能在一两年解决？这是第一个不确定。第二个不确定，因为美国把疫情政治化，美国大选加剧了对中国的遏制，手段会无所不用其极。所以这又是一个不确定的因素。怎么办呢？用不变去应万变。中央政治局会议2018年7月提出了“六稳”，2020年4月提出“六保”，两者都是以就业为首，这是国家保持稳定以应对外部变化的前提。那么，谁能够满足就业需求，谁能够为国家排忧解难呢？答案是职业教育！所以2019年国家提出《国家职业教育改革实施方案》，指出没有职业教育的现代化，就没有教育的现代化。换句话，拓展开来，也可以说，没有职业教育的现代化，就没有中国的现代化。而且在2020年疫情期间，中共中央、国务院联合发的文件只有一个就是关于劳动教育的文件。这里我不展开讲了，我写过两篇文章，强调劳动教育和职业教育有直接关系，包括劳动教育是就业教育的基础，劳动教育是为国家培养未来社会主义建设接班人的教育。值得高兴的是，劳动教育重新进入德智体美劳的五大教育领域之中。

2020年以来有50万家中小企业倒闭了，如何应对这样的情况？在疫情还没有遏制的情况下，不光是中国，全世界都在搞复工复产，其中一个重要原因就是就业问题。中央最近又提出了灵活就业的多种方式，应对就业难题，2019年政府工作报告里指出，职业教育已经不能只是作为教育来对待。由于就业政策优先置于宏观政策层面，强调稳增长就是为了保就业。国家宏观经济政策调控的手段原来是财政、货币，现在增加了就业。

直接就业的因素和间接就业的因素是哪些呢？由于时间关系，直接就业的详细情况我这儿就不多讲了，其实就是多管齐下稳定和扩大就业。我们是做职业教育的，职业教育为就业提供人力资源，可以视作是一种间接就业的方式，也就是为就业培养职业人才和优化就业劳动力存量的手段，为此，要实施职业技能提升行动和高职扩招。2019年政府工作报告提出了五大具体措施，其中很重要的是第一条和第二条。第一条，在2019年要拿出1000亿元培训1500万人。第二条，鼓励更多的初中和高中毕业生、退役军人、下岗职工、农民工报考高职院校，扩招100万。这两大重要措施，一个是直接的措施，一个是间接的措施，间接的措施主要是为了解决劳动力存量的优化问题。

在2020年政府工作报告里面又提出两点，一个是千方百计稳定、扩大就业。通过综合研判，适当调整一些预期目标。城镇新增劳动力每年一般都有1300万到1500万，2020年就业目标减为900万。另一个是实施优先就业政策。就业优先政策的全面强化，财政、货币和投资等政策要聚力支持稳就业。努力稳定现有就业，积极增加新的就业，促进失业人员再就业，要清理取消对就业的不合理限制，促就业的举措要应出尽出，拓岗位的办法要能用尽用。而稳就业的政策措施，还对各个群体给出了明确指示：第一是高校毕业生，今年新增劳动力目标是900万，可今年高校毕业生是874万，874万占900万的97%以上，据了解，高校毕业生到目前，就业率可能还不到三分之一。第二是退役军人。第三是残疾人，还有零就业家庭。第四，零工，灵活就业人数数以亿计。还有对低收入人群，总理讲到月收入1000元以下有6亿人，2000元以下将近9亿人。所以清华、北大等教育战线的老师、专家们应该意识到，我们还有很多月收入1000元、2000元以下的人口。教育发展不能只看城市的人，老往高处走。教育还应为多渠道灵活就业做贡献。国家灵活就业政策对相关的各个群体和方式都讲到了，包括地摊经济，这也是一种灵活就业的方式，当然要规范一点。

这是直接的就业方式。

2020年又提出了间接的就业方式。职业培训2019年是1500万人，2020年、2021年两年是3500万人，加码了。2020年、2021年两年高职再扩招200万人，加上2019年的100万人，高职院校三年扩招300万人，这意味着要为就业储备高质量的人才，这个问题教育战线一定要关注。

灵活就业能够激发百亿市场。2019年中国灵活就业规模是476亿，预计2020年将达到590亿，但现在我国灵活就业的渗透率只有9%，而日本有42%，美国有32%。如何实现灵活就业？刚才讲“停课不停学”通过网上来教学，2020年我们要用灵活就业的方式，可通过网上找就业岗位，通过网上面试、网上签合同，然后在线下找到适合的就业方式，这些都是我们必须面对的新问题。汤敏先生现在西部搞扶贫车间，这都是有利于灵活就业很重要的举措。农民离土不离乡，扶贫车间是一个很重要的创举，特别是西部要做好这些事情。

我们面对的劳动力存量有多少呢？据统计，农民工有2.88亿人，退役军人有5700万人，下岗职工结构性失业1000多万人，残疾人口占全世界最多是8500万，加起来在4.4亿左右。所以我们在看到劳动力增量，也就是初中、中职、高职、高校毕业生增量的同时，也要看到劳动力巨大的存量。迫切需要通过职业教育和职业培训来实现劳动力存量的优化，以提升劳动力的质量。在4.4亿劳动力存量里面，大概有50%到70%是初中和初中以下文化水平。如果其中有10%的高中毕业生，其数量也达到4400万人。如果每年扩招100万人，就要扩招44年。所以我们心里要有底，要知道国家为什么要提出稳就业、保就业。作为人力资源供给侧的职业院校，其所涉及的教育"频谱"，也就是覆盖的范围更加宽泛，比普通教育要宽泛。

第一个宽泛，是教育途径的"频谱"很宽。不能仅仅只是关注一元的正规学校教育。很遗憾现在一说教育就是学校教育，一说职业教育体系就是职业学校体系。这是不完整的，还应该包括非正规教育的职业培训以及非正式教学的自学、网络学习。这是一元和多元的关系。例如，现在我们还在纠结高职院校能不能升本的问题，而在一些发达国家这不是问题。当然，此"本"非彼"本"。我最近写了一篇文章叫《职业教育学位设置，文本分析与模式识别》，指出在谈到职业教育创新的时候，比如德国、瑞士、日本、英国、法国，已经不是基于学校教育去思考问题。德国新修订的职业教育法，准予授予职业教育三级学位，一个是职业行家，一个是职业学士，一个是职业硕士。由谁来授予？由行会来授予，跟学历没关系，跟学校没关系。而我们讨论来讨论去，都没有跳出学校教育去思考问题。要知道，英国、法国竟然连学徒都可授予学位，例如英国的七级学徒制，就包括高等学徒制、学位学徒制，而这并非学校的学位制。因此，我们若只考虑学校教育的话，就跳不出来。所以关于教育途径和教育体系，一定要从一元走向多元，这关系到职业教育的吸引力问题。

第二个宽泛，是教育生源的"频谱"很宽。现在一讲生源，就是应届生源。每年高中毕业生大约800万，中职毕业生500万。但扩展来看，非应届生的生源有4.4亿。里面起码有两三亿人可以成为生源，这都是非应届生源。所以应届生源和非应届生源之间的关系，是劳动力的增量和存量之间的关系。

第三个宽泛，是教育功能的“频谱”很宽。教育一定要关注人的发展，否则就不是教育。但职业教育不能只是关注人的发展，还要服务社会，以就业为导向，以服务为宗旨。这就意味着，我们要比普通教育多一个功能，就是要有直接服务社会的功能。职业教育要为保底——为保居民就业服务。职业教育已成为国家宏观经济政策调控的重要手段。需要指出的是，职业教育的功能决定了职业院校既要“冲顶”，又要“保底”。现在“冲顶”的有56所“双高校”，141个“双高专业”。如何“冲顶”？要将清华、北大等高校的研究成果物化为技术成果，物化为技术产品，物化为光刻机、物化为蚀刻机，物化为5G、6G的手机和基站等。如果做不到这一点，那我们的贡献还不到位。我希望我们的高职院校能够在任正非面前拍胸脯说，你的产品的加工问题、制造问题、工艺问题以至材料问题等我们来帮你解决。我们现在还没有做到这点，所以我们一定要“冲顶”。但不能仅仅只有“冲顶”，现在包括学校和专业在内，仅有297所“双高校”。而高职院校总数是1400多所，那就意味着还有1200所学校呢！这些院校要为区域经济发展服务，要为中小微企业服务，要为就业服务。所以我们还要有“保底”的自觉行动。而要保证国家的稳定，就必须保证就业的稳定。职业教育确实既要顶天，又要立地。另外，除了高职扩招，中职也应扩招。2019年国务院发布的《国家职业教育改革实施方案》（后简称为《职教20条》）第二条就专门指出，要积极招收初高中毕业未升学学生、退役军人、退役运动员、下岗职工、返乡农民工等接受中等职业教育。而中等职业教育可以扩招的人，在劳动力的存量当中应该有2亿到3亿人。

这也从一个侧面表明，职业教育“停课不停学”，如果最终仅仅只是在网上还是解决不了就业问题、复工复产问题。一定还要在线下落实。现在北美、南美、南亚一些国家疫情还没有遏制就忙于复工复产，也是企图解决就业问题。但是，由于他们把经济利益置于人的生命之上。这样的复工复产，是很难实现经济复苏的。

今天谈职业教育的重要性，指的是职业教育培养的人才是直接为社会创造社会财富的一线劳动者。中国的职业教育提供了当今中国一线劳动者的70%，所以从扩招的意义来看，相对于普通教育，职业教育有了三个新的特色。

第一，职业教育成为服务国家宏观经济调控的首要教育举措。第二，职业教育已经成为助力国家社会稳定治理的关键教育资源。第三，职业教育已经成为提升国家人力资本质量的主旨教育类型。由于时间关系，这里也不展开讲了。

国务院《职教20条》，实际上是一个职业教育体系性的规划。职业教育作为不同于普通教育的另外一种类型的教育，和普通教育具有同等重要的地位。要从普通教育的办学模式向类型教育模式转变。为此，我也曾经写过一篇文章，不管采用什么方式，"停课不停学"也好，还是其他什么方式举办职业教育，就必须关注作为类型教育的职业教育的典型特征。我在一篇文章中论述，职业教育具有三大典型特征：第一，跨界。第二，整合。第三，重构。

所谓跨界强调的是企业与学校联姻的合作跨界，是职业教育协同育人的结构形式和办学格局。从一元结构走向跨界的双元结构的办学格局，是职业教育作为不可替代的类型教育的第一个特征。职业教育以学校与企业联姻的跨界合作为其协同育人的结构形式，因此必须有跨界的思考。

所谓整合强调的是产业与教育链接的需求整合，是职业教育生存发展的功能定位和社会价值。从单一需求走向整合的双重需求的社会价值，是职业教育作为不可替代的类型教育的第二个特征。职业教育以产业与教育链接的需求整合为其生存发展的社会价值，因此必须有整合的思考。

所谓重构强调的是共性与个性并蓄的框架重构，是职业教育制度创新的设计方法和逻辑工具共性与个性的并蓄。从单维思维走向辩证的多维思维的逻辑工具，是职业教育作为不可替代的类型教育的第三个特征。职业教育以共性与个性并蓄的框架重构为其制度创新的逻辑工具，因此必须有重构的思考。

在这里我不展开说了。职业教育必须有跨界的思考、整合的思考、重构的思考。这里涉及三个哲学观点：第一个观点，强调跨界，是因为突破往往出现在区域运作的交叉之处。第二个观点，强调整合，是因为系统的整体功能大于各部分功能之和。如果系统各要素之间是有机关联的，1+1大于2，否则小于2。所以我们强调产教融合、校企合作，是要素之间的有机结合，以期做到1+1大于2的效益。第三个观点，强调重构，是因为创新一定要有结构的改变。没有结构的改变是不可能创新的。所以我也期待，“双高校”要有重构的成果出现。如果没有重构，那还不是创新。“双高校”的建设规划，不应该是示范校、骨干校方案的复制或翻版。

跨界至少有物理的变化，学科和学科之间不叫跨界，这叫多学科，因为都是学校的专业或学科，学校作为同种的社会组织，其总体目标是一致的。但是，不同的利益群体、不同的社会组织之间建立命运共同体，才可能实现跨界。例如，企业要盈利、学校要育人，这是两个不同的社会组织之间的合作跨界，这里起码要有物理的变化。整合要有化学的变化，而重构则必须有生物学的变化，形成或出现一种新的生态系统。因此，我们国家教育体系的建构不能仅仅指以学校为代表的正规教育。

关于教育体系的建设，若按照传统的思维，要提升职业教育的吸引力，正如我前面谈到的，就是普通教育你有什么，我就得有什么。你有专科，我也有专科；你有本科，我也要有本科；你有博士，我也要有博士。在世界职业教育的学位设置中一般都没有博士这一级，因为博士是科学学位。这里还需指出一个问题，就是我们一说到学历、学位，都是基于学校的思考。前面提到过我写的那篇3万多字的文章，就谈到一些经济发达的工业国家，在谈到职业教育创新的时候，比如德国、瑞士、日本、英国、法国，已不是囿于学校教育的思考了。德国新修订的《职业教育法》，授予职业教育三级学位：职业行家、职业学士、职业硕士。这样的学位不是由学校而是由行会来授予，并且不是在职前教育领域而是在继续教育领域里授予的，跟学历没关系，跟学校也没关系。这应该是一种"大职业教育"观的创新。

由于普通教育每一级都不构成完整的职业资格，无法向劳动市场提供所需要的人才，故不得不以升学为导向。而职业教育的每一级都构成一个完整的职业资格，可根据劳动市场的需要提供不同资格的人才。所以，我们如何去思考构建现代职业教育体系，一定不要忘记职业教育的社会功能，要强调稳就业和保就业。稳就业指的是"六稳"工作，保就业指的是"六保"任务。以就业为导向，以服务为宗旨，是职业教育绝对不能忘记的伟大使命。

我们在思考国家未来教育体系构建的时候，一定要建立“立交桥”。根据劳动市场的需要，在离开学校进入劳动市场后要有机会，随时可以出去、随时可以进来，再出去、再进来，实现人的一生都可以接受再教育、再就业的机会。

此外，我个人认为，提高人均受教育水平不是一次性完成的，不是从幼儿园一直读到博士后。我们希望，在人的一生当中随时都有机会重新就业、重新学习，这样才能够根据社会发展和个性发展，使得人均受教育水平的提升是动态的，是与时代同步的。最重要的事，不是一次性的。如果“一条路走到黑”，那又由谁来工作呢？要等到博士后30多岁时再去工作吗？那么，劳动市场所需要的非博士类人才，又由谁来培养呢？所以，一定要建造“立交桥”。教育的途径不能仅仅只关注正规的学校教育，还要关注非正规教育的职业培训，以及非正式教育的自学、线上学习。法国现在可以做到，即使你没有上学也没关系，即使没接受职业培训也没关系，只要根据一定的规则，就可以将你的工作经验转换为学分，同样可授予你相关的学历或学位。所以，我们的教育太局限于一说教育就是学校职业教育，一说教育体系就是学校教育体系，一说现代职业教育体系就是现代职业学校体系。其结果就是千军万马上层次升格，而忽略作为类型教育的功能和使命。

基于此，我们现在应该更多关注国家资历框架的建设，在1+X证书制度的基础上，进一步在学分银行的基础上，建立一个开放式的教育体系。大家知道，2020年疫情期间援鄂的42000名医护人员中，70%是职业教育培养的护士。火神山、雷神山的建设，有更多的是职业教育培养的技术工人、建筑工人。现在人们都在网上购物，但最后一公里、几百米，是700万快递小哥的伟大贡献，是他们保证了疫情期间人们的食品和日用品的供应。700万快递小哥，估计有50%以上是中职毕业生。

好的，我的讲课时间到了，今天就说到这里。发言的中心内容就是国家从“六稳”到“六保”，从“六稳”工作到“六保”任务的重要意义。如何通过“停课不停学”方式，继续完成职业教育的教育教学任务，让国家、社会更加稳定，这是历史赋予职业教育的伟大使命。

应对未来的两个不确定。要相信中国人的智慧，相信五千年的文明，会使我们更加睿智地思考和应对。特别是有党和国家的正确领导，有我们制度的优越性保障，有人民至上、生命至上的理念，还有科学、有效的手段，我们一定能克服当前的困难，实现从未来的不确定中走向确定的中华民族梦。

谢谢大家。

陈明选

江南大学教育信息化研究中心主任

职业院校教师在线教学：转型与挑战

非常荣幸有机会跟大家就“停课不停学”的经验与教训进行分享，我的题目就是《职业院校教师在线教学：转型与挑战》。

今天和大家分享的内容，主要是结合由清华大学教育研究院韩锡斌副院长领衔的全国职业院校在线教学的大型研究报告来讲讲职业院校教学的现状、问题以及如何进行转型。当今世界迎来了规模巨大的在线教学活动，如何保障线上教学与课堂教学同质等效或有所超越，这对各个职业院校来说是一次严重的挑战，更是一次转变教学理念，推动教育教学改革，实现从教学形式到内涵蜕变的历史机遇。对教师来说，如何从传统的课堂面授走向师生分离的在线教学，也是一次超越传统、适应时代转型的创新探索。结合这次研究，我们主要承担了职业院校教师在线教学这一部分的研究内容，骨干团队十多位教师来自清华大学、江南大学，河南大学、宝鸡职业技术学院、渤海船舶职业学院等，他们为研究成果做出了很大的贡献。

这次研究面向全国31个省市、自治区，涉及767所学校、1.7万名老师、27万名学生。研究发现这次疫情期间职业院校在教学方面出现了六大变化。

第一，教师情态：从“任务完成者”到“主动创新者”的变化。

把每天日常教学任务完成是每位老师的责任，大多数教师凭着多年的教学经验，在课堂当中能很好地完成教学任务。但是这次不管你有没有在线教学的经验，这段时间必须通过在线教学进行教学。所以，面对这种情况，很多老师像医护人员在危急关头冲锋在前一样，在教学方面主动担当。另外，很多教师积极创新教学方法，从而保证在线教学的质量。

第二，授课方式：从“课堂面授”到“在线直播”的变化。

直播的形式有很多，有视频录播教学、视频直播教学、直播和平台的结合等形式。

第三，备课中心：从“组织讲授内容”到“资源与方法重构”的变化。

原来教师主要的备课形式是教，是对内容的组织。这次的在线教学的备课主要是对资源与方法的重构，这是很重要的一个变化。教师和学生是分离的，如果还是运用原有的教学方式一讲到底，教学的质量或者学生听课的效果很难得到保证。所以在这个过程当中教师对资源方面非常重视，这些资源包括教师准备的资源、学校提供的资源，以及相应的公共平台提供的资源。从教学方面上看，这次和日常教学相比，教师采用了非常多的方法，教师在教学方法创新和改革方面投入了很大的精力。由于在线教学时老师和学生在物理上的分离，学生学习的状态很难控制，在线教学中的互动就成为沟通师生、生生之间对话的主要形式，也是非常重要的一种教学形式，教师们采用互动的方式非常丰富，还有很多创新的互动方式。

第四，教学方式：从"讲授+练习"到"任务+指导"的变化。

原来的教学方式主要是"讲授+练习"，现在的教学方式是"任务+指导"，从任务到学单，教师进行精心的设计，教师的教学是基于项目的教学、基于任务的教学。这种教学方式成为在线教学非常重要的教学形式，教师的作用主要是引导和指导。

第五，实训教学方式：从"理实一体化"到"理论先行"的变化。

一个共同的教学特征就是理论实践一体化，由于线上教学在实践操作方面带来了很多不便，这一次大部分教师先通过在线教学完成理论课程，相应的实践课程则通过各种方式，包括线上实训、计算机模拟、居家训练、工作场所等完成。学生也能够接受理论实践分开的教学变化，这为教学内容的重构做了一些尝试。

第六，顶岗实习方式：从"工作场所能力培养"到"职前就业能力培训"的变化。

顶岗实习过去一般都是在工作场所进行能力培养，但是在疫情期间，主要是转型为职前就业能力的培训，把这一部分的工作场所顶岗实习变为岗前能力培训。

这是在线教学发生的六大变化，我们在分析变化的过程中也发现了许多问题。

第一，教师教学理念方式及能力难以适应在线教学的新发展。今天是西部论坛，我们调查研究发现东西部最大的差异来自教师的理念、教学方法和所处的教学环境。

第二，在线教学的设计准备增加了教师的教学工作量和时间投入。这和传统课堂教师要准备大量的资源、要进行互动、和学生进行单个的交流相比，在线教学的教学准备时间大大延长。调查发现，一般老师在每天的教学准备方面要花2到4个小时的占比达到46%。

第三，适合教师使用的职业教育在线教学资源缺乏。虽然在线教学资源很多，但有效的、能解决教与学问题的、有深度的资源很少，这是在线教学资源存在的问题。

第四，中职院校与高职院校相比仍然存在系统性差距。这体现在理念、方法到学校的机制以及环境等方面。

第五，不同区域院校的在线教学存在不均衡现象。这种不均衡现象体现在在线教学的平台、在线教学的方法等方面。像华南地区、华东地区的院校要明显优于西南地区、东北地区和西北地区的院校。特别是在混合式教学的应用、研究型教学的合作教学方面，华南地区的教师更多采用了项目制教学方法，教师采用讲授法的比例比较低。但是西南地区、西北地区和华中地区的院校运用项目制教学较少，学生在线学习讨论的参与度不足。

另外从地域变量来看，西部地区在线教育总体上都是比较落后的。一个是地域经济所限，这是天然客观的条件，但重要的表现在理念、方法上明显落后。

第六，部分学生在线学习的主动性差，在线学习质量不高。在线教学怎么保证质量，这是非常重要的一个命题。大多数学生学习态度良好，课前提前准备学习物品，等待上课，课中能按时参加在线课程学习，课后按时完成作业和测试。但是部分学生欠缺在线学习的自我管理能力，学校对学生在线学习的支持环境不够完备等原因，导致学生在线学习的学习效果及部分满意度不及传统的线下教学。

第七，网络基础环境及在线教学平台有待优化。很多网络基础环境不能满足大规模的在线教学的需要。教师在线教学平台和工具使用太多，比如某位教师上课，这节课用钉钉，那节课用腾讯会议，不同教师使用的工具也不一样，学生要下载很多APP，他们感觉应接不暇。另外职业院校缺少一个庞大的共享平台，比如腾讯会议相当于租赁的空间，开完会原有的资源没有保留下来，原有课程中鲜活的，比如学生的对话、老师之间的对话、学生的作品等生成新资源，但上完课这些东西就没有了。作为职业院校如何建立一个全国老师都能共享的平台，比如清华在线，上面的东西过了若干年还在。比如每个人都有一个个人课程空间，可以不断去建设课程。通过在线教学可以看出网络的教学平台多么重要，而且这些平台一定要符合教师教学和学生学习的习惯来建，围绕课程来建。

在政策建议方面，一个是在政策的激励引导、校园整体的数字化设计上。这里面校领导和各级管理部门的信息化领导能力至关重要。另外我们的优质资源怎么共建共享？实际做得不是很好，这次就凸显出来了。我有一个建议，建议教育部建立一个全国职业院校的大型共享平台，每个老师在这个平台当中都可以有一个终生可以使用的学习空间，把自己的课程都放上去，这样通过共享平台就可以弥补中西部资源的差异、教师水平的差异。

各个院校应出台政策，加强培训，提高教师和学生的信息化能力，鼓励教师充分应用技术和创新教学，关注新时代教学的转型与重构。如何消除东西部在线教学的差距，我觉得是更新理念、创新方法、共享资源、重塑课程，主要从以下几点展开：

第一，互联网时代教育目标要重新定位。首先站位要高，把培育核心素养和终身发展力作为主要目标。

第二，教师的角色不仅是传道、授业、解惑，更重要的是引发兴趣、启发思考、培养智慧。

第三，促进深度学习。如果还仅仅是围绕知识来教，只进行强化训练、培养技能等浅层学习，很难培养学生的核心素养，一定要倡导学生要深度学习、探究学习。

第四，匹配互联网特质、培育互联网思维。互联网时代要符合互联网特征，要有能够衔接互联网的思维。教师的理念、方法应该符合互联网原住民的学习习惯。

第五，创新在线教学设计的模式。这里面应该包括问题牵引、任务驱动、互动生成、过程评价、环境资源五个方面，这是在线教学需要把握的五个维度。由于时间所限，我就不一一解读了。

我在远程教育研究杂志上发表了《智能时代教学范式的转型与重构》的论文，大家有时间可以去看一下。另外关于教学评价，我们应该改革原有的以知识记忆、标准答案来评判学生学习结果的方法，而应该从评价学习的深度来评判学生学习的结果。深度怎么评价呢？可以从理解深度去评价，我们把理解分为了五个维度，即：解释—领会—应用—分析—创新。只有评价的转变才能真正实现教学的转型。

第六是创设资源环境。资源与环境是教与学的必备条件。随着互联网、大数据、人工智能等现代教育技术的广泛应用，教学的环境与工具将会变得越来越智能化，课堂的围墙越来越模糊。为师生提供处处可学、时时能学的环境和资源是基本的条件保障。

在未来社会发展中，在线学习将是人类主要的学习方式，疫情后多模式的混合式教学将会成为教学常态。在创新人才培养方式变革的过程中教学的创新将是一个永不停歇的过程，教师的卓越也是一个终身的过程。东西部如何达到均衡，除了经济条件、学习环境外，认知上的差异、方法上的差异也是需要弥补的短板。

由于时间所限，今天就分享到这里，谢谢大家！

钟志贤

江西师范大学教师教育高等研究院院长

职业院校学生在线学习：特征、困难与启示

大家好！我代表子项目课题组向大家简单汇报一下近期工作成果，我汇报的题目是：《职业院校学生在线学习：特征、困难与启示》。这个子项目由我们团队在清华大学教育研究院韩锡斌和程建钢老师团队指导下完成。

项目的研究方法主要采用的是问卷调查和案例分析法，共收集到27万多份学生卷、104份中高职院校案例分析，课题研究持续了3个月，也就是疫情期间3至5月份。问卷调查结构分六个方面，从学习环境到学习行为、学习知识、学习态度，另外还有基本信息、困难需求。

首先汇报一下在线学习的特征。经过调研发现，职业院校在线学习特征体现在以下几个方面。

一是在线学习支持条件。中高职院校多数家庭非常支持学生开展在线学习，少部分学生家长不支持，主要考虑到视力、学习效果和网络问题等原因。学生开展在线学习的网络环境基本能保证学习需要，居家学习的硬件设备也能保证在线学习的开展。主要的在线学习设备是手机、电脑和平板。学生的在线学习能力主要源自学校培训和老师帮助。

二是在线学习内容。学校通过调整教学内容和教学计划，增设虚拟仿真实操课程，疫情防控、心理健康、思政教育等拓展课程，保障学生居家学习的开展，使得常规教学在线化成为一种弹性学习模式。

三是在线学习的内容特点。在实训课程方面，疫情期间在线学习的实训课内容较少，大部分实训课程教学方式依靠居家场地或居家设备开展，当然也有少部分学校利用仿真实训软件展开教学。学校通过虚拟仿真、校企合作、直播“现场”等方式补救实训实操的缺失。

四是在线学习的投入度。职业院校学生在线学习时长大多为2到6小时，粗略估计整体均值多于4小时。高职学生的学习时长普遍高于中职学生。就地区分布而言，四川、吉林学生平均在线学习学习时长最长，达到4到6小时，而贵州、海南、广西等偏中西部的学生学习时间比较短，在1到2小时。就学校方面而言，为了促进学生的学习投入，建立了多种监控和评价机制，包括建立教学质量监督，实施多样化作业评价、专业评价、效果评价以及整体教学评价等评价机制。就时间精力投入而言，90%以上的学生可以提前做好课前准备，按时参加在线课程的培训和学习，但仍然有3.7%的学生没有办法完成作业。通过分析总结出三大原因：第一，学习支持不足，比如网络速度慢、卡顿；第二，学生自我管理能力不足；第三，学习效果差，比如没有掌握相关的学习内容。就在线学习氛围而言，通过调研发现学生学习比上学期更加投入，学习氛围更好，虽然课程发言与面对面授课差不多，课外协作减少，但同学间的交互频率剧增。

五是在线学习偏好。学生希望单节课在线直播时长不高于40分钟，希望每天在线直播总课时不要多于6个课时，老师口头讲述时长占总体教学时长二分之一最好。学生最喜欢的线上授课形式是视频直播，最常使用的在线学习平台功能是提交作业、看学习材料、测验和直播。学生主要的在线学习方式是直播，学习资源主要是PPT、电子教案，学生比较喜欢的教学互动方式是投票互评、答疑、小组讨论。

六是在线学习的满意度。学生对课程教学、教学管理满意度较高，对师生互动满意度偏低。半数师生认为在线学习效果不如线下教学，虽然与教师交互质量提高了，但学生认为学习效果改善并不明显。在师生关系、学习反馈和状态方面总体要比线下教学效果更好。

七是师生在线教学偏好的差异。互动方面，学生偏好同伴互动，教师偏好师生互动；在答疑方面，学生最喜欢直播实时答疑，教师偏好在社交平台答疑；在学习方式的偏好上，学生喜欢直播教学，而教师偏向于让学生自学。这是一个有趣的现象。

接下来看一下在线学习的困难与学生诉求。经过研究我们发现，在线学习的困难来源主要有在线学习环境与条件、在线学习者自我管理、在线教育供给和服务机构三大方面。总的来说，学生在线学习的困难可归结为三大类：体验类学习困难、认知类学习困难、情感类学习困难。每一类代表相应的具体内容，值得我们去思考进一步去改善在线学习的条件和环境。展开来说，有以下五条：

第一，在线学习的困难来源。在线学习的困难主要源于三个方面。比如网络拥堵、设备操作难度大、自身学习技术条件不足、学习时间仓促、学习环境不理想、家里支持不得力。就学习者自身而言，有自我管理方面导致的困难，比如自我认识模糊、缺乏有效学习计划、学习动机不足、专注力不够、自主学习能力较弱、自我效能感不强。就在线教育供给和服务机构方面而言，包括教学安排混乱、教师准备不充分、教师答疑及反馈不及时、无法实现有效互动、学习资源不足或质量不高。

第二，教学环境支持不足。包括平台、网络、实操、网络学习能力、学习投入、合适教材六大方面。比如系统卡顿、没有网络、缺少流量、不能进行实操训练、对软件平台使用不熟练，这些结论都有相应的数据支持。

第三，自我管理能力欠缺。自我管理能力欠缺主要体现在自我控制、自我监督、自我调节、目标计划、执行力、抗干扰等能力较弱。经统计发现，最常见的问题是抗干扰能力不足，因为在家学习受到的干扰要素比较多；其次是没人监督，学生容易开小差；再者是目标不明确，下课后不知道干什么，自我规划不是很清楚。

第四，职业院校学生在线学习困难。国内外研究表明，社会临场感、教学临场感、认知临场感是在线教学的三个关键临场感，三个临场感与学生成绩和满意度之间存在正相关。

学生觉得学习缺乏社会临场感，主要是无实时监控、无现场问答、无课堂实体以及无小组讨论。学生还认为他们缺少认知临场感以及教学临场感，主要原因是在线学习杂音较多、互动较少。

开展在线学习时，只有当社会临场感、认知临场感、教学临场感三者达到较高水平时，有效的学习才会发生。有意义的学习是通过在线学习中社会、教学、认知这三个临场感互动发生的。

第五，学习体验有待优化。案例分析反映学生普遍认为在线学习体验不佳，主要存在以下方面的原因：长时间在线学习视觉疲劳，多平台、跨平台切换导致学习体验感比较差；教师在线教学能力不足，造成学生在线学习困难；资源平台和工具不恰当，影响在线学习效果；优质资源出现结构性不足无法满足个性化需求；资源有限，且质量参差不齐造成教师在线教学困扰。

针对教师在线教学能力的不足，亟待提高教师的信息化教学能力，如在线教学设计能力、实施能力、技术平台及工具使用能力、师生在线交互能力、教学的在线监控能力、教学的在线评价能力等。

我们既要了解学生在线学习的困难，还要了解他们的在线学习诉求。这个工作量比较大，通过统计分析十几万份学生的在线学习诉求数据，可总结归纳为五个诉求对象，教师、学习内容、平台、学校、家长，主要是针对这五个方面的诉求。

面向教师的"课前学习""课中学习""课后学习""课程教学"4类15项诉求，具体是：关于"课前教学"，诉求为延长签到时间，多次发布通知，做好教学准备；关于"课中学习"，诉求为调整授课步调，减少授课时长，留足笔记时间，更加关注互动，加大监督力度；关于"课后学习"，诉求为合理布置作业，提供录播回放，重视答疑环境；关于"课程教学"，诉求为保证课间休息，提高口头表达，优化教学设计。

面向学习内容的有内容选择、内容组织、内容呈现、课程编排、内容特征等5类10项诉求，分别是：关于内容选择，诉求为实训理论结合，重视基础知识，扩展课外知识；关于内容组织，诉求为明确重点难点，帮助学生预习，制订学习计划，丰富学习资源；关于内容呈现，诉求为提供纸质教材；关于内容特征，诉求为有针对性，生动。

面向平台的有平台性能、平台功能、人机交互、其他诉求等4类13项诉求，分别是：关于平台性能，诉求为保证平台流畅，减少平台故障；关于平台功能，诉求为延长观课时限，开发护眼模式，开发互动功能，提供回放功能，增强提醒力度，开发监管功能；关于人机交互，诉求为操作逻辑更简单，提高视频清晰度，优化UI设计；关于其他诉求为免流量，小内存。

面向学校的有组织管理、教学安排、学生服务等3类8项诉求，分别是：关于组织管理，诉求是做好开学预案，加大防疫力度，减少形式主义；关于教学安排，诉求是加大教学监管力度，统一教学平台；关于学生服务，诉求是关注学生心理健康，开展丰富的课外活动，提供部分经费支持。

面向家长的有学习诉求、生活诉求、情感诉求等3类9项诉求，分别是：学习诉求是监督执行学习计划，营造良好学习环境，明确表现支持态度；生活诉求是保障网络设施条件，确保正常起居作息，予以适当休息时间；情感诉求是能够换位理解，尽量陪伴学习，增加沟通交流。

总结一下主要结论：

1. 职业院校的学生主要来自农村地区。

2. 学校能根据居家学习特点灵活教学，常规化教学计划、毕业工作得以在线进行。

3. 从在线学习投入度来看，学生的在线学习能力获取主要源自学校和教师。

4. 学生的在线学习的满意度主要表现在学习方式特点、在线学习偏好及学习效果感知方面。

5. 在线师生在互动、答疑、教学方式等方面的偏好存在差距或差异。

6. 学生在线学习时面临体验类困难、认知类困难、情感类困难，主要来源为学习环境、自我管理、支持服务等。

7. 学生在线学习诉求围绕教师、内容、平台、学校、家长五大方面提出四大类55项具体诉求。

在特征研究及困难与诉求研究的基础上，我们对如何更好地开展在线学习给出了相关的参考建议，分政策方面、学校方面、教师方面和学生方面。政策方面建议有：建一体化共享平台、统筹资源供给方式、出台在线教学标准、开展教师在线教学能力培训、总结经验促进变革；学校方面的建议有：多把手应对网络拥堵、做好教学衔接、倾听学生诉求；给教师的建议有：优化自主教学设计、及时集中答疑解惑、眼前与长远相结合；给学生的建议有：培养自我管理能力、积极参与学习社区、向老师家长及时告知需求。在这些建议下，我们还提供了具体细分的可操作措施，详细操作建议可以参考我们的调研报告。

同时，我们得到了八大启示：构建在线学习生态、促进居家主动学习、引导学生自主学习、优化在线教学设计、培养自我管理能力、提升在线学习体验、促进在线学习投入、刷新师生信息素养。在此暂不具体展开来讲。

本项目是团队合作的成果，参与本项目的成员有江西师范大学教师教育高等研究院的易凯谕，广东技术师范大学的许玲，广东工贸职业技术学院的何汉武，清华大学教育研究院的研究生孙健、刘金晶、石琬若、杨舒媛，感谢他们。

以上是我的汇报内容，谢谢大家！

张　屹

华中师范大学教育信息技术学院教授

职业院校教师信息化教学能力发展：现状与对策

各位专家、各位同仁、各位老师、各位同学们，下午好！今天在这里跟大家分享的题目是《职业院校教师信息化教学能力发展：现状与对策》。这个主题同样是基于清华大学在疫情期间组织各高校和子校教师一起做的在线教学报告，在此基础上形成的。今天在这里主要跟大家分享两个方面的内容：第一，职业院校的教师信息化教学能力发展状况如何？面临哪些问题和困惑？第二，针对这些问题和困惑，提出职业院校教师信息化教学能力发展的对策和思路。

一、教师信息化教学能力发展现状

什么是教师信息化教学能力发展？通俗地讲，"借助信息技术提升教师信息化教学能力和创新教学的能力，实现职业教育的教学理念、教学内容和教学方式的革命性变革，促进教师的专业发展。"也就是说教学能力的发展，主要针对能够提升职业院校教师的专业能力发展。在清华大学程建钢教授、韩锡斌副院长的指导下，集结国内高校和职业院校的教师编制了职业院校的数字化校园规范，并于2020年6月份由国家教育部颁布了《职业院校数字校园规范》（以下简称《规范》）。《规范》第三章专门提到关于职业院校师生信息化教学能力的要求，这里主要谈以下教师信息化教学能力发展要求。

作为职业院校的教师，国家的标准对教师的信息化教学能力有什么要求呢？在《规范》中明确提出五个方面的要求。

第一，意识和态度。首先要树立信息化教学的意识和态度。无论是在疫情当中还是后疫情时代，在未来信息化和智能时代教学将不再是传统的教学，需要树立信息化教学的意识。在树立信息化教学意识的基础上，可以通过教师培训，无论是在职还是线下培训来提升教师信息化教学的能力，这是第二个方面。第三个方面，教师教学能力的提高还需要结合日常教育教学的工作，在日常教学工作中逐步强化信息化教学的设计、实施、评估和管理能力。第四个方面，作为中职和高职老师来说，还有教学研究和专业发展的需求，所以在教学研究和专业发展方面也对老师提出了信息化素养要求。第五个方面，树立信息化的责任和意识、担当。从这五个方面对职业院校的教师信息化教学能力提出了具体的要求。

（一）在线培训。

针对基本要求对标教育部出台的标准，在这次疫情当中，从2020年3月份到5月份，课题组在程建钢教授和韩锡斌副院长的带领下，开展了全国职业院校教师信息化教学能力的调研。调研的方式是通过问卷星平台调研700多所学校、1.7万名教师，收集教师145份在线教学案例，对收集的数据和材料加以分析，包括定量统计和对教学案例进行质性分析。基于分析结果得到如下研究结论。

1. 培训方案聚焦远程教学能力。首先职业院校教师的信息化教学能力的发展，通过培训促进，特别是疫情期间培训先行。在所调研的学校当中，第一，发现这些学校在培训方案上面主要聚焦在教师的远程教学能力，有些院校更倾向于编写对症下药的指南性手册。比如绵阳职业技术学院编写操作指南为疫情中的老师提供教学指导，青岛酒店管理职业技术学院直接针对老师的困惑进行解答，编写了《教师线上教学疑难问题及解决策略》。

2. 培训主体呈现多部门协同、校内外合作的特点。有些学校常设教师培训部门，如教务处、信息中心、二级教学单位等。还有些学校在疫情当中设置了非常态的工作小组，比如学校网络教学办公室、质量监督工作组、技术保障工作组和资源建设工作组等，以这些为支撑。另外还依托校外一些信息技术，特别是教育类科技公司参与其中，发挥重要的作用。除此之外，还发挥院校教师自我学习、自我培训的能力，比如自己的二级单位，甚至借助于学生、家长、班主任、同事协同帮助大家开展在线培训。

3. 培训方式多元化，院校存在差异。在我们调研的700多所院校当中，呈现出不同的培训方式。包括专家讲座，专家在线上结合日常教学开展工作，线上教研是边教学边教研，定期举行一些线上研讨的方式，也有以教学研究的课题方式来引领。另外，线上举行一些教学能力大赛促进教师的培训。

4. 培训内容侧重线上工具的使用。培训内容侧重于教师对网络教学平台的熟悉度，对平台的使用，这方面的培训比例占72.49%。还有对常规教学软件、工具使用的培训。总之培训内容更多侧重于平台、技术、工具，以及相关教学资源，或者教师在教学当中碰到的一些技术难题。

5. 培训效果多以在线课程开设情况来体现。考察分析教师培训效果，主要以课程能不能有效在线开设，以及是否把培训学时纳入证书认证。有些学校通过一些奖励机制促成培训效果优化，更多的学校以教师自身对于培训满意度，教师的能力是否切实通过培训得到提高等来作为评价的维度。

（二）在线教学。

教师信息化教学能力的提升除了通过专项培训，更重要的是在日常在线教学中进行有效应用，特别是疫情期间大部分教师只能通过在线教学方式来提升自己的信息化教学能力。武汉市职业院校“停课不停学”，防疫不忘在线教育，授课的方式包括直播、资源推送、录播、语音、在线答疑、视频会议等。武汉市教育云平台也给教师们提供了课堂直播的环境支持，教师利用腾讯、钉钉、Zoom等直播平台进行在线教学。同时武汉市职教资源公共服务平台资源丰富，向各个院校直接推送，方便教师使用。疫情期间，武汉市职业院校开设了510余门在线课程，2800多名教师积极开展在线教学，参与学生达到6万多名，97.7%的学校使用了教学平台。从满意度来说，有75%的学校认为线上教学效果达到了良好。

（三）面临的问题。

前面谈到这次疫情当中通过在线培训、教学来提升教师的信息化教学能力，同时在此期间也面临一些问题和困惑。

第一，在线培训体系缺乏顶层设计，常态化在线培训机构尚待组建。

有些学校教师信息化教学能力常态化培训的机构还有待组建。有些院校对教师培训的认识还不够，只是为了降低疫情的影响临时成立了一些工作小组、技术团队来推进在线教学。对于常态化培训，比如后疫情时代如何采取混合式教学，教师信息化教学能力如何提升，如何开展顶层设计，如何制定相关的政策和方案等，这方面还缺乏进一步的考虑。

第二，教师信息素养水平有待提升，信息技术应用能力还需加强。

教师在开展在线培训和教学过程中发现自身信息素养水平有待提升，包括态度、意识、技术方面。尤其是年纪稍长的教师，对技术方面的困惑更大。

第三，信息化教学支持保障尚待完善，缺乏教师在线教学激励政策。

调查发现学校对于教师在线教学和学生在线学习上缺少支持，包括机制、激励层面都缺少支持。只有少数院校出台了激励教师在线教学的相关政策和机制。

二、教师信息化教学能力发展策略

针对教师信息化教学能力发展面临的问题，我提出了以下策略和建议。

（一）加强教师信息化教学能力发展的顶层设计。

顶层设计涉及政府、学校要出台教师信息化教学能力发展的规划和方案，比如长期培训，三年或者五年。无论是新入职教师，还是资深在校教师，都要进行常规性的培训。哪些部门分管教师的培训和能力发展了呢？

设有常态化的机构，比如教务处、教师发展中心、信息中心，并与常态化教育教学结合起来。此外，制订激励机制和方案措施，把考核的机制纳入教师的职位晋升和职称评定中。调查发现部分学校在这方面做得比较全面，如陕西交通职业学校、重庆财经职业学校。

（二）构建多元化的信息化能力提升培养体系。

1. 形式多样化。培训的形式采取混合式，通过线上线下开展多样化的活动。比如教研、专家研讨、教学沙龙，还有教研一体化等。我们在后疫情时期开展线上线下的活动，线下给教师培训，线上也可以开展一些教学教研或者培训活动。

2. 内容一体化。培训内容可以通过三位一体形成体系，首先从教育教学的理念，课程设计、教学设计方面的内容上进行培训。其次，从实践层面，如信息化教学案例的观摩上进行培训。最后，从技术、平台、实操层面构建培训内容。

3. 工作常态化。将教师信息化教育能力发展融入教师日常教学、教研以及工作当中。

（三）推进产教融合与校企合作，搭建教师专业化发展之路。

前面有专家提到，依托企业、行业、协会对教师进行专岗培训，支持一线教师的专业发展。依托产教融合的建设，基于实际的工作流程、真实的工作环境，由校企双方共同互派师资，共同完成课程的研发和实施。同时，也可以联合校企专家，从典型岗位的工作内容出发，解构岗位的工作能力，形成培训的工作模块。

（四）实施三级教学能力大赛，以赛促教。

职业院校教师教学能力从学校、省、全国三级教学大赛的机制可以继续延续，发挥以赛促教的作用。各个省市、学校要搭建教学能力大赛的竞争机制和平台，鼓励教师参与，同时也把教师的参赛成果纳入教师自身的专业发展、职称评定、岗位晋升中，让绩效考核为信息化教学能力的发展提供助力。

今天的分享到这里，谢谢大家!

王　炜

新疆师范大学教育科学学院副院长

疫情防控期间新疆职业院校在线教育经验与挑战

尊敬的主持人、各位同仁，在线观看的各位老师、同学们：

大家下午好！

今天分享的主题是《疫情防控期间新疆职业院校在线教育的经验与挑战》，这个议题来自我在疫情防控期间参与的清华大学教育研究院韩锡斌副院长领衔的关于《防疫期间职业教育领域在线教育应用专题研究》的专项课题。

今天分享的内容包括六方面。第一，本研究基本概况；第二，新疆职业院校的责任担当；第三，在线教学的规划部署；第四，在线教育的特色与成效；第五，存在的问题；第六，疫情后新疆职业院校在线教学的发展建议。

第一部分内容是本研究的基本概况。

当新冠肺炎疫情发生以后，2020年1月25日，新疆维吾尔自治区启动了重大突发公共卫生事件的一级响应机制，1月25日，教育厅发布了关于推迟2020年春季学期开学的通知，推迟了各级各类学校，包括幼儿园的开学时间。2月9日，教育厅发布了关于做好疫情防控期间中小学线上教学工作的通知，通知指出“停课不停教、停课不停学”，2月17日，中小学和中职院校开启线上教学工作，直到正式开学为止。到了3月25日的时候，教育厅下发通知，明确区属高等院校从4月8号开始分批错峰陆续开学。从3月10号到4月7号，我们的研究团队通过网络调研、电话调研及微信搜索公众号等方式，调研了24所高职院校和17所中职院校。从总体情况来看，各高职院校在线教学的情况整体比较好，各个院校积极落实“停课不停教、停课不停学”的要求，出台相关预案，组建了专业团队，为师生开展在线教与学活动提供了一切保障，在教学过程中各个学校立足自身特色开展工作。

在调研中，95.4%的学校能够借助多样化的在线教学平台和移动教学工具开展教学实践活动，学生的参与度高达91%以上，并且具有较高的学习满意度。87.6%的学校能够及时获取学生的反馈，帮助管理者和教师及时掌握学情，并对学习活动进行适应性的设计和安排。各中职院校整体来看，教学情况不太理想，但也有几所学校制订了详细的教学方案，落实有力，得到了学生的好评。

第二部分内容是新疆职业院校的责任担当。

第一，培养具有担当精神的大学生是新时代职业院校的发展要求。在疫情防控中培养担当精神既是疫情防控工作的需要，又是提升思想政治教育针对性和有效性的有利契机。广大师生通过疫情期间国家治理能力和应急反应能力的直观体验，对挺身而出的平凡人和勇敢逆行的英雄事迹学习感悟和亲身参与抗疫志愿服务活动的切身感受，进一步提升了战胜疫情的信心和勇气。我们看到巴音郭楞职业技术学院强化党员的党性观念和宗旨意识，依托钉钉开展"两学一做"的学习教育，增强了"四个自信"，营造了学习教育的浓厚氛围。

第二，在疫情防控期间提升了职业素养。在抗击疫情期间大家常常被各种正能量的消息和服务感动，同时也不时听到一些负能量的消息，凡此种种提醒培养职业教育的人才一定要做到知识能力和道德素养并重。

第三，在疫情防控中保证就业通畅。之前的演讲也讲到了"六保"的问题，在这次疫情防控期间，新疆职业院校充分利用信息化手段为毕业生提供方便、快捷、精准、高效的就业服务。比如哈密职业技术学院按照教育部、人社部、自治区党委、政府有关2020年高校应届毕业生工作安排，在自治区教育厅和人社厅的指导下，邀请用人单位参加了3月28号的钉钉平台的2020年医学类毕业生春季网络双选，进一步为毕业生提供就业服务。

第三部分内容是新疆职业院校在线教学的规划部署。

第一，多管齐下，加强宣传引导。

利用一切可利用的渠道，通过多渠道宣传和引导，让全体学生切实做好防护工作。引导学生弘扬爱国主义精神，将防控和学习结合起来，积极践行社会责任。我们看到哈密职业技术学院的教师们制作了抗击疫情的专题，将防疫抗疫中涌现出来的先进人物、典型事迹融入课堂教学，引导学生弘扬爱国主义精神，增强中国特色社会主义的"四个自信"。让学生在防疫中感受到中国特色社会主义优越性，增强抗击疫情的信心。和田职业技术学院的一名学生积极参与甘肃省天祝藏族自治县的疫情防控志愿者服务，通过志愿服务进一步感受到作为职教人的使命与担当。

第二，细致协调、优化日程安排。

比如克拉玛依第六中学制订详细的教学计划，借助电视平台、网络平台对学生新学期的课程进行授课与辅导，并制订了详细的自主学习和生活安排表。

第三，统一目标，强调责任落实。

为了达到直播的效果，教师们认真进行直播测试，从开始测试时不知所措的直播小白，变为直播间谈笑自若的魅力教师。教师们在简陋设备的情况下进行备课、讲课，只为呈现最好的课堂，让学生快乐学习。正如克拉玛依第六中学的马小鸿老师说，尽管很累，但每当直播结束后总会看看孩子们快乐可爱的留言，每每那时内心总是充满喜悦和满足。

第四，多方联动协调，做好在线教学。

比如巴音郭楞职业技术学院严格教学管理，教务部门每日跟进，实时处理教学的线上技术问题。实施校、院、系三级联动，做好教师辅导答疑、学生考勤和课程考核等教学管理工作。同时要求教师在在线教学中严格遵守政治纪律和政治规矩，严禁传播不当和不实的信息。

第五，家校联动，协力共育教育成效。

如天山职业技术学院按照课程表安排好教学任务，教师及时将直播链接发到家长群，由家长监督学生直播听课。课程完成以后，学生通过钉钉班级群对话的方式，把每日预习、每日总结以照片方式发到班级群，家长也参与进来，形成多方的合力，努力调动学生学习的内驱力和家长共同参与管理的积极性。

第六，多谋长远，推进教学建设。

主要是理顺三个关系，做到三个不能。

理顺教与学的关系，教师在课件设计和网络教学上巧动脑筋，克服无法面对面交流的困境，切实保障学生居家学习的效果。

理顺校与家的关系，"停课不停学"是这次抗疫的重要措施，不仅需要学校的全力支持，更需要家长的配合和理解。

理顺学习心理和学习行为的关系。在疫情相对严重的地区，学生会有焦虑情绪，教师在讲授知识的同时，一定要把握时机帮助学生调整情绪。

做到"三个不能"。不能变味，教师不能完全依靠网上现成的教学视频让学生自行下载收看；不能照搬，教师不能照搬线下课堂教学的模式用于线上教学；不能浪费，要加强课件资源的共享，避免造成资源的浪费。

第四部分内容是新疆职业院校在线教育的特色与成效。

第一，在线教学始终牢牢把握"培养什么样的人"的教育首要问题。

各个学校按照要求参加了"全国大学生同上一堂疫情防控思政大课"，同上一堂课、同记一个笔记、同在一朵云上，讨论分享学习心得。将开学第一课打造成爱国主义的一堂课、政治引领的一堂课、科学普及的一堂课、法制教育的一堂课、生态文明的一堂课、心理疏导的一堂课、创新教育的一堂课。如乌鲁木齐体育运动学校举行在线升国旗的活动，将爱国主义教育融入学生的心灵。

第二，紧紧围绕新疆社会稳定和长治久安的总目标，决战决胜脱贫攻坚战。

新疆农业职业技术学院在疫情期间不忘支持南疆学校，成立了多校虚拟教研室。利用社交软件的视频会议持续开展线上教研活动，帮助南疆薄弱学校开展在线教学，进一步践行“扶贫先扶智”。

第三，落实立德树人的根本任务，促进学生全面发展。

积极探索、全面开展德智体美劳在线教育、远程心理辅导班会等活动。如乌鲁木齐体育运动学校领导高度重视，积极探索德智体美劳在线教育的方式和方法。各班班主任每周召开一次线上主题班会，每天让学生坚持看《新闻联播》，通过上述活动既疏导了学生心理，普及科普知识，形成良好的卫生习惯，又能提升孩子的思想认识。同时利用网络教学平台开展了涉及田径等11个运动专项的在线指导教学和训练。

第四，扎实开展多样化的在线教学，学生整体反映良好。

如新疆交通职业技术学院采用云平台进行线上课程辅导，乌鲁木齐财政会计职业技术学校利用主题班会开展疫情防控心理辅导，新疆林业学院严抓在线教学管理。

对同学们来讲，老师们一改往日的严肃，在网络教学中展现出和平常不一样的可爱一面，更加亲切了，师生之间的关系更融洽了。

第五，创新教学方法手段，加强高质量课堂建设。

新疆农业职业技术学院通过数字化平台“晒课”来进行共享交流，“一库一课”构建师生全时空的学习大平台。

第六，打造智慧教务，全面推进信息化管理水平。

如新疆农业职业技术学院与信息技术企业按照教育部颁布的《职业院校数字校园建设规范》等文件要求，通过综合信息服务平台，依托物联网、云计算、移动互联、人工智能、大数据等关键技术，集成校园分布式信息系统资源，推进信息化的管理水平。

第七，建立反馈机制，密切关注学生健康与学业。

如克拉玛依第六中学老师对全班的学生全程进行跟踪，密切关注每一个学生的身体状况和心理状况，及时反馈给学校。

第八，创新考核体系，建立起内部质量保证闭环。

如新疆农业职业技术学院全面开展涵盖学院、专业、课程、教师、学生五个层面的教学工作，自我诊断与改进，定期进行学院的质量报告的发布。

第五部分内容是新疆职业院校在线教学存在的问题。

第一，局部地区网络环境欠佳。

疫情期间，局部地区网络环境状况显得尤为尴尬，网络教学对网络环境要求更高，有些网络的上下行速度不能满足直播方式下的信息化教学的需求。疫情充分暴露了新疆教育信息化网络环境的短板所在，互联网"最后一公里"的瓶颈依旧存在。

第二，部分农村贫困学生缺乏信息化终端，在线学习困难重重。

我们通过调查发现，电视职业教育的课程资源只占1.5%，98.5%要依靠学校网络在线教学来实现，但南疆部分贫困学生家中没有足够多的智能手机，几个孩子共用一部手机在线学习时有发生，在线教学的实际效果大打折扣。

第三，教师在线教学设计与实施能力欠缺，信息素养有待提升。

教师信息化教育的"本领恐慌"暴露无遗，在调查中发现，不少职业院校教师的信息技术加工能力明显不足，比如部分教师没有掌握手机、电脑同屏技术，部分教师应变能力严重不足。一遇到在线教学的技术故障等突发问题便显得手足无措，严重影响了在线教学的正常开展。因为师生在时间和空间上的分离给在线教育的教师监控能力带来不小的挑战。

第四，家长的信息素养有待提高。

家长的信息素养以及与学校教师沟通的能力低下成为居家在线学习的现实难题，数字化时代的家校合作成为在线教育不得不面临的重大挑战。疫情期间有些家长信息素养完全不能适应孩子居家学习的需要，每当上课时间就手忙脚乱，甚至帮倒忙，家长对网络的认识不深，大部分家长甚至不知道如何正确引导孩子上网，在这种情况下拒绝和排斥是学生家长的本能反应。另外由于智能手机的大规模普及，自制力比较差的学生在在线学习期间容易很快被吸引到手机游戏、QQ、微信上，使得家长对学生的在线学习效果产生很大的顾虑。

第五，学生自主学习意识有待提高。

在线教学模式下，使用网络学习成为一种必然，而正是因为网络普遍盛行与学生自制力不强的矛盾，本来在线学习的时间，却被不知不觉转移到手机游戏、网络购物等当中。课堂中本应该用于集中学习的时间，却因为学生自我约束能力不强，从事与学习无关的活动，极大影响学生自主学习时间的分配。在线学习的效果一定程度上依赖于学生“滴水穿石”的持之以恒。

第六，公共学习资源利用率低。

在线调查发现，新冠肺炎疫情发生以后，大多数学校利用既有的网络平台进行直播教学，所使用的学习资料也沿用原课堂教学所用。尽管目前有“一师一优课、一课一名师”项目、中国大学慕课项目、国家精品课程资源项目等一批优质的在线教育资源，但利用率并不高。如何保证在线教育资源用得上、用得好，是今后新疆职业教育在线教学亟待解决的重要问题。

第七，在线教育个性化优势未凸显。

近年来随着新疆教育信息化的迅猛发展，在线教育资源短缺的问题逐步缓解。现在面临的困境是教师往往使用同一种教学资源完成教学工作，难以满足学生个性化的需求。教师如何使用这些学习资源，有效分层次指导学生学习，利用互联网差异化来指导学生，是未来职业院校在线教育所面临的挑战。

第八，中职学校、高职学校的差距比较明显。

在调研中24所高职院校均开展在线教学，调研中17所中等职业院校仅有几所开展在线教学。同时，中等职业学生家庭贫困率较高，缺乏手机等信息化终端，中职教师的整体信息化教学能力欠缺。

第六部分内容是对疫情后新疆职业院校在线教学的发展建议。

第一，优化学校在线教育网络环境和硬件设备。

要认真落实教育信息化2.0的行动计划，全面落实网络扶持工程的攻坚行动，尽快补齐农村教育信息化发展的短板，重点支持薄弱地区的在线网络环境和硬件设备的完善。成立专门的在线学习服务中心，配备专门的技术人员，提供完善的技术支持，及时解决教师和学生在线教育过程中的技术故障。

第二，整合优质在线教育资源和管理平台。

对于教师来讲，要创设适合学生在线学习的情境；对于学校来讲，要提供优质的在线教育资源；对于社会团体来讲，要加强平台的统筹，建设和部署课程平台，实现各级互联互通。

第三，实施师生的信息素养提升和家校合作的行动。

建议在“十四五”职业教育信息化规划中，以这次疫情防控在线教学暴露的问题为契机，把职业教师队伍的信息化教学能力，特别是中职院校的教师在线教学能力提升作为重中之重，在资金和项目上给予重点支持。积极开展家校合作，将家长如何督促孩子在线学习，以及如何促进孩子网上自律作为家校交流的重点。

第四，实施投入倾斜和上网优惠等政策。

优先发展城乡边缘和落后农村地区的信息化，对城市低收入家庭学生和农村偏远地区学校信息化投入倾斜。实行上网折扣或免费计划，并对网络运营商给予税收减免等优惠政策。建议在“十四五”职业教育信息化规划中，把原有中职院校信息化建设项目资金切出一块，专门补贴BYOD（自带设备）项目。让学生以较低的价格购置手机或者平板等终端，解决在线学习的“最后一公里”问题。

第五，加大对中职院校的投入力度。

在国家职业教育“十四五”规划中，加大对中职院校的专项支持，使学校网络与设备配备、教师信息化能力、学校的信息化领导力等方面获得相应的政策、项目和资金的支持。

我们这个研究团队成员还有江毅、刘艳和赵帅。特别感谢清华大学的韩锡斌副院长对整个研究的引领和支持。

谢谢各位的倾听，我的汇报就到这里！

沈书生

南京师范大学教育科学学院教授

做法与启示：江苏职业院校在线教学观察

大家好，在现代教育中，不同利益相关者都希望能够努力关心每一位学习者，从2020年上半年疫情期间的在线教学实践来看，许多职业院校都在努力尝试更好地关心每一位学习者，我想结合我对江苏职业院校在线教学的观察，分析他们的一些做法和启示，我的题目是《做法与启示：江苏职业院校在线教学观察》。

这个工作也是和前面各位专家的汇报相似，也是受韩锡斌老师、程建钢老师委托，作为专题来进行研究。考虑到江苏职业院校数量比较多，所以当时的研究分成了两大部分：一部分是中职学校，一部分是高职学校。今天下午的汇报中，我将把这两部分内容整合起来，结合对偏远地区的支持这一主要关注点，挑一些重点内容跟大家交流。

江苏省存在两个学术型组织，一个是江苏省职业院校教学指导委员会，另一个是江苏省高等学校教育技术研究会下面的一个分会——江苏省职业院校专业委员会。这两个委员会在这次疫情当中通过参与指导、搜集数据，提供了丰富的资料，所以这次研究中我得到了一些比较完整的关于实际情况的描述。今天下午时间虽然短，但我会分成三个部分：第一部分，介绍在线教学的基本情况；第二部分，在线教学关注的要点；第三部分，实践的经验与启示。

一、在线教学基本情况

准确地讲，江苏职业院校包括中等职业院校和高等职业院校，江苏有89所高等职业院校，240所中等职业院校。2003年组建了联合职业技术学院，涉及90多所中职院校，这些学校的分布比较广。从图1可以看出来，学校主要分布在南京、苏州、无锡等地区，特别是高职院校，密度会大一些，像中职院校的分布相对比较均衡。

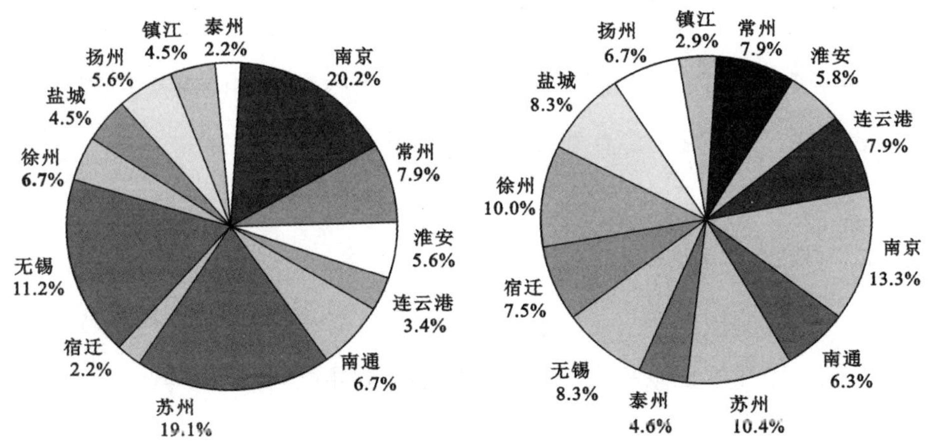

图1　江苏省高职、中职院校地区分布情况

这次调研当中发现，截至2020年3月29号的统计数据，这些职业学校参与的教师人数比较高，当时调研阶段参与的高职教师达到了73%，中职教师达到了68.14%，学生人数占比也很高，达到了86.7%和89.28%（如表1所示）。

表 1　江苏职业院校在线教学基本概况

	参与教师		参与学生		参与专业	
	人数	占比	人数	占比	专业数	占比
高职	21934	73%	586000	86.7%	3098	98.7%
中职	27033	68.14%	475080	89.28%	3032	97.8%

后来江苏省高等学校教育技术研究会还做了另外一个调研，对不同类型的学校，包括普通本科院校、高职院校和职业院校进行调研，也进行了一些数据比较，普遍发现这一次职业院校学生在线教学的体验感要高于普通本科院校，这可能与我们长期的教育实践当中高职院校或者中职院校更关心信息化，或者在信息化建设当中更注重实用性等有关。

二、在线教学关注要点

刚刚各位专家也做了描述，我将从不同的角度，结合不同学习者应当考虑的不同方面，将关注要点归纳成三个方面。

第一，优化学习空间配置，丰富学习环境。

这次学习当中包括平台的使用、工具的应用、数字资源的使用、学习终端的应用，都在充分关注不同学校的特点，另外也在关注一些通用的平台。这次大家有体会，很多科技公司做了大量的贡献，在疫情突然出现的情况下开放了很多平台，使得教学工作得以顺利开展。在工具使用当中，可以看到很多学校对虚拟和实境工具都有使用。除了考虑引进资源外，还考虑自建资源。自建资源当中特别重视不同的表征形式，这些表征形式大多数都是为了关注不同学习者在学习当中的特点，以及个体的特征和学生所在的特定地区的特定需求。

第二，丰富学习活动形式，改善学习过程。

特别给同志们说明一下，这次江苏高职院校开展的在线学习活动的活动形式还是比较丰富的。这些活动形式对于教学的整体质量、过程的改善都带来很大的帮助。这里概括成四个方面，一个是教师的教学方面，一个是学生的学习方面，一个是学习的场景方面，一个是学习的反馈方面。这两天在重新准备这次汇报内容的时候，一直在思考这个问题，如何概括性地介绍好江苏的经验。因为内容很多，大家做的事特别多，要把很多东西描述出来，是不可能的，但有几个东西特别值得我们关注。比如教师教学当中，因为全国高职院校建立了很多精品开放课程，有很多精品课程资源。在过去很多资源虽然已经建起来，但从使用效率方面来看，远远没有这次高。一些学校过去建了慕课、私播课等课程，这次实践中都得到了很广泛的应用。很多学校虽然是在线，但依然考虑到双师指导。教师教学当中一直在思考，在强调"实化"活动。

就像前面很多专家谈的，职业院校和其他学校不一样，它更强调学生学完以后怎么样去应用，怎么样去服务、去就业、去工作，怎样在实践当中发挥它的作用。所以我们讲教师的教学活动，指向"实化"的教学改进，在这次教学中得到充分体现。在学生的学习方面，大家都会谈互动，都在谈沉浸。这一次我也观察了其他普通院校，在高职院校中的互动形式中，教师真正发挥了自己的聪明才智，学生也充分发挥了想象。在技术当中能实现的互动形式中，在职业院校学习当中都能看到它的应用，就是让大家尽可能沉浸。当然不可能做到每一个人都沉浸，但一定是追求沉浸，所以我理解成是一种“活化”。什么是活化？就是从学生的活力、参与性出发，让教育变得生动、生活化，这是一个重要方面。

关于学习场景问题，其他几位专家也谈到了课程思政问题，这是整个教育当中很重要的问题。这一次教育中也很关注，既有专门独立进行的活动，也有不同课程当中对思政元素的融入，包括怎么样和校企结合、校地结合。所以我感觉在这样的学习过程当中，虽然老师不能面对面地和学生交流，但他试图在做的过程当中，比如通过与企业相关的实践当中，让学习者即使在在线过程当中也尽可能感受到场景的应用。所以我称之为“境化”，就是尽可能地去面向真实世界来促进思维的生成。

学习反馈是很重要的方面。在江苏省的调研当中，还有对日常数据的跟踪当中我们发现，这次的职业院校自身的调研做得也相当好。很多职业院校结合教学等方面组织了调研，自己在分析学生的情况、自己做优化和调整，他们通过对学生的关注，及时发现学生的喜好，及时发现学生在学习当中对一些问题的看法，及时发现学生学习中存在的某些东西，比如存在的困难等。所以学校通过一种情感化、情绪化、学情性的分析来进行学习的调整。所以我把它理解成是“情化”策略。通过实化、活化、境化、情化，试图丰富和改变学习的活动形式，改造学习的过程。

第三，从细节入手，关注学习品质。

学习当中如果不关注细节，即使完成了教学任务，也难以产生好的学习效果。

一是地区差异。在江苏省的教学当中，在案例当中看到了很多例子。比如江苏学校的生源覆盖全国各地，东西部的差异比较大，像西藏、新疆的孩子在江苏学习的，可能有一些地区的文化特征和地区的文化活动等不太一致，这导致了学习的时候难以同步，怎么做呢？职业学校做得比较好，很明确地关注了主体性责任。不是所有学习的责任都是由教学工作者完成，而是由学习者完成。如何关注学习者，如何为学习者提供帮助，不同的人有不同的主体责任。学习者的任务就是学习，教师的任务就是帮助学生更好地学习。所以在这个过程中他们采取一系列措施，确保每个学生即使不能同步进行，也总有定向帮扶，争取做到不让学生掉队。媒体上面还报道江苏某食品学院的学生在西部学习的时候因为信号不好，要去半小时路程的山上去学习，后面借助于和移动公司的合作，解决了学生线上学习的问题。

二是尊重个性。过程当中特别强调借助视频指导协同式答疑。我感觉有个问题，实训性活动在职业院校很难做到，但从现在的调研情况来看，它也要看不同情况，也要看学校的不同类型。比如像食品加工类学校、旅游类学校，他们依然要求学生借助自己家里面的条件和环境采用实训学习的方式完成原来需要到酒店和其他场所才能完成的工作，努力探索不同方式，试图努力解决实训这一棘手问题。

三是质量保障。用共育式监管，让所有人来参与，不断通过例会剖析等形式，以确保质量。有的学校建立了周会制度、月会制度，甚至有少数学校最初的时候还建立日会制度，一天交流一次，后来变成一周交流一次，学校里一个月做一次交流。

四是技术支持。强调实时性服务，建立首问负责制。像南京工业职业技术学院（该校2020年上半年已经升格为大学）强调首问制，只要出现问题，立即解决问题，绝不拖延。而且负责这一问题的人，即使自己不能解决问题，也要进行跟踪将问题解决掉。

五是成长导向。所有参与者包括教师都在关注自身的成长问题。过去的在线教学没有像这次这么大规模，在线学习从初期的“时尚”走进了日常生活，所以大家也在关注如何研习、广泛参与和持续提升。

三、实践的经验与启示

在这次江苏省的调研中，我们可以从一些具体的做法当中形成关于如何开展在线教学，如何进行实践的经验与启示。

第一，管理层面：多级协同，区域联动。

说到区域联动，很多东西值得我们借鉴和思考。比如，南京有25所中职院校，他们建立了日志制度，通过建立系统文档，每天不断反映和更新遇到的困难和问题、经验，相互之间建立友好帮助和借鉴。无锡市教育局、南通市教育局都有对相关教学指导和实践的特定要求，江苏省教育厅自身也有许多统一要求。

第二，实践层面：学校主导，不拘一格。

江苏省在文件里面用了一个词叫“学校主体”，我看了各个学校的做法以后，产生了一种感觉，实际上还是学校主导，不拘一格。首先在技术工具使用上，这一次几乎把能够看到的，在实践当中偶尔尝试或者根本不尝试的技术工具都体验过了。不同的学校也各有体会、各有应用。

第三，教师层面：多元团队、跨界行动。

我的理解是：教师最大的收获是多元团队与跨界行动。不同的团队包括：一，学科教师的团队，二，不同类型教师的团队，三，教师和技术人员的团队，四，校内教师和校外教师的团队等。借助于不同团队的活动参与，教师的能力有了显著提升。可以确保为学生提供便于他学习、理解、提升的一些行动方案。

第四，学生层面：关注差异、创新活动。

在实践过程中，每个孩子的需求不一样，有的是时差问题，有的是过去的习性问题等，在传统的面对面教学中就存在很多问题难以解决。比如面对面教学对所有同学的要求是一致的，但是在线教学中，通过很多系统、很多数据可以反映出学生在学习过程中的差异性，这样就可以真正指向学生学习自身的差异，这在过去靠人工判断难以做到。正是因为这些差异性的体现，所以学校给学生创造了不同的机会，学生在学习过程当中也可以结合自身所在的环境和条件，做出若干有变化的选择。

就像前面描述的那样，在这次的在线学习过程中也发现确实存在一些小问题，以及不同地区的一些对策。其他方面不谈，重点结合不同地区的差异，简单做一些概括。

第一，平台故障和网络卡顿，疫情早期和晚期情况是不一样的。疫情刚发生，学校刚恢复教学的时候，因为大家大规模涌到网络上，网络卡顿比较多，到了后期有了很大改变。

第二，因为技术的介入，学生学习过程中的学与不学，很多平台会提供相应的监测数据。事实上，面对面教学当中也存在很多学生虽然坐在课堂里面，但也没有学习的情况，不能保证每个人都积极参与。在学生在线学习的过程中，即使有学生不参与，对不参与的学生，也能得到数据支持，可以对他进行有针对性的帮扶。

第三，不同民族生活习惯的差异。有好几个学校提出这个问题，比如南京工业职业技术学院提出，他们发现学习者在学习过程中存在上网困难的情况，其中一个原因是流量限制问题。原来学生使用的流量包是20G，这一次学校通过和移动公司合作，流量包升级到30G，有的学校升级更多，确保学生不会因为这样的问题导致在学习当中遇到困难。

希望江苏职业院校在线教学方面的经验和方法，不仅能对职业院校有帮助，而且对普通本科院校，甚至是对基础教育的在线教学政策设计也有更多的帮助和借鉴作用。

谢谢大家！

张永良

宝鸡职业技术学院院长

宝鸡职业技术学院疫情期间在线教学的探索与实践

大家好！在新冠肺炎疫情防控期间，宝鸡职业技术学院按照教育部“停课不停教、停课不停学”的指示精神，自2020年2月17日开学之日起就全面启动线上教学。本着“尊重教学规律、突出线上特色、结合师生实际”的原则，紧紧围绕立德树人的核心任务，结合疫情防控的要求和线上教学的特点，统筹安排，科学部署，精心谋划，狠抓落实，依托多种教学平台，开展了内容丰富、形式多样的线上教学活动，保质保量地完成了教学任务。

现在我把我们学校的情况做一个简单的汇报，汇报的题目是《宝鸡职业技术学院疫情期间在线教学的探索与实践》，汇报的内容包括四个方面。第一，校情与教情。第二，做法与成效。第三，问题与反思。第四，对策与改进。

一、校情与教情

（一）基本校情。

宝鸡职业技术学院始创于1902年，学院地处炎帝故里、周秦文化发祥地、中国西部工业重镇、丝绸之路主要节点城市、关中经济带副中心城市、陕西省第二大城市——宝鸡市。学院于2003年经陕西省政府批准，由原市属七所国家和省部级重点中专学校合并而成，目前是市属公办全日制高职院校。学院占地面积153.18万平方米，建筑面积56.5万平方米，教学仪器设备总价值6.2亿元，在信息化建设方面投入4000余万元。学院是省级示范学校、省级平安校园、省级园林式单位、市级文明校园、中国职业教育就业百强院校，在2020年全国高职师范类专业排名第一。

（二）基本教情。

目前，学校有6个二级学院、12个专业类群、54个高职专业，教师728人，在校学生1.6万多名。学院信息化环境良好，基础网络完备，校园有线无线全覆盖，统一身份认证、统一门户、统一数据中心三大基础平台性能先进，建有21个业务应用系统，涵盖了教学、科研、管理、服务等各个方面，数据治理和大数据应用稳步推进，数字化校园初具规模，智慧校园建设初见成效。教学信息化条件优良，拥有优慕课、智慧职教、蓝墨云班课3个在线教学综合平台，4个专业教学资源库。95%以上的教室配备了网络化的多媒体教学设施，90%以上的老师具有一定信息化教学的能力，76%以上的课堂能够利用信息化手段开展教学，为疫情期间的线上教学奠定了良好的基础。

二、做法与成效

（一）主要措施：出台八项措施确保线上教学顺利实施。

1. 成立领导机构，加强组织保障。学院在疫情期间成立了院校两级领导小组，由书记和院长担任组长，同时成立了以教研室为单位的工作机构，主要开展线上教学的研究。

2. 制订实施方案，加强系统安排。学院印发了疫情期间教学工作方案和疫情期间教学组织与管理要求。

3. 改善网络性能，强化条件保障。针对疫情期间线上教学的需要，对硬件和综合平台都做了全面仔细的检查和调试，其中校园网络的带宽增速至10 G，教师家庭网络免费提速至300 M。与几大平台运营商进行沟通协调，确保教学平台的并发数量够教学使用。

4. 开展业务培训，解决技术问题。邀请了相关专家为全体教职工进行关于线上教学的理念、模式、方法和工具的培训，同时成立了校内线上教学技术支持团队，对授课教师进行一对一实时指导。

5. 内容决定形式，制订实施策略。坚持不搞一刀切，不受平台限制，不搞课堂搬家的原则。实施推行一院一策、一专业一策、一课一策，甚至一人一策。

6. 及时跟进辅导，开展答疑解惑。建立了教师交流与技术服务群，成立指导团队开展网上的答疑解惑，及时推送优秀的教学案例和优质的教学资源，开展广泛交流互动、共享经验。

7. 丰富教学活动，落实全面育人。推进网上思政、网上体育灵活开展，结合时政全面育人，推进网上班会、网上心理咨询的创新开展，培养学生健康的情操。

8. 实施动态监控，促进质量提升。通过大数据监控情况，精准研判，掌握实情，实施动态全面监控。同时对监控结果进行总结、分析、诊断和改进，促进质量不断提升。

（二）具体做法：细化六项做法促进线上教学效果。

1. 出台四个文件落实线上教学的组织与管理。

制订了疫情期间的教学工作方案、疫情期间在线教学组织与管理工作要求、在线教学网络保障应急预案、在线教学相关平台使用及支持服务方案，加强了线上教学组织与管理。

2. 紧抓四个环节，尊重教学规律保证线上教学质量。在课前预习环节，教师在线发布资料，学生熟悉教学内容，促进自主学习；在理论教学环节，以教师直播授课或者学生平台观看教学视频资料为主，师生通过问答保持互动；在实践指导环节，以设计项目任务为驱动，学生自己动手进行实践的设计，教师开展线上辅导，对于要求操作性技能强的课程，复学后集中在校内线下进行；在线答疑环节，以学生的讨论互评、教师直播指导以及批改作业为主，形成与学生线上互助学习。

3. 依托三大平台，多途径支持线上教学顺利开展。我们采用了"3+X"模式，"3"是平台，分别是优慕课平台、智慧职教平台、蓝墨云平台，"X"是途径，主要有腾讯视频、QQ、钉钉和微信等，向学生发布资料，进行网上教学和指导。

4. 紧密结合疫情开展线上思政课程。第一，2020年疫情期间，我院有五位杰出校友赴湖北武汉成为最美逆行者，在社会上引起强烈反响，好评如潮，我们把英雄的先进事迹作为思政课程的主要内容向学生及时进行推送。第二，校领导给全体学生写了一封信，呼吁全体学生响应党和政府的号召，与祖国同心，和学院同行，结合自身和当地实际，在确保安全的情况下，配合所在地的疫情防控部门，积极投身于疫情防控阻击战中，共战疫情，共渡难关。第三，在线传播疫情防控知识，开展“听党号召，青春战‘疫’”的青年团员学生抗疫志愿者活动，并将典型事例在网上展示，弘扬正能量。第四，开启了以“英雄引领，青年随行”为主题的云上团课，引领广大青年学生向先进学习、向典型靠拢、向榜样看齐、向英雄致敬。

5. 结合居家条件开展线上身心健康辅导。通过线上向学生推送居家锻炼的视频，开展云端运动会，实施线上心理辅导，促进学生身心健康。

6. 开展平台监控、问卷调查、总结分析、落实督导。在对线上教学进行实时监控的同时，以大数据发放调查问卷的形式，对师生线上教学情况进行调查了解，对调查结果和存在的问题进行分析总结，及时反馈和督促改进，并通过两周一期督导简报进行通报，两个月的疫情在线教学期间，共出了4期线上教学督导简报，在保证线上教学质量方面发挥了积极作用。

（三）取得成效。

取得的成效主要体现在四个方面：第一，组织周密，线上教学有效推进。疫情期间我院线上教学涵盖了54个专业、572门课，参与的学生共

14248名，参与的授课老师共445位。在学生组成当中，高职学生占到了86%，扩招学生占9%，中职学生占5%。

第二，措施得力，学生积极参与教学活动。通过大数据统计，疫情期间在线教学学生平均出勤率为89.09%，最高的时候达到91.52%。第二周出勤率比较低，为86.24%。分析原因首先是一部分学生不具备线上学习的条件和环境，其次是第一周在线学习后，学生产生厌倦的情绪，通过加强考勤和教师的督促，出勤率逐步提升。

第三，支撑到位，教师发展成效显著。在线教学期间，全院有40多位教师推出了自己的教学案例，在这些教学案例当中不仅有教学设计，而且有教师对各自的教学效果进行的调研，包括线上教学的目标达成度、基本满意度，并根据调研的数据结果及时进行调整和改进。

第四，持续监测，教学质量螺旋提升。通过持续监控和调查，结果显示，疫情期间在线教学学生整体满意度为91%，教师整体满意度为98.6%，学生对专业课的整体满意度为72.5%。同时，也反映出学生对公共基础课和思政课在线教学满意度不是太高，主要原因是这些课程实行大班授课。

三、问题与反思

（一）主要问题。

主要有四个方面的问题。

1. 管理方面：认识不一，落实不细。在细化教学方案和标准上与各个二级学院要求有出入。

2. 教师方面：能力不一、效果不同。在执行教学方案和完成教学任务上，效果参差不一。

3. 资源方面：数量不足、差异较大。特别是校本线上教学资源数量少，质量差异大。

4. 学生方面：主动性低，方法单一。大多数学生只是按照老师安排的学习内容在老师提醒下学习，学生自觉性、能动性和创造性学习能力不足。

（二）几点反思。

针对存在的问题有以下六点反思：

1. 掌握先进教学理念是前提。

2. 建设丰富优质资源是基础。

3. 把握好内容和形式是关键。

4. 促进教师能力提升是抓手。

5. 调动学生主动学习是重点。

6. 落实人才培养目标是核心。

这也是我们下一步做好线上线下混合式教学的主要关注点和努力的方向。

四、对策与改进

针对疫情期间线上教学存在的问题和对存在问题的反思，我们采取了以下对策加以改进。

一是加强教师培训研讨，转变观念，提升能力。这一方面我们制订了系统性的培训方案，在暑期已经完成了1000多人次的培训。

二是制订课程建设计划，开发课程、优化资源。我们制订了线上课程建设方案，暑期已经全面启动，目标是所有课程全面上线，促进混合式教学的改革。

三是加强教学平台优化，提升性能，强化支撑。进一步优化网络信息环境，以智慧校园建设为依托，支撑线上教学。

四是强化学生信息素养，适应发展，促进学习。主要是组织学生进行网络知识的培训，指导学生掌握在线学习的方法，培养学生终身学习的能力。

五是完善考核评价体系，结果导向，引领发展。主要是要制订科学、规范的线上教学评价标准，进一步完善评价体制和机制，从而更好地引领师生的发展和成长，为线上线下混合式教学的高质量开展保驾护航。

谢谢大家！

宋贤钧

兰州职业技术学院院长

线上线下多元教学，云端课堂培育新人

尊敬的程建钢老师、各位嘉宾、各位同仁:

大家好!

兰州职业技术学院在疫情防控期间和全国高校一样，以问题为导向，积极作为，通过13周的线上课程和9周的线下课程，较好地实现了“停课不停教、停课不停学”，也初步探索了线上线下的混合教学，圆满地完成了学期教学任务。这次实践，从某种意义上来说，促进了现代信息技术全面深度融入教与学的过程，学校适应了，老师积极了，学生主动了，通过全体师生的共同努力，从一定程度上改变了教师的“教”、学生的“学”、学校的“管”，也逐渐促进了教育形态的改变。下面我从三个方面向大家汇报，不妥之处，请批评指正。

一、云端育人的实践

1. 开设“云端”开学第一课。

针对疫情防控特殊时期学生思想政治教育要求，我院从疫情防控知识开始，以“爱国主义教育、生命教育、社会责任感教育、规则教育、爱与感恩教育”为主题对学生进行思想政治教育。我也从“爱国、成长、健康、运动、饮食、幸福、情绪”等方面带头参与第一课的讲授。当日，在线课程参与学生近7000人，参与讨论8736人次，签到率达98%，为线上教学开了个好头。

2. 建设“课程思政”微视频。

为适应“云端”育人的要求，我院实施了“课程思政”微课程建设工作，力求将知识传授、能力培养与价值引领有机统一，通过三个月的努力，共建成微视频课程305个，分成十大板块：抗击疫情篇、爱国主义篇、生命健康篇、理想信念篇、传统文化篇、工匠精神篇、法治诚信篇、科学技术篇、生态文明篇、时代楷模篇。全体教师和院系管理者都积极参与了此项工作，践行了全员育人，丰富了“课程思政”教育资源，积极探索“课程思政”的落地、落实。

3. 多元育人“云端”品经典。

结合校园文化建设“双百工程”，学院开展了“云端”读书、青春战“疫”活动。依托学院编撰的《青春做伴好读书》两本读本，微信每天推荐一篇经典美文和相关阅读书目，精心制作，编发视频、音频等新媒体产品，形成3项活动内容、7个阅读篇章、35篇经典美文、70本推荐书目、千余篇分享感悟、万余人线上打卡。

二、在线教学的思考

1. 好老师的价值要体现在立德树人上。

无论线上线下，“为党育人、为国育才”是我们的初心和使命。有好教师，才能教出好学生。特殊时期，好教师的理想信念、道德情操、扎实学识、仁爱之心，好教师们勇于克服困难、接受挑战、主动担当、敬业专业、精益求精的精神对学生们来讲，都起到了很好的引领和示范作用。

2. 好课程的定位要贯彻在德技并修上。

在线教学要重新思考线上课程的定位，在贯彻德智体美劳全面发展上，在贯彻德技并修上，在线课程的定位是否恰当、精准？发挥好在线课程“共享性、针对性、反复性、可再现性”的优点，必须要做好课程及课程内容选择。职业院校在一些实践性强的专业课程中，如何做好“混合教学”，都需要我们认真思考，用实践来回答。还需要提高认识，把在线教学当成教育教学改革、教师教学能力提升、人才培养质量提升的契机。

3. 好课堂的落脚点应该在成长成才上。

课堂要变革，关键是要让学生学会学习，习惯主动学习。如何使学生能够通过有效课堂真正成长和成才，这是我们教育教学的目标。通过一堂好课影响和教育学生，使他们懂得合作、懂得珍惜、懂得感恩。通过一堂课程的学习，学生有思考、有收获、有进步，这才是一堂好课的落脚点。新的时代必须要有新的观念、新的状态，我们的课堂必须要与新时代、新征程合拍，打造善教乐学的新课堂。

通过疫情期间线上教学的实践，我们认为还应该做到三个“相结合”。

1. 在线教学与在线教育相结合。

要提高在线学习效果，必须培养、提高学生的自主学习、自主管理能力，这是根本所在。我们要利用在线教学，探索育人新模式、新方法，挖掘探索网络环境下如何育人，拓展全员育人模式。

2. 在线教学与教学改革研究相结合。

在线教学作为一种全新的教学模式，综合使用了许多新的教学方法。疫情防控期间，我们虽然做到了“停课不停教、停课不停学”，学生也在努力配合，但也遇到了很多的问题和困惑，总的来说，我们只是解决了有课程的问题，如何整体提升质量，真正成为好课程，还需更多时间更加努力探索。因此，每个学校、每个专业、每个课程都需要从问题出发，做一些针对性的教学改革研究工作。

3. 在线教学与教学能力提升相结合。

通过这次防控期间在线教学的实践，在问题导向、现实要求的大背景下，主动的教师多了，钻研的教师多了，教师能力提升得也快了。应该说整体提升的效果超过以往任何的培训。这说明，在当下岗位练兵中成长并不过时。这说明，世上无难事，只要用心做。教师通过在线教学，更新观念，创新教学，积累资源，提升能力，逐步适应新形势新技术背景下的教学要求。

三、在线教学的建议

1. 更新教学理念，加大保障力度。

在线教学伴随的是一场深刻的教育教学改革，落脚点是教学理念的更新。学校要在人才培养方案、课程体系、师资团队、技术创新、硬件支撑等方面不断投入与创新，并要在相关政策予以倾斜支持。

2. 优选教学平台，加强技术支持。

随着在线教学需求的不断增大，相关技术平台也不断完善。教师要结合课程特点，了解相关的在线教学平台技术与功能，优选稳定、高效、适合自己的平台开展教学。学校要引导相关企业做好技术支持工作。

3. 关注教学实效，加强质量保证。

要建立相适应的质量保障体系，加快教学现代化的步伐，自动采集教学数据，科学地为课堂、学生画像，并在此基础上做好教学诊断与改进工作。

我的汇报到此结束，谢谢大家！

顾　江

优慕课在线教育科技（北京）有限责任公司总经理

优慕课助力职业院校"停课不停学"

各位老师好！非常荣幸能有机会分享优慕课团队在配合职业院校推进信息化教学过程中所做的工作。请各位老师多指导！

优慕课于2014年由清华大学教育研究院教育技术研究所数字化学习研究与应用中心整体改制组建。2016年，优慕课与研究所共同构建科研—教学—产业融合创新模式，并联合组建混合教学改革百人支持团队。2019年，优慕课顺利完成清华大学科技成果转化，得到薛其坤副校长和相关部门的充分肯定。虽然优慕课转制成立时间不长，但优慕课团队已经历22年的发展历程，期间聚焦本科和职业院校混合教学改革的系统化研究、设计、开发、应用与评价。在长期实践过程中优慕课摸索建立了职业院校混合教学改革支持服务体系，以学生学业成就提升为最终设计目标，围绕技术环境、管理机制、教师发展和教育技术支持四个关键要素开展工作。

技术环境层面，以插件方式协助职业院校构建个性化、支持多模式教学的一体化混合教学综合支撑环境，支持教师和学生开展混合教学、职业教育项目化教学、基于优质教学资源的自主学习、基于视频资源的播课教学、基于移动设备的移动教学等。疫情期间，优慕课适时开发了直播教学系统，支持职业院校师生开展直播教学活动。

管理机制层面，协助职业院校制订混合教学改革系统化实施方案，方案内容包括混合教学环境准备、混合教学支持团队建立、混合教学试点课程的遴选与推进、混合课程开发与建设、混合教学实施、混合教学评价，形成规划、实施、评估、反馈的完整闭环。

教师发展层面，协助提供职业院校教师信息化教学能力提升专项培训，培训内容包括混合教学理念引导、案例学习、课程设计、技术应用、技术提升和模式创新。优慕课建立了线上线下相结合的混合培训模式，明确了培训实施工作流程。职业院校教师信息化教学能力提升培训的目标是使教师掌握课前、课中、课后，线上、线下相融合的混合教学实施能力。

支持服务层面，除常规应用服务和技术支持外，通过档案化的项目管理机制，突出主动服务，实时跟踪职业院校信息化教学进程，定期评估职业院校软硬件环境水平和信息化教学水平，阶段性提供信息化教学分析诊断报告和推动建议。

我们构建的职业院校混合教学改革支持服务体系的主要特色是建立了职业院校、优慕课和清华大学教育研究院教育技术研究所三方协同工作机制，形成了从实践到研究，再反哺实践的工作模式。到目前为止，优慕课累计支持500余所本科和职业院校稳步推进混合教学改革，支持职业院校和一线教师获得各级各类相关荣誉，支持在建网络课程163万门，形成了系列混合教学改革实践成果。

优慕课职业院校混合教学改革支持服务体系在疫情期间得到了检验，相较正常时期支持服务的工作量更大，时效性要求更高。疫情期间，优慕课支持职业院校开展在线教学的主要工作节点包括：

2020年1月30日，优慕课正式启动职业院校在线教学支持服务工作。优慕课发布了《关于防控新冠肺炎疫情期间支持院校开展在线教学的服务措施》，积极协助职业院校做好在线教学前期准备工作，优化服务器配置，升级平台系统，提升平台性能，完善平台教学基础数据等，为开展在线教学奠定扎实基础。同时，联合清华大学教育研究院教育技术研究所研究团队快速搭建了《混合课程的设计与建设》《教师教学能力提升》等云端慕课，课程内容涵盖信息化教学理念、在线课程教学设计和建设方法等，同步组建了线上学习指导微信群，为职业院校教师开展在线上课程设计、建设与应用提供专业化咨询服务。

2月5日，优慕课发布了《关于职业院校防止新冠肺炎疫情期间开展在线教学的建议方案》，就学校如何调整教学安排、教务处如何组织在线教学、网络与教育技术中心如何保障在线教学、各二级学院（系部）如何推进在线教学和一线教师如何开展在线教学等提出具体建议，为职业院校制订疫情期间的在线教学工作方案及在线教学督导与质量监控工作方案提供了切实帮助。

2月8日，优慕课全面推进职业院校在线课程设计与建设工作。优慕课发布了《优慕课平台教师轻松建课五步法》，提供了优慕课平台全系列用户简明使用手册和配套视频教程，提供了直播工具和视频录制工具使用指南。疫情期间，优慕课团队积极作为，快速启动职业院校教师在线培训和答疑活动，努力纾解院校焦虑。2月中旬到3月底，在职业院校开展在线教学的关键时期，优慕课团队借助直播工具完成了80余场、1万余名教师的远程培训，通过400余个微信、QQ群面向全国100余所职业院校、4万余名一线教师开展了集中答疑和点对点指导，“5+2”“白加黑”全力服务职业院校教师开展在线课程的设计、建设与教学实施工作。

2月12日，优慕课发布了《教师在线教学五种方案推荐》，充分考虑职业院校教师的原有工作基础，尊重教师的个性化选择，尽量避免教师重复建课，保障在线教学工作顺利开展。结合优慕课平台支持，基于教师网络课程资源的“自主学习+教师辅导”在线学习模式，兼顾平台个性化服务特点，推荐五种方案供教师参考，并明确给出各种方案实施在线教学的具体步骤。

3月28日，优慕课面向全国职业院校教师举办在线课程设计、建设及应用直播交流活动，活动采取一线教师案例分享和专家点评指导的方式进行，全国73所职业院校、2800余名教师参与了分享交流活动，对职业院校在疫情期间开展在线教学起到了一定的带动作用。

5—7月，职业院校在线教学支持服务工作相对平稳。优慕课团队对在疫情期间取得初步成效的职业院校所采取的在线教学工作措施进行了梳理、总结和提炼，形成典型案例，无偿推送兄弟院校参考、借鉴，共同提升职业院校信息化教学水平。

以杨凌职业技术学院（全国首批国家示范性高职院校、“双高”院校计划建设单位）为例，学校于2017年正式启动混合教学改革，2019年建设完成1000门混合教学课程，2020年上半年疫情期间学校562名教师、436个班级、14399名学生、613门线上课程教学顺利实施。可以说，混合教学的常态化为学校在疫情期间全面开展在线教学创造了有利条件。

结合职业院校的实践经验，优慕课对兄弟院校在后疫情时期常态化开展混合教学改革提出以下建议：

1. 健全混合教学改革政策机制和组织体系。健全的政策机制和完善的组织体系是有效开展混合教学改革的重要保障。疫情期间应急出台的政策机制缺乏可持续性，临时组建的组织体系也缺少统筹规划。建议职业院校尽快建立常态化的混合教学改革政策机制与组织体系，完善混合教学保障措施，引导和促进教师积极开展混合教学。

2. 完善职业院校教师信息技术应用和创新能力提升培训体系。教师的信息素养和信息技术应用能力是影响混合教学效果的重要因素。疫情期间教师的信息化教学能力有不同程度的提高，为更好地适应信息时代混合教学的新发展，教师的信息技术应用和创新能力还需进一步提升。建议职业院校定期实施专家引领、基于工作坊的进阶式教师信息化教学能力提升培训，提高教师信息技术与教育教学融合创新能力，深化教师对于混合教育理念和教学模式的认识，提升教师的信息化教学设计能力、信息技术应用能力、信息化教学实施能力、信息化教学管理与评价能力、信息化教学研究与创新能力以及教学管理人员的信息化教学管控能力，保障职业院校稳步有序地推进混合教学改革工作。

3. 建立混合教学质量评价体系。质量评价是保障混合教学有效开展的关键因素。通过明晰混合教学的质量评价机制，有益于科学评价与认知职业院校混合教学质量，并依据评价结果指导与规范后续混合课程设计与教学顺利实施。混合教学质量评价面向混合课程的教学设计、课程建设与平台筹备、教学实施过程、教学效果四个阶段开展。评价模式应秉持多元评价主体参与、多维评价方式有机组合的原则，具体包括设计评价、开发评价、过程评价、成效评价四个阶段。各职业院校具体实施时可结合当前混合教学实施阶段随时进入评价的四个阶段，不拘泥于从设计阶段开始评价。混合教学质量评价具备过程性特点，不只适用于混合教学的终结性质量鉴定与效果检验，还具备导向与调节的功能。建议职业院校在日常教学过程中开展阶段性评价并为教师及教学管理者提供教学质量反馈，从而及时调整教学策略与教学行为，实现以评促建、以评促优的进阶目的。

4. 借力校企合作完善职业院校教育技术支持服务体系。教育技术服务企业可在以下几方面发挥作用：

（1）协助职业院校评估在线教学软硬件支撑环境，优化基础设施与平台工具，构建松散耦合、一体化在线教育综合平台，优化教师在线教学及学生在线学习行为的跟踪、统计、分析和评价功能，提升平台对教学全过程运行数据的管理功能，满足师生多终端、多元化、异步与同步教学有效融合的在线教学以及院校教学管理部门科学决策的要求。

（2）系统化提供职业院校在线课程设计开发与实施方案。内容包括课程现状分析、课程对象分析、混合教学环境分析、课程设计原则、课程教学内容的设计与实施方案、课程教学资源的设计与实施方案、课程学习活动的设计与实施方案、课程教学评价的设计与实施方案、课程学习支持的设计与实施方案。

（3）个性化提供职业院校在线课程设计、开发与实施指导服务。在教师开展混合课程实施过程中，协助其针对“线上—线下”“课前—课中—课后”“资源设计—活动设计—课程设计”等进行科学设计，提供日常问题咨询及混合课程建设与教学实施情况跟踪服务。

（4）综合性提供职业院校混合教学实施水平评估诊断报告。

以上就是我汇报的全部内容，感谢各位老师的倾听，谢谢！

韩锡斌

清华大学教育研究院副院长

职业院校在线教育教学发展报告：成效、不足与展望

各位领导和老师，大家好！今天下午主持了"中国西部教育发展论坛"第三分论坛，即职业教育分论坛，九位嘉宾都做了精彩报告，最后利用一点时间，做一个小结。我分享的题目是《职业院校在线教育教学发展报告——成效、不足与展望》。

大家刚刚听到专家的报告是2020年3月初承担教育部科技司一项课题任务的系列成果。当时1300多所高职院校和近1.1万名中职学校在春季学期将课堂陆续迁至网上。对这样一次"史无前例""世无先例"的大规模在线教育的跟踪、反思、研究，对今后信息时代职业教育的发展意义很大，因此科技司立了专项。同时职成司也在积极指导各省份的教育部门和院校开展在线教育，也进行了跟踪统计，这次研究也采用了部分数据。

从学校、老师、学生三个方面收集了问卷数据，也有案例信息，还有一些重点院校的跟踪，形成了1份总报告，8份专题报告，7份区域报告，2份案例集。

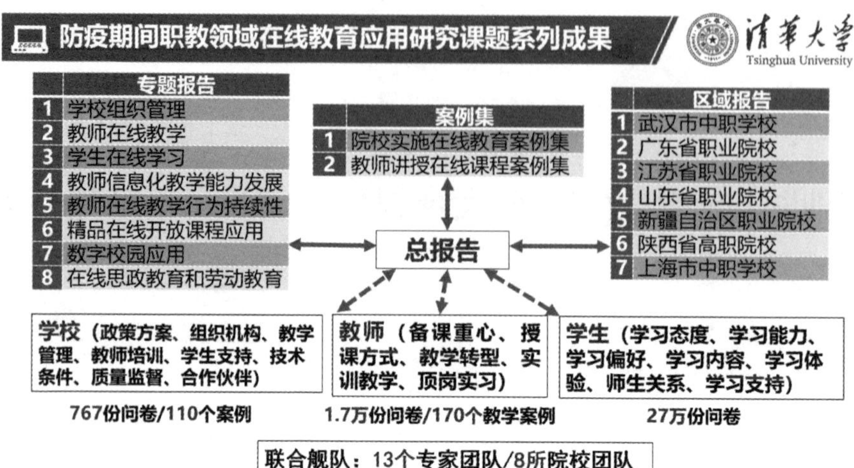

今天由于时间关系，很多研究子报告的内容并没有呈现，报告人呈现的也是相应子报告的一个概要信息。整个研究是13个专家团队和8所职业院校团队共同完成的，因此是大家集体智慧的结晶，我做了一些协调工作，主要的贡献在大家。下面就职业院校在线教育教学取得的成效、存在不足与发展展望的要点做个小结。

防疫期间职业院校在线教育教学取得的成效体现在6个方面：

1. 职业院校参与者信息化教育教学的意识极大提升，尤其是领导者。

2. 教师全面体验了在线教学的过程。

3. 树立了以学生为中心的意识，而且有配套措施。

4. 院校在在线教育教学开展当中做了及时的机构调整和建设，出台了相应的政策。

5. 网络教学设施及服务得到了加强，数字化教学资源得到了丰富。

6. 整体实现了防疫期间全国职业院校不停教、不停学的目标。

7. 为未来职业教育教学的改革奠定了很好的基础。

我们将防疫期间职业院校在线教育教学面临的困难和存在的不足总结了10个方面：

1. 实验实训实习教学受到了比较大的冲击。

2. 还是着眼于应急性的应对，对信息时代职业教育发展方向的思考比较欠缺。

3. 师生信息化教学与学习素养及水平有待提升。

4. 相应的组织体系，尤其是常态化的组织体系还需要组建。现在讲治理体系和治理能力的提升，这方面还有很长的路要走。

5. 防疫期间实现了不停教、不停学，但是从质量的角度来看，还需进行持续地研究与实践。

6. 面向学生学习的全方位支持保障体系亟待构建。

7. 信息化技术支持服务的专门机构和专职人员队伍比较薄弱。

8. 全面育人的理念在在线环境下如何实施有待进一步探讨。

9. 在线教育资源的保护如何做，也是今后进一步研究的课题。

10. 各位专家也提到了，东西部区域差距，以及中职学校和高职学校之间的差距还是比较大的，新的数字鸿沟给我们带来很多警示，也需要我们进一步的思考和研究。

从展望角度来讲，信息化促进职业教育变革的趋势体现在以下几个方面：

一是信息时代产业变革需要职业教育体系的变革，要基于互联网创新服务终身学习的职教体系。我们有一个判断，职业教育将迈向混合教育的新常态。最后一点是，不能忘记在信息时代职业教育的均衡发展问题。

二是教育教学模式创新，从产教融合办学模式到信息化的人才培养模式，再到信息化教学与培训模式，在全国的职业院校当中都有比较好的积极探索，但路还很长，我们需要做的工作还很多。

三是学生和教师的信息化学习能力发展，从信息化意识到知识技能、到思维与行为，还有信息化专业的思维和信息社会的责任，师生都需要进一步提升。刚才张屹老师已经讲了教师信息化教学能力发展的问题，这些都在教育部2020年6月颁布的《职业院校数字校园规范》中做了明确要求。

四是数字教育资源的共享和应用，一个是要服务于职业教育教学，目前服务于职业教育教学的特色资源还比较欠缺，供教师备课使用的素材集、微教学单元级的资源更加稀缺。仿真实训资源建设与应用将成为今后职业教育资源建设的主攻方向。校企深度合作是破解职业教育特色资源难题的有效途径。

五是信息化体制机制，包括组织机构、政策规范及运行机制等。总体上来讲，希望院校今后的信息化工作或者信息化教育教学改革要从项目驱动转为使命驱动。

六是数字校园建设，其目标和内容在新发布《职业院校数字校园规范》中做了明确的说明，有兴趣的老师可以在教育部官网获得规范的全文。

我们的报告在给政府的政策建议中提出希望以规划编制为引领，全面加强职业教育信息化的顶层设计。在规划中不仅要关注常规问题，同时还要关注基于信息技术的职业教育教学应急策略问题，还要面对信息化过程中出现的数字鸿沟问题，精准定位并解决在线教育发展中的不均衡问题。要以职业教育治理体系改革为突破口，完善学校、政府、企业等多方信息化合作共治机制。教育部正在组织专家编制中国信息化中长期发展规划和"十四五"规划，我牵头做职业教育方面的规划。在后续规划制定中，也期待更多的专家、职业院校领导和老师，给我们建言献策。

建议以信息技术与教育教学深度融合为路径，在相关政策规范中明确信息化要求。以职教培训体系建设为重点，持续提升职业院校教师信息化教学能力。还要加强版权政策的制定，这些事情教育部也都有考虑。将要启动的一个项目是职业教育多模式混合教学改革及院校示范研究，准备遴选至少50所院校做试点。在试点当中探索经验，找到破解问题的办法，引领职业院校进行信息技术深度融合的教学改革。

我刚才提到的课题研究的总报告及15份子报告的全文已经在网上公开发布了，有兴趣的老师可以扫描下面的二维码，在该公众号中查阅下载。

有兴趣的老师还可以翻阅《职业教育信息化研究导论》(第2版)，这

是几十个专家和院校领导共同研究与实践的总结，其中将职业教育信息化整体框架及具体内容做了阐述。《职业教育信息化发展报告》（2018）总结了1998年到2018年中国职业教育信息化发展的历程及成果，《职业教育信息化案例报告》（2019）凝练了不少案例，都可供参考。

总结一下这次防疫期间，尤其是春季学期在线教育教学情况，可以说总体上实现了教学不停步的总体目标，为后续的改革奠定了基础。我认为有三种力量在背后支撑：

第一是国家独特的体制力量。在这样一个危急关头，从教育部到各级地方教育部门，再到院校管理服务者及教师，体制性的力量释放出来了，支撑了在线教育的顺利开展。

第二是责任的力量。尤其是突发疫情之后，校领导和教师面对危机不计报酬，加班加点，全身心投入了在线教育教学，体现出了教育界、职业教育界强大的凝聚力，也体现出了高度的责任感和教育情怀。

第三是技术的力量。职业院校在过去十年信息化建设中取得了长足进步，给这次在线教育奠定了技术基础。同时看到我们国家互联网生态日趋成熟，有助于职业院校打破无形的围墙，借助社会力量实现防疫期间在线教育教学的顺利进行。

我个人有一个倡议，应不仅仅满足于这次疫情期间的应对性教育教学，应当认识到当今人类社会已经从工业社会转向信息社会，新时代的职业教育发展要求我们思考主动变革的路径和方略，思考完以后还要付诸实施。相信在这样的思考和行动当中，会不断去破解职业教育的难题，尤其是破解西部职业教育的问题。

以上就是今天下午的报告，现在是4点59分，我按照计划完成了今天下午报告的主持任务。感谢各位专家、各位院长和企业代表，在这样一个非常好的平台上做出的经验分享和智慧分享，感谢中国西部教育发展论坛、中国教育三十人论坛和西北师范大学主办这次论坛，感谢汤敏先生和姜大源老师对分论坛的策划和领导，当然也要感谢在各大平台上收听、收看直播的老师和同行。

职教论坛的讨论到此结束，感谢大家！

分论坛四　西部教师培训：联合起来探索教师成长新路径

师资一直是农村义务教育的短板。近年来乡村教师培训受到了社会各方面的关注，随着互联网等新一代技术对教师培训的影响不断加深，乡村教师普遍性地呈现出对培训内容和方式的改变需求，辨识这些新需求并探索适应这些新需求的培训模式，已经成为目前优化乡村教师培训内容和方式的关键问题。

特岗教师在情怀背后有哪些辛酸？如何加强对特岗教师的培训，引领他们专业发展？如何提升特岗教师的职业幸福指数，让他们留得住、教得好？如何满足乡村教师的提升型消费需求？如何构建新型的乡村教师深度培训模式？

汤 敏

中国西部教育发展论坛主席

国务院参事

中国教育三十人论坛成员

友成基金会常务副理事长

集合影响力&新木桶理论下教师培训新模式

我参加了今天上午的西部教育发展论坛，在会场上看到了很多国内推广西部教育的朋友，包括政协副秘书长朱永新教授，还有很多教授，包括西北师范大学的党委书记，还有副校长，还有很多教授，他们的演讲让我特别受启发。

我想跟大家介绍的是一位乡村教师，她是第一届“青椒”学员，在今天上午的论坛上她介绍了自己的经验。今天上午都谈到了这次“停课不停学”是人类历史上最大规模，而且多层次的网上教育实验。很多老师说，这是一次模拟考试，是全国学校、老师、校长，包括家长、学生的一次模拟的互联网考试，而且让全国的学校、老师和学生们都亲身体会了如何用互联网上课。不只是全国人民，全世界都对互联网教育有了全新的认识。甘肃四五月份已经开学了，但北京9月份才能恢复过去传统的线下教育模式，现在各个地方都在紧锣密鼓地准备秋季开学，我们又回到了过去以校园教室为主的学习方式。

在“停课不停学”过程中，大家对互联网教育、教育信息化有了全新的认识。通过“停课不停学”有可能加快国家的教育改革，特别是教育公平的推进。现在学生不仅能在互联网上学到东西，而且还开始锻炼了在互联网上自学的能力，这对我们培养未来的人才非常有帮助。程介明先生专门讲了在“停课不停学”过程中，我们从互联网教育里面学到什么，他谈到未来的社会有可能是终身学习，而且不断变化，这次疫情以后人类社会会发生很大的变化，这是对人才全新的要求。

在这里转述一下今天上午王莉莉老师的发言，题目就是《后疫情时代乡村课堂教学模式的新样态》，她用自己的亲身经历讲述了一个乡村的小规模学校发生了怎样的变化。她是第一届“青椒”学员，参加了“青椒”学习，她现在50岁了，她自称老学员、老教师了，但她还是特别认真，特别有激情。她在“青椒”学习以后，说第一次接触了互联网的学习，不但自己学好了，还要把互联网学习拓宽到她的学校和更多地方。这次疫情以后她变成了网师、网红了，因为她和她的学生对互联网教育都非常熟悉，所以在这次突如其来的“停课不停学”过程中，她和学生做得非常好。她教语文，一个人带了三个班，其他班的老师对互联网不熟悉。她不但带语文课，也带别的课，她已经变成了当地的网师，已经不是网红而是网师了。

她谈到自己的成长过程，三年前她是“青椒”学员，后来又变成了网络助学，还当过一段时间的网络助教，她在网络上学到很多东西。她之所以现在能成为一名网络教师，能在今天上午全国性西部教育大会主会场上发言，跟她的经历有关。王莉莉老师讲了很多，由于时间关系在这里我就不多讲了，大家有兴趣可以去看回放，她作为一名乡村教师是怎样推动“停课不停学”，而且在其中有怎么样的体会。

这次“停课不停学”之后，我们是回到老路上，用传统的方式教课，还是经过这半年的磨炼，可以用全新的方式来教学？这对每一位教师、每一个学校都是一个很大的挑战。我们希望大家不要简单回到过去的课堂上，要通过这次“停课不停学”真正把互联网教育融合进去。让人欣慰的是，经过调研我们发现大部分的学校、老师、学生都愿意把这次“停课不停学”学到的方式融入未来的学习中。乡村学校本来就资源不足，条件不是很好，更需要用教育互联网化、教育信息化的方式走进一种新的教育模式。

未来的乡村学校会怎么样呢？今天给大家介绍一下未来的乡村学校。刚才在“停课不停学”中看到双师教学、网络直播，通过电视把优质资源送下去，我们都已经熟悉了。还有一些老师都已经开始使用了，比如动漫式的教学。现在更新的技术也在不断发展之中，我想介绍一下人工智能教学方式，看看未来乡村学校能不能走这条路。如果不走这样的路，就很难弯道超车。

人工智能如何赋能教师、引导学生、改变教育？或者乡村学校未来的发展应不应该走这条路呢？这是原来的洋葱教学（现在叫洋葱学院）最新开发出来的产品，我们看一下它怎样把人工智能运用到学校里面，这些学校的老师、学生怎么上课、怎样学习的。

洋葱学院最新的产品，就是通过人工智能用新的教学方式给学生上课。除此之外，还有人工智能教师培训系统，教师现在通过人工智能系统就可以听课、评课。还有人工智能教学支持系统，除了讲课，老师还有一个重要的工作是批改作业、试卷，这些工作能用人工智能的方式来做吗？

一会儿还要给大家看一下用人工智能来评卷，比如英语作业、数学作业通过人工智能送到云端，用大数据可以很快批改出来。人工智能还可以改作文，学生手写的作文通过人工智能也可以进行识别、批改，这种批改远远超过老师能做的，因为它通过大数据系统来做。人工智能甚至可以把作文里面的金句挑出来，从各个维度来评价作文写得怎么样，哪些地方还欠缺，等等。

此外，还可以通过人工智能的方式参加高考。科大讯飞公司让人工智能产品参加高考，把高考卷子发给人工智能机器，它在几秒钟把高考题目读了，几分钟就把高考题目全部做出来。人工智能机器不但可以把高考试卷做出来，还可以对高考试卷进行非常详尽的分析，这个考题想考什么知识点，出题人背后的逻辑是什么。通过这些分析让学生更有针对性的学习。

对不同的学生要因材施教。从孔夫子开始就谈因材施教，但传统的教学方式，一个班有五六十人，老师很难做到因材施教。现在通过大数据、人工智能的方式，对每个学生进行测验，根据每个学生的情况来推送不同的课程，不断对他进行评估。我们根据不同学生的情况对学生进行分类，称为学霸型、学中型、学鸟型，学中型是学习能力处于中游，学鸟型是指还不是特别好，需要不断追赶。这样不同的学生就有不同的课程、不同的学习方式，人工智能就可以对不同的学生做到因材施教。这些都是下一步乡村学校需要推动的事情。当然乡村学校使用人工智能有一个条件不太容易满足，不能做到像一些好的城市学校那样每个学生有一台平板电脑或计算机。但很多乡村学校有计算机室，学生可以去计算机室里学习，可以进行各种测试。由于“停课不停学”，有些家长给孩子买了平板电脑或计算机，有条件的孩子也可以用平板电脑、计算机来学习，这些都会使学生的学习方式有大的飞跃。

教育存在不公平的情况，不仅是现在存在，几千年来都存在，全世界的教育也不可能完全公平。但我想，有了互联网，特别是拥有人工智能技术，下一代就能使教育更公平，让每个学生有不同的学习模式。这些是乡村学校下一步需要推动的，当然到目前为止，乡村学校只能在比较简单、初级的教育信息化模式下学习。但我相信，随着技术的进步、硬件设施的提高，下一步乡村学校可以更上一层楼，关键是要用最新的技术、最新的模式。这些软件都是很多互联网公司做出来的，他们也非常愿意帮助学校发展。互联网软件有个好处，做出来以后可以把它复制，让更多的地方应用，成本也非常低，互联网公司也非常愿意拿这些软件去农村学校进行实验。我在以前就听到，上海松鼠AI公司提出，准备在未来几年把他们的人工智能技术送到全国1000万个乡村学校或1000万个贫困地区的学生身边，让他们得到免费的教育。这些都是乡村学校、乡村教师“停课不停学”以后应该努力的方向，当然友成企业家扶贫基金会和“青椒计划”可以慢慢推动这些新变化。这次疫情给我们造成了很大的冲击，但正如我们所说的，危机也是转机，这种情况下反而能把乡村学校的教育往前推动一大步。

从这种角度来说，我们向有关部门提出建议，国家要加大对农村贫困地区、薄弱学校的教育信息化投入。这种投入不仅是硬件投入，还有软件投入。有社会责任的企业要在城市和学生中同步推动人工智能的教学实验。现在高大上的实验都是在城市的优秀学校里进行的，不是说不应该在城市学校实验，而是应该更多地在农村学校进行实验。在教育领域推动教育信息化，要重点推动成本比较低、效率比较高、容易广覆盖的新技术，让好的越好、差的越差的情况有所改变。

最后，做一个总结，这次“停课不停学”让乡村学校的教师、校长、学生、家长尝试了教育信息化下的新教学模式，学生返回学校后，希望大家还能继续推动这种新教学模式。从目前的情况看，如果不用这种新技术、新模式，就很难解决乡村学校的教育公平问题，让乡村学校、贫困地区的小规模学校、村小教学点赶上全国教育改革的发展步伐。作为友成企业家扶贫基金会一直在推动的青椒计划，需要大家一起来推动。接下来我们一起听听北京师范大学的两位教师他们是怎样推动乡村教师发展的。他们也有非常好的计划，还给大家准备了材料。

谢谢大家。

朱旭东

北京师范大学教育学部部长

西部乡村教师的全专业发展

非常高兴在西部教育发展论坛上与大家相见，一起讨论关于乡村教师的专业发展、建设问题。

我讲的题目是《西部乡村教师的全专业发展》，主要是从理论上探讨教师发展全专业的问题。习近平总书记提出“四有好老师”，即有理想信念、道德情怀、扎实学识、仁爱自信，他还提出来“四个相统一”，坚持潜心问道与关注社会相统一，坚持言传和身教相统一，坚持教书和育人相统一，坚持学术自由和学术规范相统一。在“四个相统一”基础上，他又提出“四个引路人”，做学生奉献祖国的引路人，做学生锤炼品格的引路人，做学生学习知识的引路人，做学生创新思维的引路人。习近平总书记关于教师的重要论述，从基础、路径、目标三个方面构建了当今教师的基本轮廓和基本形象。

我想在习近平总书记关于教师重要论述的基础之上，基于他提出来的基本思想，谈一下教师的全专业发展的论题。在全专业发展的论题中首先要讨论什么叫“专业”。“专业”在词源学中，“专”的甲骨文左边是个手，右边是纺织用的纺锤，合起来就是用手纺织。从一开始“专”是指用手纺织的专业化工种，到了现代专指个人独享，也是强调一种特殊性。“业”，本指古代乐器架子上横木上的大板，刻有锯齿状，用来悬挂钟、磬等打击乐器。现在能检索到古籍当中的“业”字，最早出现在《易传》，意思是“富有之谓大业”，“业”主要指伟大的事业。延伸到现在，“业”主要指事业。“专业”这个词在文献里面出现过，《后汉书》中曰：“去离本土，营求粮资，不得专业”，这里“专业”主要指研究某种学问或尝试某种实验。今天我们谈的专业是“独特而专门的事业”。问题来了，教师是个专业，但它怎么变成一个独特而专业的事业呢？这个事就要讨论了。

我提出教师的全专业的概念，全专业是基于半专业概念来的。过去我们认为教师是个半专业工作，所谓的半专业是涉及一个教师所拥有的学科专业。从内涵上来讲，如果把教师专业理解为教会学生学习，其实也就是教书，又是育人，还有服务。从这三个方面讲的话，要探讨在教书过程当中，教书的目的是什么？主要是为了教会学生学习，这里面涉及学生学习的事。因此，教书是进一步解释，教会学生学习。“教会学生学习”里面涉及诸多问题，是谁教会学生学习？你会说是教师。那教会学生怎样学习，教会学生学习什么，以及如何教会学生学习问题都摆在我们的面前。

因此，我提出教师的全专业属性主要由四个内容构成。第一，教师的伦理专业。第二，教师的学习专业。第三，教师的学科专业。第四，教师的教导专业。

一、教师的伦理专业

教师的伦理专业，在过去叫教师专业伦理，也叫师德。目前学术界主要是以“教师专业伦理”的概念讨论的。教师专业伦理涉及教师专业的伦理关系，也就是与学生、同事、家长、学校和社会的互动关系，它通常会有专业的伦理规范、准则，涉及行为规范、行为准则、道德规范。因此可以把它理解为教师从事一种专业，教育教学是在关系当中，关系必须遵循伦理规范、准则和义务。

此外，还要进一步去探讨教师除了自己的专业伦理之外，是如何帮助、支持、指导学生道德发展或者伦理素养的养成的。问题来了，教师是否要了解、知晓学生道德是如何发展的，以及他要培养学生怎样的伦理素养？这意味着要了解学生的伦理素养的构成或者内容有哪些。前面介绍的教师专业伦理主要指教师在教育教学关系当中应该遵循的伦理规范、准则和义务，主要是指教师从事教育教学专业应该具有的规范准则、行为规范，但是它并没有包含引导学生道德的发展，尤其是没有提到教师要了解学生道德是如何发展的，学生在伦理素养上涉及哪些内容，以及这些伦理素养又是怎么形成的。

具体到学生的道德学习是怎么开展学习的，过去道德与法律、法制通过课堂传授，掌握的是概念和老师教的基本意义，当进入到行为当中，学生又是怎样学会的呢？这就是我们要讨论的。我们用教师伦理专业来理解它的时候，其实涉及它的双重性。第一，教师自我的专业行为的表现。第二，教师要指导、帮助、促进学生的道德发展。这就意味着教师要具备关于道德的知识、专业能力和专业精神。在我看来，一个教师除了自身应当具有专业伦理素养之外，更重要的应该具有促进学生道德发展的知识、能力、精神，以及基于专业的知识能力和精神，对学生道德学习进行设计、实施和评价。教师伦理专业具有双重属性，这是我对于教师伦理专业概念的基本理解。

伦理专业会涉及规范伦理和美德伦理。美德伦理会涉及良心。经常讲良心，良心是什么呢？良心是美德伦理学的一个范畴，与名誉、品德一起构成美德伦理学的三个完整范畴。良心涉及同情心、同理心、悲悯心、慈悲心、仁慈心和习近平总书记说的仁爱之心。所以，一个教师要知道良心是什么，我刚刚有描述，良心主要由同情心、同理心、悲悯心、慈悲心、仁慈心、仁爱心组成。教师要懂得培养学生的良心的美德伦理学。同时美德伦理学涉及名誉和品德，如何培养学生的名誉的美德伦理学和品德的美德伦理学？这意味着教师的伦理专业要与过去的教师道德心理学，比方说道德认知、道德情感、道德意志、道德行为，与伦理学当中的规范伦理和美德伦理相结合，开展教育教学工作，发展自己的伦理专业。

教师要懂得美德伦理学的内涵，再通过与心理学相结合，让学生知道良心由什么构成，让学生知道自己在面对弱势群体的时候，还需要良心等。这些都是一个教师应当具备的专业要求或者专业内涵，因此我提出来教师伦理专业，也希望各位老师在理解自己以及通过你的理解去促进学生道德的发展。

二、教师的学习专业

教师的学习专业，应从两个方面谈：一个是教师的学习专业素养，一个是教师的学习专业能力。学习专业素养，涉及学习的知识、学习的能力、学习的伦理。学习专业能力，涉及学生的学习设计、学习实施、学习评价。今天，我们需要把学习作为教师专业特别重要的内涵来认识。因为教师必须懂得学生学习的规律，要把理论学习运用到学生的学习设计、学习实施和学习评价当中。国家颁布了有关评价的改革意见，评价改革意见当中涉及过程性评价、总结性评价，还有增值性评价、综合性评价。具体到学生学习过程中，应该是学习的过程性评价、总结性评价、增值性评价和综合性评价。这些是教师学习专业应该有的内容，对于教师的专业发展很重要，必须要加以重视。

三、教师的学科专业

教师的学科专业是我们最熟悉的，所有教育教学都是通过学科来开展的。但我今天要谈的是要明确学科专业是由什么构成的，我们平常不太探讨学科专业是由什么构成的。学科专业应该是由学科的概念、学科的知识、学科的原理、学科的能力、学科的方法、学科的思想、学科的本质等构成的。

现在都在谈学科核心素养，与其说学科的核心素养，不如先知道教师应该有的学科专业，这个学科专业由学科的概念、学科的知识、学科的原理、学科的能力、学科的方法、学科的思想、学科的本质构成。一个教师要知道学科的概念、学科的知识原理，还要具有学科能力，比如数学老师要有解题能力。学科还有不同的方法，每一个学科都有相应的方法，比如哲学意义上的归纳和综合方法。对于教师来讲，要理解和运用学科的方法。同时每个学科背后有它的思想和本质，这些都构成了教师学科专业的内涵。

四、教师的教导专业

教导主要是指教师通过语言和身体所表现出来的引导、指导、辅导、演示、讲解、对话、帮助等素养，要学会指导、引导，能够辅导，也能够演示，同时还能够有效讲解。当然，还要与学生进行有效的对话，还要有效地帮助学生，它主要通过语言和身体来呈现自己的教导专业水平。

比如，在教育教学过程当中有训练，训练教师通过自己的演示或者演示加讲解使学生能够模仿学习。其实，演示和讲解体现的是怎么教，这一点非常重要，体现了教师的专业素养。这是教师教导专业的基本内涵。

总之，教师是一个具有伦理专业、学习专业、学科专业和教导专业的全专业属性的老师。至于信息素养、沟通交往能力、组织能力、想象力、问题解决能力等，这是一个高素质的问题，是一个创新的问题。但是从专业化角度来讲，教师拥有这四个维度的四个方面的专业，才可以真正称得上是一个具有专业属性的老师。

希望西部地区的老师能够具备教师的全专业属性，而且这种全专业属性应和西部教育的普遍性和特殊性相结合，从而使教育的全专业属性真正切合西部地区的发展，尤其切合西部的农村、乡村地区学生的发展，使教师真正能够通过自己的全专业属性的发展促进学生的发展。

主持人，我就讲到这里，谢谢大家!

郑新蓉

北京师范大学教授

新生代乡村教师的特征与需求

——以特岗教师为例

在座的也有一些“青椒计划”里的特岗朋友，这些年我的研究一直把中华人民共和国成立70多年来的教师分为五代，前几代不细讲了，我把第五代乡村教师看作从2006年特岗计划开始的。在这个过程当中，有国家和时代的主题，也有农村社会组织的变化，还有公共教育内涵的变化，比如强调教育均衡、公平、质量，教育的扶贫等，还有乡村教师的家庭背景和身份。

越来越多的教师走进了特岗教师这个队伍，从2006年教育部统计特岗教师的队伍开始，保守来说2020年特岗教师是95万人，“十二五”规划结束以后应该是近百万特岗教师分布在中西部，成为中西部乡村教师、青年教师里面最主体的教师。在20世纪90年代中期以后，国家进行了一系列重要的改革，这些改革促使乡村教育的教师发生了很大的变化。其中一个很大的问题是公办学校教师短缺。20世纪初，国家有各种政策，其中有一个急速补充农村教师的新举措。其实在座的很多教师，包括你们学校的同事，大概就是从这些计划开始走进农村教师队伍中的。比如西部计划、城乡教师交流制度、三支一扶计划，还有2006年推出的我国义务教育阶段农村学校特色岗位计划，这是在一系列措施当中规模最大、见效最快、影响人群最多的一项政策。特岗教师在1000多个县、3000多所学校工作，为农村学校补充了大量的教师。

这群教师都有什么特点，现状怎么样？这群特岗教师大多是80后，有些是90后、00后。他们就读于收费并轨的高等院校，如果就读师范院校，也是由三级改为二级的师范院校培养体制培养出来的，他们绝大多数是教师招聘新机制改革以后进入教师岗位的。相对于他们之前上几代的乡村教师，在生活方式和文化特质上有许多不同。他们大多数生在农村，又返回农村，他们身上有政策改革的各种轨迹，以及和我们国家的城市化进程同步成长的轨迹。比如，他们从小的成长、迁徙、就学经历都和快速发展的历史节点相吻合，因此也形成了他们特有的城市化特质。我说这些，是希望我们一起真实地认知自己。

这群80年代出生的中国乡村教师，是中国快速转型发展过程当中成长的新一代青年，也是中国现代化历程中最特别的一群乡村教师。他们是接受高等教育之后，从乡村走出的青年，又是最早返回乡村任教的青年，他们服务于乡村、反哺乡村，给乡村社会的建设和乡村学校的发展带来了前所未有的活力。

他们身上都有什么特点？他们有许多同质性的特征，我认为特岗教师也是一群同质性较高的群体。这里面80%的乡村教师来自农村家庭，女教师占比很高，因为来自农村，所以很多是农业户口。父母的受教育程度不高，他们很多人是家庭里的第一代大学生。到现在为止，他的原生家庭也是以中低收入为主，家庭以多子女家庭为主，也有少数的独生子女；毕业院校通常是本省的师范类普通学校或者其他类高校。他们任教的地点都是村镇及村镇以下的小学教学点。

我想向大家描述一个乡村特岗教师的住所，他们的工作和生活密切交织在一起，作业本旁边可能就是衣服，甚至婴儿也可能在旁边。此外，乡村教师的婚恋是当地干部特别关心的，当大批青年特岗教师返回农村的时候，大批的农民出外打工，这批青年特岗教师是逆向而行。所以他们的婚恋问题一直备受关注，也可以看出情况有所改善。特岗教师当中有10%恋爱过或已婚，对象也是特岗教师，并且生活在一起。还有一些特岗教师的恋爱、结婚对象也是特岗老师，目前由于各种原因还没有生活在一起。

在我们的问卷当中，在特岗教师的自我陈述当中，他们自己在学生时期的学习成绩还是比较好的，有一部分特岗教师的成绩在班里排前十名，还有很多自述是排在班里前二十几名，这些加起来占特岗教师的90%以上。很多特岗教师由于父母打工或者学校撤并，自己也有留守儿童或者流动儿童的经历。在座的一些特岗老师也有多次转学和在寄宿制学校生活的经历，这些经历都会让他们对现在教的孩子的处境感同身受。当然在从事特岗教师工作以前，有很多人也有各式各样的打工经历，很多人不是学师范的，甚至也不是学教育的。有很多人做过代课教师、家庭教师，甚至做过健身房教练、美术设计师等。

这群特岗教师的工作情形是怎样呢？目前，这群教师工作及生活压力第一来自教学任务，占比是66.5%。第二是经济压力，有65%的教师认为目前的经济负担是要养家庭，如赡养父母、教育子女等。第三是职称晋升，40%的老师认为职称晋升是他们的压力。第四是个人的婚恋，乡村里年轻人少，交通不方便，接触同龄人的机会不多。此外，还有学生和家长对他们的态度。

我们再看一下这群年轻人当特岗教师的原因。非常惊喜地看到，接近70%的教师说喜欢教师这个职业，也有30%的教师说是为了支援贫困地区的教育，当然也为了兼顾自己的家庭，支援自己的家乡，还有的老师说是家里的父母也提出了这样的要求。很多老师也清楚地知道特岗计划一个最大的利好，就是工作三年考核合格可以转正，这些理由是报考特岗教师的最主要原因。

在教师职业认同上有这么几个观点："教师这个职业是为自己、国家、社会做贡献的工作，这个工作带有一定的牺牲"，有60%的人是同意的。也有90%的人更认同"教师是一个专业性强的职业，不仅仅是奉献和牺牲，也是一个非常喜欢的专业和职业"。尽管有一部分教师收入很低，社会地位不高，但是因为教师是一个专业性很强的职业，所以他们走进了这个职业。60%的人还会推荐自己的师弟、师妹报考特岗教师。

这群特岗教师有什么样的观念呢？我们出了一个题目："教师工作考核最应该看重什么?"排在前五位的是：学生喜爱程度、学生的成绩、优质课的评比、家长和社区的认可、教研员对课堂的评价。这些都是他们认为考核教师应该看重的原因。

这群特岗教师身上带有很多时代的痕迹，他们从出生就和这个社会的改革以及教育的变革同行。我把他们的很多行为称为趋向城市的态度和行为，他们在居住地点的选择、子女的教育、择偶和婚恋、网络消费、育儿方式、教学教育等方面都是非常崇尚或者偏好城市里的一些生活方式。他们可以说是中国第一代完成了离土、离乡、离农户身份角色转变的乡村教师。

他们面临的班级教育、教学情形是怎样的？可以看出，在班级教学当中他们都反映留守儿童、贫困家庭儿童、学习成绩较差的学生比较多，有四成教师反映班级存在纪律问题，也有近半数学校没有或者没法给这群年轻的教师找师傅。再加上很多现代的信息网络技术，老教师也没法做这些年轻教师的“全面师傅”。他们解决问题的方式是遇到问题请教有经验的教师。在任教班级中，学习成绩差、要给予特殊帮助、家庭经济困难的学生比例很高。可想而知这些年轻教师的教学任务、面对的学生困境是一些城市甚至县城教师所不能比拟的。留守儿童占比各班也不一样，但是绝大多数教师都是和留守儿童朝夕相处的。

教学方面遇到的问题，最常用的解决方案：第一是请教本校有经验的教师，这占了91%。第二是利用网络资源。第三是和同辈老师交流。青年教师群体、老教师群体和互联网这三项都非常重要。

教学工作中面临的最大困难是什么？我们的问卷调查针对工作一年到三年的特岗教师，如果超过三年的话情况可能会有所变化。课堂管理经验不足、教学资源匮乏、学校教学条件差、教学基本功欠缺、教育理论知识匮乏，还有对教材不熟悉，甚至有些地方有语言沟通的障碍等，都是老师们反映的教学当中的问题。

在下列工作和生活的相关方面，您最希望改善的是什么？第一条是工资水平，也是最实在的回答，他们去了最艰苦、条件最差的地方，不管是从学生生源条件，还是从教学办公的条件、生活条件来看，都比较差。可喜的是，每次老师这样的呼吁，都带来相应政策上的改变。职称评定也是老师们希望改善的，比如三年特岗服务期算不算考核的年限。还有各种保险和住房公积金、住房安排、培训入编等方面的问题，都需要改善。

您是否对自己的生活有规划？对未来一两年的生活有规划，有短期规划的教师占45%，将近一半。12%的教师没有规划自己的生活，对他们来说很难提前规划什么。34.9%的教师会规划三到五年的生活，还有7.1%的教师能规划自己五年到十年的未来生活。有规划对老师非常重要，后面我还会分析。

还有一些特征我也讲一下。让我们比较欣慰的是，这群特岗教师有很好的教育功效感。第一个问题，“一个班的同学总有好和差，教师不可能把每个孩子都教成好学生”。这是大家都可以看出来的，即使这样还有25%的教师不完全同意，他们觉得教育还是有力量的，可以把孩子教成好学生。第二个问题角度就不一样了，“一般来说学生变成什么样是先天决定的”。对这个问题，完全不同意的比例是38.5%，比例非常高。做教育的人，先天决定论就是教育功效感最大的敌人，我们都相信教育让人向上变好。第三个问题，“一般来说，学生变成什么样是家庭和社会决定的，教育很难改变”。在这个问题上也有80%的教师不同意或者不完全同意，即使学生所处的家庭和社会环境不好，这些教师还相信教育的力量。每次读到这儿，我觉得这群教师的教育理念和教育信心是非常足的。“一个学生能学到什么程度，主要与他们的家庭有关”，这个问题有50%同意，50%不同意。“一个学生在家里没有规矩，在学校也变不好”，也有50%的教师不同意，这些教师认为这些学生还是有希望的。我们总是在最坏的社会环境和家庭环境当中要帮扶学生的那群人。

在教师的个人功效感，即我的教育行为会带来什么这个问题上，这些问卷调查结果让我们非常欣慰。第一个问题，“对于那些刺头学生，我常束手无策，不知道该怎么帮助他”，新教师中有50%觉得对于刺头的学生也有办法帮助他。第二个问题，“教师能解决学生学习中出现的问题”。同意的占近90%，说明这群教师有信心帮助学生解决学习中出现的问题。第三个问题，“作为一名教师，只要我努力，我能改变绝大多数学习困难的学生”，认为能改变的教师占比也比较高，占到70%到80%。不管是从个人功效感还是从一般功效感上，总的来说他们对教育是有信心的。

在教育效果的自我评价上也是不错的，学生对学习有信心。我的问题是“通过你的教育教学，学生在哪些方面会变好”？学生对学习有自信、同意在这方面变好的比例非常高。“让学生意识到学习价值”比例也是同样的高，占90%左右。也有80%到90%的人认为“学生能积极提问”这方面能变好。“班级秩序通过我们的行为变好，不爱学习的学生爱学习了”，也能占到80%多。“学生了解你对他们的期待和希望”占比也很高。

下面一个题目“哪些因素标志一个人在社会地位上的重要”，特岗教师认为排第一位的是经济收入的水平，排第二位的是社会关系，排第三位的是有多少学问和发明创造，排第四位的是在什么机构工作。我也特别关注他们最不看重的几点，比如不把消费档次看成是社会地位的标准，这群老师太好了，在你们的引导下我们下一代孩子不会是消费主义者，不会浪费。家庭出身和背景、社会职务和头衔，他们也不是那么看重。所以，在教师如何看待社会地位的标准上还值得研究。

我接触的乡村女教师在哺乳期把孩子带在自己身边，但孩子到了要入幼儿园、早教机构的时候，就陆陆续续把孩子送出去。因为她们也希望给孩子最好的受教育条件。这群乡村教师把国内外很多现代生活理念的绘本带到了乡村，但也有一点应该注意的是，她们已经不太了解当地的神话、民间故事，以及父辈熟悉的连环画的主题了。这代人痴迷于网络，离不开网络，反映出的问题很多都在说流量不够、信号不好、没有快递外卖等，这代人对网络带来的一切成果都非常看重，也会运用网络技术努力克服这些困难。

在整个现代性方面，在他们的价值维度方面：在规则维度上，这个群体非常遵守规则。在时间维度上，总是偏向未来，也比较具有现代性。在主体性维度上，既兼容传统，也兼容现代的价值维度；既看重个人的能动性，也相信集体、家庭、家族的力量。在经验和理性维度上，他们更偏重经验。

关于幸福感，你同意以下说法吗？其中“我已经得到了生活中最想要的东西”，有接近38.5%的教师比较同意，他们认为当乡村教师也是自己幸福生活的一个重要部分。高达百分之八九十的老师同意“总的来说，我是一个幸福的人”“我对我的生活感到满意”，说明他们比较满意当前的生活状况。

在地域融入方面，现在的乡村教师是离土离乡，他们的城市生活经验很丰富，不管曾经拥有流动儿童的经验，还是外出读书的经验，基本上和城市关联很大。可以看出教师的答案也不一样，“除了学校，我不太熟悉村庄”，有40%的人不太熟悉乡村生活。因为有些时候不一定会回到自己所生所长的村子和家乡工作。“即使跟学校的同事天天在一起，我也觉得不属于他们”，占了30%。“我在学校感觉很孤独”，比较符合的占20%。“在这里再待十年也愿意”，同意这个观点的老师占30%。过去，老一辈的乡村教师会被村民邀请去参加红白喜事，但现在70%多的教师认为不会去。和当地的居民毫无共同语言的占百分之十几。“有责任为乡村做事的人”，比较符合大多数教师的想法，也有百分之七八十的老师认为“我也知道最需要什么”。在地域融入方面，可以看出新一代乡村教师的特点。

在特岗教师群体分类上，比如，从教育功效感的评价上看，有积极群体，这是根据教育效果的自我评价来看得分比较高的群体。对生活总体满意度和地域融入比较好、自我接纳比较好、得分比较高的群体，我们称之为乡村教师或者特岗教师里的积极群体，这个群体占了19%。还有一个是比较积极群体，占了30%。当然积极融入群体还有一定困难的占比也比较高，占了34%。还有16%的特岗教师是相对消极的群体。从这么一个划分我们发现，这些乡村教师或者特岗教师中的积极群体，常常是愿意当老师的群体，他们的融入也比较好。那些消极群体常常是骑驴找马，或者暂时进入教师岗位。

特岗教师中的积极群体在生活当中做规划的比例比较高，他们对自己三到五年的生活，甚至五到十年的生活都有规划，而且这种规划很可能就是他们未来的教育、人生规划。而消极群体对生活的规划比较差。在三年特岗聘期结束后，积极群体中“愿意继续留在本校任教”的教师占到了71%，比例相当高；消极群体只有20%，可能是不得已留在乡村学校。促使乡村教师特岗教师变成积极群体，也是教师成长和教师培训的一个任务。其实这代乡村教师和前面四代乡村教师比较，他们由自在的教师生涯（随遇而安，比较自然、自由的教师生涯）到了专业化教师发展的转变。

前面几代乡村教师有些时候有乡绅般的情怀，对家乡、本族、本村孩子的前途担负着强烈的使命。但是这些使命感和情怀慢慢让位于现代的教育陪伴儿童、追求教育绩效和完成教学工作的任务中。乡村教师也逐渐脱离土地和乡村，在信息化、市场化、商品化的环境中，乡村教师的身份感和精神世界通过户籍编制、婚配流动、购房买车、安家育子女，以及子女教育选择等方面发生了很大的变化。因此讲到最后一个主题，要促使这群乡村教师更好地在乡村教育服务。他们的三年服务期尤为重要，其中第一年、第一学期格外重要。

下面我有一点个人的思考和想法。今天，乡村教师要怎么成长，我有一些担心。我特别担心城市里的精品课程、育人方式、教育方式把乡村全覆盖了，却不知道乡村教师、乡村儿童的真实情形。这里面有三个词：乡村、乡村儿童、乡村教育。希望在座各位大声告诉外界，尤其告诉支持我们的社会公益组织，他们应该有针对性地提供我们所需求的东西。乡村虽然是欠发达地区，但也面临新农村建设的机遇，面临扶贫攻坚教育助力的机遇。我们在讲乡村儿童怎么样，留守应是他们身上很重要的一些特征，甚至在村小教学点，甚至在这个学校，最优秀的儿童也可能被他们的家庭送出去，也可能被城市的学校选出去。我们的乡村儿童学业成绩差这是他们的正常现象。面对这些问题，现在的乡村学校有点像城市里的孤岛，也是标志化建制，校门口也不让人进。他们也是年年都有考试，也是每个学期都以成绩为主，应试的氛围还是非常重的。在这种情形下如何管理儿童（我称为班级管理的知识和能力），教师如何掌握课堂教学的技能，教师如何在社群、家庭、学校三位一体的合作中陪伴和帮助孩子们成长？我觉得应该把家校和社区的合作等方面的支持列入新教师特岗教师的培训日程当中。

我有一个教育规划或者教育设想。在特岗教师三年服务期的第一年，因为乡村教师目前有30%不是来自师范学校，即使来自师范学校，也不一定进行了特别系统的教师专业训练，尤其是实践训练，所以，第一年乡村教师在教师专业方面的应知应会就是入门的一道坎，培训就是要现教现学，走一步看一步；第二年，要在教学质量和班主任的胜任力方面学习，就是教学不但要会教，还要教得有质量；第三年，提升全面胜任力，要能够既多学科进行教学，又能兼顾学校的管理工作，要能理解教育，全面促进儿童发展。

在一些具体的课程上，我只讲一下在特岗教师三年服务期的第一年我的建议，因为我钟情的也是这一段。教师能不能从消极的乡村教师变成积极的乡村教师，第一年给他们的支持非常重要。这个模块里有两个维度，第一个维度是既要给底线的知识支持，让他们明确作为教师不能做什么、绝对不能怎么样，也要给他们情怀和理想的支持。第二个维度是将书本知识、认知知识，变成行动上的实践性的知识。这两个维度要快速打通，底线的东西要守住，情怀的东西一点不能少。

如何认识儿童，特别是留守儿童、后进生？如何通过家访了解儿童，走进儿童的内心世界？我们认为既要学习书本知识，也要学习一些技能技巧。组织班级和教育就是实践性很强的知识。比如，主题班会怎么设计实施？如何巧用社区资源？如何维护课堂秩序？孩子们闹起来，怎么让他们安静下来？乡村孩子要不要学会劳动？怎么开展劳动教育？刚才讲到了一些底线知识就是法律知识，对教育法、教师法的解读。还有一类知识，如乡村教育家的故事、“四有”好老师的使命，像朱永新老师讲的教师的自信怎么养成等。还有教学和教法，我不主张特岗教师第一年进入乡村学校就太学科化，因为乡村教师需要一专多能，经常兼任多种教师和教育者的角色。很多教师说，自己还兼着学校的会计，有的教师说自己还要上政治课和音乐课等其他课。所以建议给教师上一些通识课，比如教会教师如何说话既不太累，声音又洪亮，也教会他们一些说话的技巧。尽管我们是在互联网的环境下成长，上课也要用黑板，备课有哪些要件非常重要，必须让教师掌握。

在网络教育上应该遵循哪些原则？我刚从湖北回来，发现很多家庭只有一部智能手机，怎么给孩子提供网络教学呢？比如家长要进城务工，智能手机是家长带走，还是留给孩子呢？在设定互联网教学原则上，乡村教育还有很多实际的需求应包含在里面。这是我们关于应知应会课程模块设计的一些想法。

总的来说，乡村教师，尤其是特岗教师是我这些年研究、情感所关怀的一群人，希望你们通过我的讲述能了解这个群体，希望大家给我最尖锐的批评和最真实的反馈，让我们一起共同成长。谢谢大家！

吴　虹

沪江网首席教育官

后疫情时代教师成长的新路径

我今天选了一个特别的地方做直播，大家能猜到在哪个学校吗？有关注我行踪的老师可以看到我现在在哪。我现在在一所农村学校——四川宜宾凉水井中学。五年前因为偶然我来到凉水井中学，后来的事大家都知道了，我在这里看到了乡村孩子对外面世界的渴望，在那里我第一次打开了摄像头，第一次联上了网络，让那里的孩子听到了大山外的一节课《小魔怪要上学》。也就是从2015年10月25日那天，我们发起了“互+计划”，源头就是从凉水井开始。

今天在西部教育论坛教师分论坛，我又一次来到了凉水井中学，这是一所未来学校，教育电影《未来学校》的开机仪式明天就将在这里进行。我们听完今天上午的论坛和几位嘉宾的演讲后收获很大，事实上，为了这一天的论坛我们准备了太久。未来已来，而今天的我们不光只是在讨论西部和乡村，更看到了全球与未来。所以我今天的题目是《后疫情时代教师成长的新路径》，并没有加上“乡村”的标签。相信从此时开始，以后我们所有的教师培训都不会再加“乡村”两个字，因为互联网已经把我们连接在一起。恰恰是那些最偏远的地方孕育着未来的种子。

三年来，我们陪伴着大家，用互联网的方式连接着北师大、华师大等全国优质的教学资源，在汤敏老师极具影响力的号召下走完了这三年，我感慨万千。今天不会讲太多，因为今天有太多的感受，所以我只是回顾一下。还记得2019年8月11日、12日在甘肃天水召开的第一届中国西部教育发展论坛，8月10日因为台风航班被临时取消，为了能够到达天水，我们临时决定买火车票，买了没有座位的火车票去甘肃参加论坛。

而今天不用来回奔波，在网上论坛依然能够进行，更多的老师可以通过互联网参加到这样的高端论坛。这是2019年“青椒计划万里行”的老师和汤敏老师在天水论坛上的合影，如果不是互联网，这样一大批乡村老师又怎么能够登上国家级这么高端的论坛？而这个论坛的主体就交给了这样一群乡村老师、志愿者。我们已经一年没有见面了，去年在天水见面的时候，没有想到一年以后疫情给全球带来了巨大的变化，而我们恰恰是那批领航者。以前我们自己所在的学校是薄弱、相对偏远、教育技术和教育能力匮乏的学校，不，今天很自豪地告诉大家，经过三年的洗礼，我们的老师，特别是第一届、第二届“青椒计划”的优秀老师，已经在各自的地方成为种子教师，成为点燃“互联网+教育”梦想的教师。虽然我们地处偏远，但丝毫不影响我们对未来的渴望和探索。

今天上午汤敏老师在论坛跟我们见面，下午又开始在网上和我们交流。这三年来，汤老师这样的报告我们不知道听了多少次，他就像隔壁的老师一样随时随地可以和我们交流，这样的交流方式已经成为一种自然而然的交流方式，这就是老师的网络素养。我们掌握了一种新的教育技术和能力以后，它就像空气一样无处不在。当很多人觉得网络直播高大上的时候，青椒老师淡淡一笑，三年前我就会了。有没有老师观察到上午有一位特别代表登上了本次论坛的主旨发言，和专家、大咖一起讨论后疫情时代的乡村教育变革，就是第一届青椒的优秀学员王莉莉老师，她的第一篇文章让我们认识了她——《五十岁再出发》。转眼三年过去了，她没有想到五十岁再出发的她依然可以体验巅峰，依然可以走得那么远，走到中国教育三十人论坛的西部论坛上。她代表的不仅是青椒学员，而且还有数以百万的乡村老师。虽然年龄已过五十，但丝毫不影响她对未来的探索。在疫情期间，她坚持开设网络课，完成了从青椒学员到助教老师、网师的蜕变，这难道不就是50岁老师的新机遇吗？如果到今天，老师对于开设网络直播课还是胆战心惊的话，刚才汤老师放给大家的AI、人工智能、自动识别视频等很快会把你替代了，那你做什么呢？这件事情不会超过五年，就在身边，条件已经成熟了，下一个五年一定是“人工智能+人的智能”的时代，我们要做机器做不了事情。

疫情前有各种各样的经验，疫情中有各种各样的考验，疫情后有各种各样新的机遇。此时此刻的我们就处在这样一个位置上，因为还有一个星期就开学了，开学以后你会觉得这学期的开学和以往一样的话，请在字幕打数字1，如果觉得不一样的请打数字2，看一下老师们对于接下来开学的感受是什么。如果还打数字1的话，说明你错过了疫情这段宝贵的时光。经历了这么长的痛苦和反思，我认为2020年可以重启，因为我们思考了8个月。重新认识教育怎样才能适应未来的发展，我们每天都在面对一个不确定的时代，不能再按照原来老一套的方法循序渐进、按部就班。所以谁来变、怎么变，各位青椒老师，你们是时候开始去改变了。

不要跟我说，青椒毕业以后基本上没怎么学习，也不知道现在是什么样的教育教学。“青椒计划”“互+计划”在这五年里没有间断过任何一次学习。“互+计划”是2015年发起的，2015年到2020年我们一直在路上。“青椒计划”三年第一阶段的使命完成了，接下来的使命就是让这三年的五六万名青椒老师能够把自己的所思所想所得用自己的方式传播出去。很多人说，我不知道怎么传播。在疫情期间我很幸运地认识了U型理论的小小曲线，虽然这是一个简简单单的弧线加箭头，但它改变了很多人。2020年2月底，汤敏、朱永新、卢志文、邱华国等一大批老师，30多位顶尖的教育教学专家给我们开设了云论坛。这是青椒的作业吗？不是。这是教育局必须要求的“停课不停学”学习的内容吗？不是。但是有近50万名老师在云论坛、云伴读期间坚持读书。很多老师讲，我把这些大咖推荐的书都买了。各位老师，这就是我们的内生动力，只要想学，就有机会，就可以零距离、零付款，就可以得到这些最优质的资源。

疫情期间我们办了“恩施计划”的第三期和第四期，特别幸运的是在第四期，这些大咖又给到了我们巨大的探索未来的能量。我们群里的老师他们原本是青椒一、二、三期学员，但现在他们又是“恩施计划”的第三期、第四期、第五期学员。什么是“恩施计划”？“恩施计划”是青椒老师在互联网上的高端研修班。今天晚上是恩施第五期每周日的学习，我们发现整个学习没有断档，而在学习中遇见的人越来越多。我们已经不再区别是城市老师还是乡村老师，因为在“恩施计划”当中乡村老师占了一大半，很多城市老师来了以后不敢发言、不会打卡、不知道怎么写简书，不知道怎么表达。恰恰是一、二、三期的青椒老师的热情感动了那些城市老师，他们很吃惊地说："哇，你们怎么什么都会呀？"是的，因为我们是青椒老师，因为我们在互联网摸爬滚打了三年。我从来不介意"恩施计划"一定要区别乡村老师班还是城市老师班，我曾跟北上广深的老师说，请你们向青椒学员们学习，关于互联网的知识他们比你们懂得一点都不少。所以疫情期间我们开设了"恩施计划"的第三期、第四期、第五期班，很大程度帮助青椒老师融入更大的成长平台中，而且持续地学习。

在U型理论里，大家掌握了这个理论中最重要的一句话，"两点之间直线不可达"。如果你以为学了"青椒"，学了"互+"，学了"恩施"，明天就能做出改变，我只能抱歉地通知你，你不要来学了，肯定没有用。如果你认为当了一年的青椒老师，得了一个小狮子奖，2018年拿到了1万元奖金就能成功变革什么，告诉你，你也很快会遇到新的问题、新的矛盾。因为我们遇见的是一个VUCA的新时代，它不叫未来时代，它叫VUCA时代，VUCA代表不确定性、模糊性、易变性。在这样一个时代似乎看不清未来，我们似乎没有地图可以走。但只要我们找到了内生的源头，源头对于老师来讲比生命更宝贵，就是我是谁，我一生的使命是什么，我为什么要成为一名老师，我当初为什么选择做乡村教师，我为什么会走到今天，一直跟着"互+计划"，三期、四期、五期还想继续走下去。当我们学到一点新东西的时候，时代就变了；当我们拿到一点经验刚准备用的时候，好像又有新东西出来，所以我们必须不断地学习，不断地前行。

因此，在U型理论中，且不说人工智能有多么高大上，给大家几个最简单的思维方式来打开思维、打开心灵、打开勇气，面对不确定性。如果你在学习中还是生搬硬套，抄一抄笔记、打个卡完成作业，以后跟我再没关系了，千万不要再喊我学习了，我学过了。可当大家看到王莉莉老师从三年前一个小白，但今天在疫情期间能开设100节网络课程，带着三个班的学生考了很多学校的第一名、第二名、第四名的时候，我们相信了吗？只有相信才能看见，而不是因为你看见了才相信。很多人做“青椒计划”“互+计划”和网络公益课程的时候总是问我：“这有什么用？看起来好像很高大上，我还不如多刷两道题。”但今天他们看到那些坚持在互联网上，一遍一遍刷新自己的年轻老师的变化让人震撼，让人吃惊。

今天上午论坛最后一位领导是程介明先生，他说了这么一句话，“知识是在人脑中形成，而非从外灌输”。前面两位嘉宾一位是汤敏老师，一位是朱永新老师，我看到朱老师拿出手机在拍摄，王莉莉老师就坐在朱老师后面。她说，程校长说学生需要成为主动的学习者，主动的学习者有三个层次。第一，焕发动机。第二，给予选择。第三，留白自主。不要把他的课程时间从早上5点半安排到晚上10点半，那样的人生是没有意义的，那样的孩子刷完题也只能应对中高考，无法应对未来。

“互+计划”从2015年到2017年、2018年、2019年，以及到2020年暑期，8月1日、2日开办了一个非常有趣的U型理论体验营，来自城市、乡村，来自企业、大学、电影界导演、互+企业的30多位老师相聚在一起，进行了一次巅峰体验。在这次会议上我见到了杨会仙老师，杨会仙老师刚才也在论坛上和汤敏老师对话。看到杨老师三年前和三年后的样子，我真的感慨万千。他前两天来到上海，我仿佛看到三个不同的杨会仙。2018年9月10日在华东师范大学第一届小狮子奖颁奖现场，杨会仙老师代表云南富宁县优秀青椒学员领奖；2019年8月2日在上海U型理论体验营上，杨会仙老师和我们在一个小组里分享。今天，杨会仙老师作为青椒优秀学员在线连线国务院参事。我们可以想象，若不是互联网，我不会知道云南有个富宁县，富宁县有个杨会仙，还有一个范琳琳，还有一大批优秀的老师，他们可以这样成长、这样自信。更让我惊叹的是范琳琳老师因为在学习中比一般人更用心，她做的一个小视频打动了我。她告诉我们，这三年她是怎么进步的。我想利用这个时间，再给大家看一下范琳琳老师做的这个小视频，大家一起观赏一下。

除了杨会仙老师，还有马正文等一大批老师，包括今天登上中国教育三十人论坛第二届西部教育发展论坛的王莉莉老师。当我在手机屏幕上看到王老师自信演讲的时候，发自内心地相信改变的力量。我们改变的不是一个人，也不是一群人，我们改变的是对自己之前的不自信。很多乡村教师觉得自己做不了什么，比别人差一大截。当美丽、知性的王莉莉老师身穿旗袍站在这样的论坛上，她讲的每一个字都让我们感到自豪。王莉莉老师说，她是从青椒学员到助教老师，再到网络教师。这是不是很多人共同的经历呢？现在很多老师不仅仅是一个学员，如果你告诉我只是青椒学员，后面的事情没有经历过的话，我觉得太可惜了，说明你还没有往后面的台阶上继续走，很多人走着走着就不走了。而要想走到最高处，只有不断地努力，只有给自己不断地提出新的目标才行。

8月1日这里也有一群独特的人，这是王莉莉老师、杨会仙老师和马正文老师，他们都是第一届青椒学员，看一下8月1日、2日发生了怎样的故事。我们可以把心随时随地连接在一起，国家财政部、中宣部、教育部三部委发布的《乡村教师支持计划（2015—2020年）》，我们很荣幸能够参与其中。三年以后，当时发起“青椒计划”所做的努力我们真的感受到了它的力量。三年时间，“青椒计划”用它全新方式证明它的有效性，我们关注的不再是培训的学习，而是每一个人内在的变化。“青椒计划”的老师们也用了大量的社群化工具，这难道不是网络素养的提升吗？

我们也看到教育部发布的中国教育信息化“三全两高一大”的方向，而我们在座的各位教师就是在努力提升教师的信息素养和信息化的应用水平。“互+计划”也经历了三个阶段，从第一阶段美丽乡村，到第二阶段教育公益，再到第三阶段打造未来学校新生态的新开始。所以我今天站在凉水井中学，站在未来学校的起点，真的很有意思。

各位老师，未来已来，在新的学期我们又一次发布了第十章“互+计划”的大课表，这里的课程越来越丰富，这里的老师、孩子越来越多。欢迎青椒老师继续加入这里来学习。同时也把这样的模式给了更多的教育局和区县，比如贵州织金县教育局1万名老师在这个月统一用一张大课表完成了他们的暑期网络研修。焕发动机、给予选择、留白自主，未来会留给我们更多的空白，此时此刻我在凉水井中学，今天我看到的这本书的封面叫《乡村学校新使命》，封面就是凉水井中学的吴舸校长，有谁相信我们都能走到今天这样一个未来呢？

谢谢大家！

苗　青

友成企业家扶贫基金会副秘书长

传统教师培训在互联网时代的机遇和挑战

大家好，关于论坛的主题，刚刚几位开篇的领导和老师做了宏观分析，汤老师就面向未来的学校、面对乡村的教育做了很多分享；郑教授分享了特岗教师面对的各种各样的困境；吴虹老师也是友成企业家扶贫基金会多年一直在合作的伙伴，一直致力于互联网时代乡村教师的个人成长发展。

乡村地区的老师有很多困境，面临很多问题。现在看来，无论是国家政策还是高校研究部门、企业，包括我所在的友成企业家扶贫基金会，像这样的公益组织都在互联网时代致力于乡村教师各种各样的培训。今天我分享的内容跟目前所做的项目和反思有关。

首先看看中国乡村教育现状，我们认为互联网时代的问题是城市和乡村发展不均衡的问题，而乡村发展的问题是人才的问题，人才的问题又是跟教育相关的问题，跟教育、乡村教育相关的则是教师资源和教学资源的问题。再具体点说，是优质师资和优质教育资源匹配的问题，这是我们面临最大的问题。国家对乡村教师发展有一个明确的政策支持，大家也能够看到在互联网时代，在云计算、大数据、虚拟现实、人工智能等技术推进的现代时代，如何加强县区乡村教师的专业发展，如何支持服务体系的建设，这是我们所在的社会部门要更多关注的问题。

大家也要问，我们的公益项目聚焦于什么样的具体问题？我们认为乡村教师在专业技能发展方面，以及专业能力提升方面是有限的。乡村教师得不到足够的信任、关注、支持，他们的热情在不断地损耗。新教师入职以后无人陪伴，也没有更多的支持，也容易出现职业倦怠。对于这些问题，我们认为大多数社会力量正在努力用各种各样的策略在帮助解决，比如增加乡村教师外出交流的机会，做提高乡村教师技术应用能力方面的培训，加强改进评价和考核的方式，增强乡村教师发展的动力，这其中体现出互联、互补、互享的原则等。各个部门、组织、机构都在各显其能，方案有一对一、一对多，还有在社区的多对多的策略。也有通过直播，用互联网技术和工具来搭建社群分享的平台，同时也在努力促进培训方面的转型。

我们认为在未来专家创作内容会向用户原创内容转型。实际上，乡村教师在这里会成为各种各样基于乡村本土原创内容转型的最重要的创造者。我们也关注到各种各样的社会力量，用很多有影响力的方式做着对乡村教育公益项目的各种支持。比如有助力于当地校园建设的，也有反哺家乡的，也有支持物资、资金、课程的。我们更多的是希望提高教师互联网时代的教学水平，这种教学水平无外乎要跟他的专业技能，以及他所处的教育教学的水平环境、个人的内生动力直接相关。相信这样的力量集合在一起，一定会对当地县域地方、教育水平和经济水平都起到一定作用，我们最终会解决教育三难问题，即下不去、留不住、教不好的问题。我们希望把这些社会力量集合在一起，提高中国乡村的教育水平以及乡村经济发展水平。

放眼未来，我们可以看到的是，未来的乡村教育需要更广泛、更多元、更高效的一种合作目标。也会通过跨界别、专业化和消除鸿沟的方式去做各种连接，最终达成社会动员，以及公益项目整体和教育项目的专业相结合的方式。大家可以看蜂巢模式，蜂巢模式现在是3+N，未来我相信会是N+N的几何裂变式的扩大。有了未来乡村发展的雏形，我们在对未来乡村教师进行公益项目培训的时候，应该有这样一个清醒的认识。

教育培训项目应该致力于打造更公平、更可持续发展的教师成长平台。做到以人为本，人人参与，和技术、资源、模式、机制创新的协同创新，达成区域化、跨界的协同，以及专业整体性的协同，最终实现在国家政策、技术、设施上的支持，并且能够达成各种社会力量对教师公益培训项目的全面投入。我们也总结我国的案例，由此得出，最终要跟国际有影响力的项目做交流结合，达成更高、更快的迭代。

前些天收听了吴伯凡先生一篇关于在线教育现在和未来的分享，感触非常多。在他一系列的讲座当中，发现现在做的乡村教师的教育培训，一定要认真、清醒地分析在线教育的现在和未来，才能更好地定位未来的乡村教师的培训体系。在这里，我关注到吴伯凡先生提出的几点：

第一，关注学和习两项活动的比例，并且要关注参与者在当中使用的策略。

第二，更加关注、提升教师在项目体验当中的感受度和满意度、成功度的设计。

对于教师培训的项目而言，主角不是教师，应该以参与的教师们的体验、刻意练习为主来做这样的培训。要关注、提升这种培训体系专业性的搭建，以及产品业态要不断挑战，去完成传统项目、传统产品所不能够提供的服务体验，这也给我们提出了多种多样的思考。第一，基于这样的思考，在未来的乡村培训公益项目当中应该发挥社会力量在其中的作用，其中社会力量要致力于成为教育行政基层部门与老师的桥梁；第二，要发挥双向互动和信任；第三，对教师培训要达成一个不一样的教育愿景。相信大家也知道，要跨界整合共同助力于此。

我们还应该建立一种互信机制，并且快速复制和推广。希望未来把教师培训公益项目做得更加产品化，产品要做得更加有体验感。而做这种体验感更高的维度升级要做共建共享的模式。构筑线上与线下、实体与虚拟的共同学习空间，选择更好的对接机制、活动机制、培训机制，最后要有一个应用输出成果。

今天我给大家分享一些友成基金会在过去十年当中做过的立足于教育公平和赋能教师的实践，特别是关注拉动乡村学校与政府部门，以及爱心企业组织做的实践。我们的教师培训已经涵盖了各种赋能给乡村教师，引入各种优质资源的活动。其中，第一个是迭代升级而来的全科网培的“青椒计划”。这里聚焦于青年教师群体的系统性培训，希望能够以最快的速度、普惠的方式让全国的老师参与一个陪伴式、全科式的培训体系。我们不仅在教师培训方面在用体系化的行动推进，在课程构建方面我们也做了很多努力。其中，航空科普类“放飞梦想”项目和波音公司合作，做了一个航空科技普及的普惠式教育项目，这个项目有自己研发的原创课程，并且有航模耗材，还有基于互联网云时代的研训。第二个是艺术普及教育项目。这个项目既有优质的、系统专业的、艺术师资低成本的引入来支持乡村教师快速成长，并且为没有艺术课的乡村地区填补这样的空白，又为已经有但艺术水平有限的乡村地区的艺术教师提高水平。

还有一项是编程创未来项目，跟达内教育和亚马逊公司合作做这样一个普及项目。

未来这些项目还会不断升级迭代，相信通过各种各样的社群运营和有效激励，最终一定会达成政策的有效的倡导，使得这样的项目能够越来越多地服务到乡村地区的学校和老师。

如果老师们有兴趣的话，可以把这些资源引到自己的学校去。与此同时，我们也还做了金融普及类课程的研究，还有体育教育、心理教育等创新课程项目的研发。我们相信，在未来通过跨界合作的方式一定能够不断调动更多教育专业资源，打造一个集合影响力、创新社会力量参与的模式，从而引领乡村教师的培训从服务式向体验式，再向共创共建式转型。让我们共同为推动乡村教育未来的变革而努力。

我的分享到这里，谢谢大家。

万建民

重庆市彭水县教委关工委副主任

彭水县教师培训经验介绍及教师成长支持

各位老师好！我是重庆市彭水县教委关工委的万建民，彭水县是信息化教学公益项目的深度参与区县，自2014年秋季以来，彭水县教委关工委在友成企业家扶贫基金会的支持下，以提升乡村教师的专业能力为己任，充分利用现代信息技术促进教师专业成长，做了一些尝试。非常荣幸能有机会和大家分享我们的做法。

我们主要抓了三个方面的工作：一是推行“双师教学”；二是开展课外科技活动教师培训；三是积极参与“青椒计划”。

我们选了一所比较好的学校，找了一些教师，自己制作课程资源，我们把这些资源投放在乡村学校去使用，效果很不错。在此基础上在村小大面积推广双师教学，从2016年开始，重庆市关心下一代工作委员会（后简称“重庆关工委”）不断深入大堂村、大坝村等23所村小，开展双师教学活动，并通过以片区为单位，集中老师开展培训与推广，也开了很多研讨会。

我们还开展了一项活动叫“送资源、送培训、送示范”的“三送”活动。“送资源”，就是重庆关工委搜集和录制了1200多课时的名师课堂资源，拷贝了200个U盘，赠送给50多所学校的老师。“送培训”，即每到一所学校都要集中老师听讲座，学习双师教学的原理、概念、模式、方法等。“送示范”，即组织教师听示范课，具体感受双师教学的课堂情景，然后进行教学反思和评课。

我们也可以把一些资源直接拷贝在老师的电脑上，我们还开展了双师教学的竞赛活动，将全县的村小老师组织起来，开展双师教学竞赛。我们将选送作品评奖，结果评出一等奖3人、二等奖3人、三等奖6人，由教委发放奖金和荣誉证书。这种方法很好，一下子把双师教学推广开了。

评奖后教委对竞赛情况发了通报，通过双师教学推广的乡村学校的教学质量得以提升，以彭水县2018年和2019年春季抽考成绩为例，全县前7位都是农村边远学校，这些学校的成绩已经超过了乡村学校。双师教学还让不少学校开齐了音乐、美术等课程，有效缓解了农村艺体教师缺科的矛盾。因此，双师教学在一定程度上促进了教育的均衡发展。

为此，2016年11月3日和2017年2月15日，重庆市关工委两次应邀到北京参加教育扶贫会议，交流双师教学经验，中国网和凤凰网都做了报道。2017年4月13日，重庆市关工委专程到彭水县调研了双师教学的有关情况，并选派彭水县参加2017年5月15日天津全国直辖市教育系统关工委协作组会议，并进行了发言。2017年6月6日，国务院参事汤敏带着华东师范大学的王继新教授专程到彭水县来考察双师教学的情况，对我们给予高度评价，认为双师教学的推广，为提高贫困人口的科学文化素质，阻断贫困代际传递发挥了积极作用。

在村小课外活动是弱项，因此我们开展了对课外辅导教师的培训。我们在2017年至2019年间扶持了一些村小参加了友成基金会的波音“放飞梦想”乡村航空科普活动，让村小的老师、学生与北京、甘肃、内蒙古、湖南、重庆等5个省市的老师和学生交流，接受专家的指导，这大大提高了农村偏远地区学校的科技活动水平。

我们引进了情系远山“暖山回音”公益项目，在友成基金会协助下，2018年6月中国传媒大学6名志愿者分别到万足镇中心校和木楠大堂校开展了为期一周的演讲培训，8月两所学校各派出一名老师和3名学生免费到北京参加暑期培训，使得这些学校的老师和学生的普通话水平得以明显提升。

我们也实施了“童程童美”编程项目，为5所学校争取了“童程童美”的编程学习项目，这是友成基金会将优质教育资源与贫困地区精准对接的一种形式。2019年6月25日，达内教育集团与友成基金会一道到我县民族中学举办了中小学编程资源项目捐赠仪式。暑期5所学校各派两名老师免费到重庆参加了培训，使我县的编程辅导老师接受了为期一年的专家指导，使参与项目的学校的科技活动又上了一个台阶。

我们也参与了友成基金会等部门开展的“乡村青年教师社会支持公益计划”，也就是“青椒计划”。2017年我们组织了248名新入职教师参加了“青椒计划”，通过互联网接受国家级名师指导。通过一年的学习，重庆市有13名老师入围“小狮子”计划奖。

2019年，我县又有79名教师参与了“青椒计划”，重庆市教委、关工委安排了专人管理，跟踪每个学员的学习情况。通过一年的学习，有3名老师获得了“小狮子”奖。管理人员还将这些学员的心得体会收集整理，装订成册。从中我们可以感受到，不少学员对友成基金会及“青椒计划”团队的感激之情。

总之，非常感谢友成企业家扶贫基金会对彭水县教育事业的大力支持和帮助，特别是在教师专业成长方面，不仅给乡村学校注入了先进的教学理念和方法，其管理方法和务实精神也给彭水县教育增添了新的活力。

杨临风

洋葱学院首席执行官

洋葱学院公益培训模式

很高兴有机会能在这里分享，跟很多老师也是老朋友了，洋葱学院对于部分青椒老师来讲也不陌生。今天的主题是如何能够助力乡村教师的成长。我们站在教育科技企业的角度思考我们做的人机交互的课程和资源，结合一线老师的实际教学需求，如何能更好地助力乡村教师教学提升，这是我想分享的主题。

第一个分享的事情是，我们做的一系列事情的核心本质是希望能够助力老师们。打个形象的比喻，我们做的事情像是脚手架，希望为老师提供教学过程中的脚手架，就是有一个比较好的框架和体系，能够支撑老师教学，更好地向上攀登。洋葱学院在成立将近7年的时间里一直在专注研究能够激发学生学习兴趣的人机交互课程，这些课程涵盖了各种各样的学科和学段，比如有语文、数学、英语、物理、化学等。这些不同的课程设计背后的本质都是以学生为中心，围绕学生的认知特点、认知规律，打造适合学生主动学习和吸收的课程。

所有这些内容都是基于课标，每节课程时长平均7—8分钟，围绕一个知识点或者思维过程把它精准展开讲透。背后是将近200人的课程研发团队，大家团队协作，每一个课程视频制作平均用时8周。我们希望帮助学生不仅知其然，还能知其所以然，所以非常强调对关键理解的研究。每个视频会遵循下面的四个标准。

第一，希望通过概念可视化的方式将一些抽象过程具体化地呈现，例如几何的动态变化、化学物理的实验，还有理论体系背后的原理，更加直观地呈现出来，帮助学生打通关键的认知环节。

第二，强调视频的趣味性，让学生觉得学这些知识是有趣的。

第三，讲解过程中很注重语言的节奏、声音的节奏、剪辑画面的节奏，希望学生学的过程中听得很舒服，不累，能够持续跟着这个体系走。

第四，在过程中加了很多交互反馈，保证学生在学习过程中能思考、不走神。

所有的设计都是基于对每一个学科的理解。学科理解既有课标里面规定的知识、能力、核心素养，也有考试评价中的要求和规定，所以它是一个贴合课内，但是在课内基础上做拔高和内化的过程。

我们企业的使命之一是希望通过教育和科技的融合去促进教育公平。6年多的时间，洋葱学院总共研发了超过3000节教学课程，同步各个地方的教材版本，覆盖小学、初中、高中，包括从小学三年级开始到高三的数学课程。初中课程现在比较丰富，除了数学之外还有物理、化学、语文和英语。语文和英语课程还在不断打磨中，其他学科也在陆续完善。现在平台积累的学生注册用户超过4300万，来自全国各地超过21万所学校，教师用户超过160万，教师推荐度高达85%，这是来自第三方的调研数据。

我们的小学数学、初中数学、高中数学每个学科都有相应的特点和介绍。我们的课程解决了什么问题呢？我们希望通过这样的方式能够帮助教师解决一支粉笔无法解决的难题。比如，学生学不懂抽象概念，静态板书限制学生的想象和思维过程，教师准备板书和相应的资源费时费力。另外，学生两极分化严重，学优生可能觉得“吃不饱”，需要学更难的内容，学困生可能跟不上，需要从更基础的地方查缺补漏，这时候教师就很难分身。像洋葱学院这样的自学资源可以帮教师实现“分身”，给不同学生布置不同的任务，学生可以在其他时间完成任务，教师只在监督的过程中对学生进行辅导或支持，而不是事无巨细地给学生从头到尾讲一遍。

更核心的，我们是希望向乡村教师提供教学过程中的“基建”，这个基建主要是三部分。第一部分是资源，这些情景化的教学资源和素材能够直观帮助老师，不管是课上的播放还是学生进行自主学习。第二部分是智能教学方案，可以在课前、课上、课后来使用，引导学生自主学习、参与学习；或者在课上可以更好地组织学生，比如在机房或其他场景下去使用。第三包括培训部分，还有数据反馈部分。数据反馈能够告诉教师，学生现在的学习状况和对知识的掌握情况，给到教师一些薄弱环节的建议和分析；培训是帮助教师提高信息化素养，在教学过程中应用好教学资源，提升教学过程，这些培训既包括结合洋葱学院教学的培训，也包括一些通用的、跟信息化教学相关、更加普适的培训。

洋葱学院的教学资源适配各种硬件条件。在这里我举一个宁夏银川第八中学的例子。这个学校的设备条件有限，很多老师和学生在家里没有设备。学校因地制宜用了机房，组织学生在机房上课。一节课45分钟，分为教师在课上给学生做一个简单的串讲和布置任务，学生在机房用网页版访问洋葱学院，在上面做自己的学习任务。系统会给每个学生推送不同的内容，但都会围绕同样一个主题，学习过程中如果学生遇到问题，先是可以在3个人左右的小组组内解决。解决不了的话，会寻求教师的帮助。教师有一个巡堂的过程，帮助学生往前推进学习。同时教师可以看到学生实时的学习节奏和知识掌握情况分析，学生也能看到自己的分析和掌握情况。遇到全班共性问题的时候，教师会抛出问题让学生回答，给全班点评和点拨。所以整个课程是教师和学生之间的引导，比较好地体现了教师作为主导、学生作为主体的过程。当然这是其中一个用法，除此之外还支持其他很多用法。

刚刚提到支持老师做课前、课中、课后一系列的设计，时间关系这里就不展开讲了。除了在课中环节教师可以在大屏幕、多媒体、投影上播放洋葱的课程视频之外，在课前，传统的课堂里面学生很难参与课前的学习过程，学生也没有办法进行个性化的学习。洋葱学院可以帮助学生在课前做预习，更好地解决之前没有解决的问题。在课后，如果有课堂45分钟没有解决的问题，想把当天的漏洞补上，也可以通过洋葱学院这样的“脚手架”帮助学生进行分层的个性化补漏。所以洋葱学院是在课前、课中、课后整体环节帮助教师融合信息化，这是一个体系，最终希望用这种方式在信息化教学节奏里面改变整个教学流程。

刚刚提到了脚手架本身，依托脚手架还有一个很重要的事情在于如何使用脚手架。我们认为给教师提供工具的同时，也要讲清楚工具怎样使用，这样更能帮助落地。所以洋葱学院的培训比较注重实用和实操，给教师提供一整套教学脚手架的同时，基于如何让教师通过使用这些脚手架更好地助力教学去设计培训。

简单来讲，信息化教学的概念由三个不同的维度组成，模型是一个国际通用的体系TPACK，它包含了三个要素。第一叫技术。第二是学科知识，比如数学是什么、数学要怎么教。第三是教学法，例如我们在课堂上如何调动学生，如何把一个知识讲得比较好。所谓的信息技术融合教学或者信息化教学，是这三个不同维度知识的融合和交集，既有信息化的部分、技术的部分，也有教学内容和学科本身的部分，也有怎么教的教学法的部分。这三部分融合在一起会衍生出很多交集，基于这些交集去设计教师的培训。

这些培训会分成三个大模块。第一块培训内容主要是结合教学的内容，讲关于融合信息技术，比如如何利用技术资源有效地促进教学。第二块培训内容主要偏向教学场景和学科教学知识的融合，比如信息技术如何在课堂导入环节融入，如何在课堂讲授环节融入，如何做课堂小结，如何针对乡村学校的特定问题去解决，比如两极分化。第三个培训内容是基于学科理解，就是基于课程内容，结合内容本身去深挖内容。比如针对小学、初中的数学，如何融合微课，促进学生更好地认知数与代数，小数、分数、估算意识等，包括图形与几何分别怎么做。通过解读课标，结合学习、教学的目的深度帮助老师们做一些提炼和升华。这些信息技术应用提升课程，是我们专门为乡村教师定制的。

过去三年，我们连续三届支持“青椒计划”中小学数学分科培训，在第三届有超过2400名青椒学员参与了洋葱学院组织的分科培训。参与培训打卡5285次，有超过281份基于洋葱学院教学设计的毕业作业提交。所以感谢各位老师的好学精神，我们也特别有干劲去分享，跟老师的互动也特别好。

李云跃是云南省曲靖市富源县营上镇大栗小学的校长。李校长也是第一届“青椒计划”的学员。他作为校长的同时也兼任数学教师，给一个班讲课，校长本身日常工作压力很大，同时还要去讲课。参与了一个学期的“青椒计划”和“洋葱助教行动”之后，校长自己所带的班级从全镇第五名上升到全镇第二名，在当时的镇上是比较轰动的，所以带动了全校老师和当地校长圈，以及全国很多乡村校长一起参与“洋葱助教行动”，去提升线下教学质量。李校长还在第五届中国教育创新成果公益博览会上向全国各地老师和教育局领导分享《村小如何搭乘AI时代的“教育高铁”》。我们很开心能支持李校长，去改变一个乡村小学的面貌。

我们也参与了一些区域提升的项目，比如宁夏的石嘴山市，我们参与了教育部的人工智能助推教师队伍建设行动的试点。石嘴山市的24所初中，400余名数学老师，超过1.8万学生都参与了洋葱学院的项目。石嘴山市有两区一县，有城市学校、农村学校。针对城市和农村不同水平、不同硬件条件、不同类型的学校，洋葱学院都有比较好的解决方案和覆盖。最后结果是这24所学校在一个学期之内教学水平均有提升，部分班级提分在15分以上。我们在两区一县做专题培训活动的时候，教师的平均满意度接近100%。

洋葱学院有幸参与“青椒计划”，并且持续跟“青椒计划”走了三年时间。从企业角度来讲，我们做的事情有一点不太一样，洋葱学院一直把为乡村教师赋能作为常态业务，而不是一个简单意义上的企业社会责任，我们把它变成一个常态事情，变成企业使命和愿景的一部分去完善。所以针对这件事情我们制订了相应的企业机制，有一个专职团队去负责“洋葱助教行动”项目，有部分青椒老师跟“洋葱助教行动”的团队接触过。他们在洋葱专职负责这个项目，专门为乡村学校定制公益培训服务，来为各位老师服务。

“洋葱助教行动”项目在过去六年多的时间里，不间断地为乡村老师做这一系列的提升，我们主要做几件事情。第一，针对贫困地区的乡村教师和学生、合作伙伴，长期免费开放洋葱学院所有教学资源。第二，跟进培训，每周开一次课程，有专业的服务团队为老师答疑解惑。同时建立乡村教师成长平台和社群，目前“洋葱助教行动”有超过8000人的乡村教师线上社群。2019年，“洋葱助教行动”被中央网信办评选为“2019网络扶贫典型案例”，并入选国务院扶贫办发布的《企业扶贫蓝皮书（2019）》优秀案例。这个项目累计已经服务了来自3500所乡村学校，超过5万名乡村老师，这些老师来自全国29个省份，这也是我们很开心的一个事情。我们也与很多机构合作，像友成企业家扶贫基金会和“青椒计划”是我们最重要的伙伴，也是最长期的伙伴。其他的还有农村小规模学校联盟、美丽中国、太阳语罕见病心理关怀中心，我们和阿里巴巴扶贫基金、阿里云和钉钉也开展了合作。在疫情期间“停课不停学”的时候，从2月到4月，洋葱学院把所有核心课程向所有受到疫情影响延迟开学的学校免费开放，这也是我们一直践行的企业社会责任，希望能够积极与各方合作，支持到更多教师。

以上就是“洋葱助教行动”和洋葱学院过去这么多年通过人机交互课程和科技手段助力乡村教师，通过培训和“脚手架”更好地支持乡村教师往前走的实践、经验分享，希望对各位老师有帮助。谢谢！

巩原宏

甘肃省酒泉市金塔县东坝学区综合保障服务中心主任

网络培训对乡村教师成长的激励

各位领导、老师，下午好，我是巩原宏。今天的学习课程非常珍贵，也安排得特别满，内容特别丰富，对我来讲是一个非常珍贵的学习机会。

下面和大家分享一下乡村青年教师在“互联网+教育”中的一些思考。早上刚参加完县里新上岗青年教师培训班，有50多位青年教师走上了金塔教育。回想起四年前的自己也遇到很多关于教育、教学方面的困惑，刚刚杨会仙老师说得特别好，第一届青椒学员是真正的互联网的受益者。像我就是从一个教育新人逐步做到参与学校的建设者，这中间互联网起到了至关重要的作用。在2020年后疫情时代，“互联网+教学”在酒泉市也是第一次自上而下集合全市的优秀教师进行学科单元整合的课程直播，达到了200多节。还就自下而上以学科老师、班主任开设的周课程第一次让学生全天候在家里面系统地进行多样化的学习，也真正实现了“停课不停学”的要求，效果非常好。

下面从四个方面来讲：一是网络培训带给教师的成长。二是新生代乡村教师面临的问题。三是互联网背景下未来教师的成长。四是未来教育主要突破的新方向。

第一方面是网络培训带给教师的成长。第一，网络培训给青年教师的成长带来了非常好的机遇。相对于“青椒计划”“互+计划”“兴成长计划”，有众多的线上课程。我们在课程当中如何更好地选择自己所需要的专业化成长，这样的机遇特别难得。可以让我们进行实时的评价、互动，进行总结和反馈。

第二，带来了身份的转变。我个人就从刚开始“老师教+课件助学+学生学”的教学模式，现在逐步变为“平台+多种电教手段”的教学模式，再逐步向“师生互动+生生互动”方向发展。教师的身份也从个体到助学，再到参与性学习。我从刚开始做教师，再到班主任、教学组长，包括做学生工作，现在做办公室工作，自身也是在很大程度上在不断学习当中进行了身份的转变，也看到了更多服务于学校的可能性。

第三，终身学习的观念。在这里特别想分享一下，因为我们是寄宿制小学，作为乡村教师学习时间非常少，只能利用互联网途径去达到终身学习的目的。

第四，在我们实际的教学当中，教学系统在信息化建设方面特别重视，活动也特别多。像智慧云课堂已经成为我们教学当中的常态，为我们更好地打造高效课堂做了很好的准备。

第五，榜样的力量。我们有个“青蓝”结对工程，新教师从刚入职就有自己的师傅带，有一个三年的短期培养。我们还有五年青年教师的成长规划，从一个青年教师如何成长为一个卓越或者优越的青年教师。平台里面有很多榜样，在无形当中促进我们共同成长。

第六，坚持阅读与写作。我也是从“青椒计划”开始，再逐步到网络培训，才开始了写作和阅读的习惯。现在每天会抽时间阅读。因为阅读对于学生影响很大，所以在这个过程当中，我从做班级阅读到亲子阅读，把阅读已经作为教学中很重要的一部分。我现在写文章超过200篇，累计60多万字，这也是我刚开始没有想到的。写作也是自己输出的一种方式，很多“青椒计划”的老师也开始利用自己的公众号每天跟大家分享不同地域的教学故事，让我们很受鼓舞，可以把阅读当作一个快乐的事情。

第七，学习共同体。在现在“互联网+教育”时代，学习共同体成为一个更广阔的朋友圈，从一个人的力量可以看到更多人的力量，可以看到很多资源的整合。在共同体里面，也逐步通过互联网平台连接到很多的公益资源，更好地为乡村基础建设和学习做服务。

第二个方面是面临的问题。做过调研之后，对于青年教师来讲，第一，还是定位和目标导向性不够明确的问题，特别是很多教师缺乏中长期的发展规划。第二，相对于农村寄宿制学校，留守儿童和家庭困难儿童可能会占到全班的40%以上。第三，我们还没有走出校门形成持续学习的习惯。第四，特别重要的是家庭教育这一块，尤其是寄宿制小学给我的印象比较深刻，家校矛盾特别突出，还没有解决这方面问题的能力。第五，青年教师有职业倦怠。第六，青年教师拒绝成长。第七，更多是以成绩论教学质量，从培养未来人的角度来说，这还不是最理想的环境。教师学习的空间和时间比较少，造成身心疲惫的问题。

我从刚刚踏入金塔教育到现在的4年时间里，我能感受到这4年的变化，尤其是在乡村教育的待遇、学校的硬件设备、工作生活的条件，包括编制、职称等方面花了很大心血，也为更好地赋能教育提供了很好的支持作用。

教育形态的变化，主要说一下从传统到现在的大数据时代，我们必须成为参与者，从学生角度去设计教学。比如，疫情期间因为不能大规模去博物馆，研学活动有一些停滞。所以我们把博物馆里面的展藏作品，以图文的形式展示给学生，也可以达到学习的效果。此外，我们还依靠本地资源，把本地特色的手工制品变为学校一种新的学习方式，把艺术类教学作为提升素养的一个很好的途径。

第三方面，关于互联网背景下未来教师的成长。我谈一谈通过前面的学习，自己对于当下的理解。第一，未来需要最能懂学生需求的人。我想讲的是，未来如何借助大数据做到能分析学生的特征，评估和评价学生，对应提出属于学生自己的个性学习方法。第二，作为专业老师，能不能发挥更多的特长，研究学生如何才能获得成长，尤其要关注学生学习之外的情绪、品质和价值等方面。要提升教师创作课程的能力，杨老师也说了人工智能设计的课程特别好，我们也可以着手做一些融入生活的素养或者文化传统的东西的课程。比如，我印象比较深刻的有支教老师做的“二十四节气”课程，学生听了这些课后对传统文化、学科理解非常深。我印象比较深刻的还有南方科技大学实验学校的语文课程，把语言学习、美术和社会团体各方面的东西整合在一起，同时运用平板电脑和思维导图的方式，让学生在整个过程中都充满浓厚的兴趣。在未来可以结合学科特征和课程类型，打破常态固定课45分钟的模式，比如基础课程时间可以压缩一些，微课的时间可以再压缩，课程整合的时间可以长一点，还有大型的实践活动开展方向。

此外，我认为未来教师可以成为新事物连接的规划师，这可以为未来教师提供一个核心的方向，可以让专业的人变得更加专业。当有一天教师觉得课堂上学生提问提得越多感觉力不从心的时候，会思考学生达到什么程度有可能涉猎超过老师的领域。所以我们想连接更多、更好、更优质的资源，让专业的人做专业的事。在未来，学生会成为课堂真正的主人，我们现在的教材就是学生世界，学生没有走出去看过。到未来世界就是学生的教材，把学生带到社会，学生走向社会的时候，社会也会更好地接纳他们，包括现在已经做的、国家提倡的研学旅行的实践活动的设计，包括体验教育、生命教育等。

第四方面是关于未来教育主要突破的新方向。一是“互联网+教育”的模式，这个里面主要是“互联网+学习”，对我们来讲，在未来更加需要把“互联网+学习”作为常态化、终身学习的命题。再者是选择学校特色发展需要的特色化课程。像“网络+教研”可以打破时空的限制，现在还是朝这个方向走，但还没有更好地完善或者形成常态化。现在我们通过甘肃省平台后做了金塔县智慧云平台的网络教研，会更好地把优秀教师整合在一起，实现教研效率的提高。

“互联网+阅读”，这是知识的储备过程，我们全县从2017年到2020年做了三年“互联网+阅读”，每一个班级都设有高品质、适合学生该阶段读的书的读书角。很多教师认为在疫情期间做的云上读书会，“互+计划”做的云伴读，老师们受益匪浅。

“互联网+家校”，昨天朱永新老师也讲了，很多教育最后还是依托家庭教育。在2018年的时候，我们依托区域寄宿制学校建立了金色童年直播间。在这个过程中，老师和家长、学生能够切实感受到金色童年直播间起到的效果，可以更好缓解寄宿制学校出现的家庭教育的矛盾、家庭教育的观念的更迭、参与学校建设等各方面的内容。其实还有更多“互联网+”的东西，也是未来教育需要思考的方向。还有如何进行跨区域、跨网络的社会学习，让它实质性地发挥作用，也是我们思考的问题。

不管“互联网+教育”时代如何发展，教师永远是第一位的。如果教师不改变，所有的梦想都很难实现。所以发现教师的同时，也要解放教师，只有解放了教师，才能真正发现教师，这是我感受比较深刻的一个方面，也是我们金色童年直播间在全县家庭教育研修班上的一个分享。很多老师也会尝试做地域性特色的课程，在接触过程中我们已经感觉走向未来，只是没有真正地拥抱信息化技术。所以在这个过程当中，我们从过去做的知识的驱动，变化到未来要做智慧驱动，包括体验性的东西。过去是制造性，现在是创造性，现在讲究的是个性化。回过头来看，面对未来的教育关键还在于教师，农村、孩子的改变也是“青椒计划”“互+计划”等培训的关键词。很多青年教师也有了自己比较新颖的标签，比如创新力、坚持、内驱力等。

在“互联网+教育”时代的发展过程当中，就像汤敏博士说的，它既是一个挑战，也是一个契机。我们在每一次的不断学习中，还是要勇敢地尝试，在不断地渗透、融合、重组、质变过程中达到进步。青年教师成长的话题也是一个永恒长久的话题，我们应保持独立个性进行思考，把终身学习的过程当作一个终生的命题。我们是追梦的青年教师，我希望能跟在线的青年教师一样紧跟新时代，勇担新使命。本次西部教育论坛信息化议题非常重要，希望能促进我们的成长。

我今天的分享就到这里，谢谢大家！

附　录

信息化如何改变西部教育：“停课不停学”的经验与教训

——第二届中国西部教育发展论坛总结

2020年8月23日，第二届“中国西部教育发展论坛”围绕着“信息化如何改变西部教育：‘停课不停学’的经验与教训”的主题在北京举行。本届论坛由中国教育三十人论坛与西北师范大学联合主办，北京乐平公益基金会、友成企业家扶贫基金会和北京新东方公益基金会协办。本届论坛由西部基础教育的主论坛和高教、职教、幼教、乡村教师四个平行分论坛组成。据统计，仅当天在线参加论坛的人数就超过544万人，32家中央及地方媒体报道了论坛的相关内容。

现将专家学者们在论坛上提出的重要观点与建议汇报如下。

一、“停课不停学”检验了教育信息化30年建设成果，让西部的孩子们接触到优质的教育资源

这是一次前所未有、规模巨大的在线教育实践。我们讲了30年教育信息化，只有这一次是真刀真枪，全体教师、学生、家长都到了线上。虽然是一次猝不及防的应战，但也是一次非常难得的实验。虽然还存在着这样、那样的问题，但“停课不停学”的最大成果是让西部教师和学生获得了新的教育体验，对在线教育有了全新的认识。特别值得高兴的是，在极其困难的条件下，西部涌现出一大批创新地利用互联网教学的学校和教师，让大家看到了用信息化解决教育不公平问题的希望。现在的问题是及时总结和交流经验，扩大成果，防止一些学校又回到原来的老路上去。

二、西部基础教育在“停课不停学”中暴露出的问题及建议

西部基础教育在疫情期间暴露出的问题主要表现在：学校间在网络环境和硬件设备上差距很大，贫困家庭的孩子缺乏终端设备；相当数量的教师信息素养和能力欠缺；能让老师方便使用的优质线上教育资源不足；很多学校热衷于让教师直播，课堂搬家，没有充分利用网上更优秀的资源，让线上的教学效果大打折扣。

专家建议：后疫情时代，西部教育同样需要“新基建”，国家要加大对西部农村贫困地区、薄弱学校的教育信息化投入。这种投入不仅是硬件投入，更重要的是对线上优质教育资源和教师深度培训的投入。要重点优化乡村学校在线教育网络环境和硬件设备，整合优质在线教育资源和管理平台，实施师生信息素养提升和家校合作行动，实施对西部农村学校师资的倾斜和上网优惠等政策，要发挥乡村青年教师在教育信息化上的引领和示范作用。

三、西部学前教育在疫情期间暴露出的问题及建议

新冠肺炎疫情对学前教育冲击最大的莫过于民办幼儿园。主要表现在：由于疫情期间没有保教费的收取，而幼儿园的运行成本却在持续支出，民办普惠性幼儿园普遍陷入了生存危机，教师生活陷入了困境，出现了教师离职的现象；按正常情况下拨付的各种专项资金的使用项目并没有根据疫情情况进行灵活调整，导致无法拨付使用；民办幼儿园基本无法享受疫情期间的优惠政策。

专家建议：提前足额拨付财政补助资金；鼓励对租用民房的民办幼儿园房屋租金的减免；阶段性减免社保或者申请缓交社保单位缴费部分；加大对民办普惠园的金融支持。

四、西部职业教育在线教学在疫情期间暴露出的问题及建议

西部职业教育在线教学在疫情期间暴露出的问题：相对基础教育和高等教育来说，西部职业教育的教师在信息化上的准备更为不足；适合教师使用的职业教育在线教学资源极为缺乏；中职更存在从教师理念到学校机制以及信息化环境等系统性差距；西南、西北地区学生在线学习的参与度更低；部分学生在线学习主动性差，在线学习质量不高；网络基础环境及在线教学平台有待优化。

专家建议：通过政策激励，引导职教学校整体的数字化建设。建议教育部建立一个全国职业院校的大型优质教育资源共享平台，每个老师在这

个平台都有一个终生使用的学习空间，通过这个共享平台，弥补中西部资源、教师水平的差异。通过大规模的线上培训，大幅提高师生的信息化能力，充分应用技术创新教学。

五、西部高等教育在线教学在疫情期间暴露出的问题及建议

西部高等教育在线教学在疫情期间暴露出的问题：高校相对较快地实现了从“线下教学”到“线上教学”的切换。但是，教师的信息化教学能力差别很大；线上教学平台多而分散，且各种技术平台支撑水平参差不齐；高校信息化各自为政、互相之间没有交集，区域合作、校际合作存在严重问题；高校技术平台发挥的作用远不如市场化公司平台。

专家建议：西部高校教师信息化教学的能力亟待提升，要加强全员培训，编写一套高等教育网络技术教学应用的普及性手册；发挥政府和社会两条渠道的作用，在西部设立信息技术应用讲席教授，发挥他们在西部高校信息技术化发展过程中的领头羊作用；打破校际的藩篱，大力加强西部与东部高校资源共享的数字化教学资源平台建设，主动对接或承接东部地区优质的教学资源；建设区域性在线教育平台，包括区域内的高校联合培养、教师互聘、学分互认、课程资源等，实现区域内优质资源共享；提供足够的法律和资金保障。

六、西部教师在疫情期间暴露出的问题及建议

推动教育信息化的核心是教师，从目前的情况看，西部教师信息化水平又是最弱的。数据显示，西部地区教师在布置作业、发布资源、发布答疑、与学生互动等上的比例大大低于东、中部地区。相对其他的投入来说，对教师的培训投入最少、见效最快、影响最大。

专家建议：要整体加强西部地区教师的信息化能力水平的培训，以及新的教学方法的培训。要根据“停课不停学”的经验教训，继续改进和推动国培、省培、市县培的教师信息化水平提升，对培训的效果进行严格的验收和第三方评估。在“停课不停学”中，一些优秀的互联网教育企业和公益机构不断创新，灵活、迅速地满足了变化中的市场的需求，发挥了重大的作用。未来应该建立一个有效的机制，充分发挥互联网教育的优秀企业和公益组织的积极性和主动性。

中国教育三十人论坛学术委员会

第二届中国西部教育发展论坛嘉宾名单

朱永新：中国教育三十人论坛成员，中国民主促进会中央委员会副主席，全国政协常务委员兼副秘书长

张俊宗：西北师范大学党委书记

汤 敏：中国西部教育发展论坛主席，中国教育三十人论坛成员，国务院参事，友成企业家扶贫基金会常务副理事长

周洪宇：中国教育三十人论坛成员，全国人大常委会委员，湖北省人大常委会副主任，教育部教育信息化专家组副组长

王顶明：西北师范大学副校长

杨东平：21世纪教育研究院院长，国家教育咨询委员会委员，中国教育三十人论坛成员，北京理工大学教授

王 素：中国教育科学研究院国际比较教育研究所所长

王继新: 华中师范大学信息化与基础教育均衡发展协同创新中心执行主任

牛启寿：甘肃省平凉市政协副主席

王莉莉：河南省渑池县果园乡中心小学教师

程介明：香港大学原副校长，香港大学荣休教授，中国教育三十人论

坛成员

李利亚：北京乐平公益基金会秘书长

王晓凤：湖北省丹江口市汉江集团中心幼儿园教学园长

朱 义：贵州省福泉市教育局学前教育教研员，福泉市第三幼教集团党支部副书记

郑 名：西北师范大学教育学院教授

魏勇刚：重庆师范大学学前教育质量监测与评估研究中心主任

马雷军：中国教育科学研究院教育法治与教育标准研究所副研究员

杨志彬：中国民办教育协会原副会长，中国民办教育协会学前教育专业委员会第二届理事长

谢维和：中国教育发展战略学会副会长，清华大学原副校长，中国教育三十人论坛成员

洪成文：北京师范大学教育学部教授、博士生导师

姚 强：新疆大学党委副书记、副校长

邬大光：兰州大学高等教育研究院院长，厦门大学校务委员会副主任

刘铁芳：湖南师范大学教育科学学院院长

闫寒冰：华东师范大学开放教育学院（上海教师发展学院）院长，教育部课程中心“深度学习”综合组成员

胡小勇：华南师范大学教授、博士生导师

余 亮：西南大学教育学部教育技术学院常务副院长，国际华人教育

技术协会理事

张筱兰：西北师范大学教授

李玉斌：辽宁师范大学教授、博士生导师

李晓华：青海师范大学教育学院院长

周福盛：宁夏大学高等教育研究所所长

姜大源：教育部职业技术教育中心研究所研究员

陈明选：江南大学教育信息化研究中心主任

钟志贤：江西师范大学教师教育高等研究院院长

张 屹：华中师范大学教育信息技术学院教授

王 炜：新疆师范大学教育科学学院副院长

沈书生：南京师范大学教育科学学院教授

张永良：宝鸡职业技术学院院长

宋贤钧：兰州职业技术学院院长

顾 江：优慕课在线教育科技（北京）有限责任公司总经理

韩锡斌：清华大学教育研究院副院长

朱旭东：北京师范大学教育学部部长

郑新蓉：北京师范大学教授

吴 虹：沪江网首席教育官

苗 青：友成企业家扶贫基金会副秘书长

万建民：重庆市彭水县教委关工委副主任

杨临风：洋葱学院首席执行官

巩原宏：甘肃省酒泉市金塔县东坝学区综合保障服务中心主任

第二届中国西部教育发展论坛媒体宣传汇总

序号	媒体名称	报道题目
1	腾讯	①预告稿：第二届中国西部教育发展论坛将在北京举行：聚焦教育信息化如何改变西部教育 ②第二届中国西部教育发展论坛在北京举行
2	搜狐	①预告稿：第二届中国西部教育发展论坛将在北京举行 ②聚焦西部教育信息化　第二届中国西部教育发展论坛在北京举行 ③朱永新：后疫情时代，教育同样需要“新基建” ④西北师范大学张俊宗：未来教育应该包含哪些关键词 ⑤周洪宇：新冠肺炎疫情给在线教育带来的挑战及应对策略 ⑥疫情期间线上教育表现如何？这份研究对中小学在线教育进行了“数据画像” ⑦疫情期间在线学习情况比较：中部学生学习时间最长，西部家庭偏向录播课 ⑧杨东平：后疫情时代需要构建“低竞争、低评价、低管控”的教育生态 ⑨乡村教师王莉莉：后疫情时代，乡村课堂教学模式呈现出的新样态 ⑩西北师范大学副校长王顶明：“互联网+”师范院校支教的实践与思考
3	网易	①预告稿：第二届中国西部教育发展论坛将在北京举行 ②聚焦西部教育信息化　总结“停课不停学”经验教训
4	新浪	聚焦教育信息化　第二届中国西部教育发展论坛在北京举行

续表

5	人民日报	①互联网赋能乡村教师 ②第二届中国西部教育发展论坛在京举行
6	中国教育报	第二届中国西部教育发展论坛在北京举行
7	中国教师报	第二届中国西部教育发展论坛在北京举行
8	光明日报	第二届中国西部教育发展论坛在京举行
9	学习强国	在线教育引发“数字鸿沟”？中西部教育论坛聚焦“停课不停学”的经验教训
10	南方周末	“停课不停学”之后，东西部教育数字鸿沟仍难弥补
11	财新网	①疫情催生最大规模在线教育试验　暴露哪些问题？ ②疫情期间公办民营幼儿园冰火两重天　学者建议纾困从师资入手
12	南方都市报	新生代乡村教师：多数曾为留守流动儿童，城市化特征明显
13	21世纪经济报道	疫情期间在线学习效果如何？中西部家长满意度高于东部
14	界面新闻	屋顶上网课、田间找信号，在线教育填平了东西部“鸿沟”吗？
15	中新社	调查称：超四成学生疫情期间每天学习时长2到5小时
16	中国日报	第二届中国西部教育发展论坛在北京举行
17	中国青年报	①朱永新：教育同样需要“新基建” ②报告显示：48.23%西部教师认为终端设备缺乏　制约线上教育 ③疫后中小学生在线教育向何处去——基于全国近100万份中小学师生和学校在线问卷的调查
18	经济日报	后疫情时代，教育同样需要“新基建”
19	经济参考报	报告：优质在线教育资源显现集约化趋势　应提高西部教育信息化水平

续表

20	澎湃新闻	调查：疫情期间中部孩子每天在线学习时间长于东西部地区
21	央广网	教育信息化如何改变西部教育　第二届中国西部教育发展论坛在京举行
22	中国网	第二届中国西部教育发展论坛在北京举行
23	环球网	信息化如何改变西部教育　第二届中国西部教育发展论坛在京举行
24	未来网	村小老师变网红"星师"　一根网线破解乡村教师短缺瓶颈
25	中国教育在线	第二届中国西部教育发展论坛在北京举行
26	芥末堆	华中师范大学王继新：战"疫"期间20.3%乡村教师在线教学靠自己摸索
27	现代教育报	在线教育引发"数字鸿沟"？中西部教育论坛聚焦"停课不停学"的经验教训
28	教育头条	第二届中国西部教育发展论坛在北京举行
29	人民政协报	①让科技填平教育鸿沟 ②全国政协委员、西北师范大学校长刘仲奎："互联网+"助力西部美育新出发 ③改变，从一根网线开始
30	中国教育电视台	第二届中国西部教育论坛在京举行
31	多知网	东西部在线学习现状分析：西部地区家长偏向"录播视频、课后上传作业"
32	新京报	①聚焦西部教育，打造后疫情时代乡村课堂教学模式的新样态 ②新样态乡村学校：用一块屏幕改变着乡村孩子的命运

中国教育三十人论坛成员名录

国际学术顾问

穆罕默德·尤努斯：孟加拉国经济学家，诺贝尔和平奖获得者

学术顾问

顾明远：北京师范大学教授，中国教育学会名誉会长

吴敬琏：国务院发展研究中心研究员，中欧国际工商学院讲席教授

张信刚：香港城市大学前校长，英国皇家工程院外籍院士

正式成员（以姓氏笔画为序）

王嘉毅：中共甘肃省委常委、秘书长

文东茅：北京大学教育学院教授，中国教育发展战略学会副会长

石中英：清华大学教育研究院常务副院长，北京明远教育书院院长

朱永新：中国民主促进会中央委员会副主席，全国政协常务委员兼副秘书长

汤　敏：国务院参事，友成企业家扶贫基金会常务副理事长

严文蕃：马萨诸塞大学波士顿分校终身教授，教育领导系主任

李希贵：北京十一学校联盟总校校长，中国教育学会副会长

李镇西：新教育研究院院长，成都市武侯实验中学原校长

杨东平：国家教育咨询委员会委员，21 世纪教育研究院院长，北京理工大学教授

张民选：联合国教科文组织教师教育中心负责人，上海师范大学原校长

张志勇：北京师范大学中国教育政策研究院执行院长，山东省教育厅原一级巡视员

张卓玉：教育部中考改革专家工作组副组长，山西省教育厅原正厅长级督学

陈平原：中央文史馆馆员，北京大学博雅讲席教授

邵 鸿：全国政协副主席，九三学社中央常务副主席

季卫东：上海交通大学日本研究中心主任

周国平：中国社会科学院哲学研究所研究员

周洪宇：全国人大常委会委员，湖北省人大常委会副主任，华中师范大学教授

项贤明：南京师范大学教授，民进中央教育委员会副主任

袁振国：华东师范大学终身教授，中国教育学会副会长

钱颖一：全国工商联副主席，国务院参事，清华大学经济管理学院原院长

程介明：香港大学原副校长，香港大学荣休教授

谢维和：清华大学校务委员会副主任，清华大学原副校长